TIAN RAN QI HANG YE FA LV SHI WU

天然气行业法律实务

陈新松 ◎ 主编

九 州 出 版 社
JIUZHOUPRESS

主　编：陈新松

副主编：安宏斌　高　娅

编　委：何连俊　李金地　彭知军
　　　　王博涵　徐士林　杨润东

序　一

在全球气候治理基本达成共识，非常规油气发展取得突破性进展，以及全球经济尚未告别疲软的宏观大背景下，天然气行业正面临一个较为无序的局面：一方面，清洁低碳发展似乎为天然气敞开了一扇大门，前景一片光明；另一方面，全球需求疲软和供给过剩的矛盾又似乎从未如此突出，国际天然气领域原有的一套贸易范式，某种程度上也成为了障碍。而油价、煤炭等替代能源价格的低位运行，电力的广受青睐，甚至于天然气作为化石能源本身，以及天然气开采过程散逸的甲烷对全球气候变暖的贡献，等等，也都构成了某种制约……可以说，全球天然气行业正面临新一轮大转型、大变革。

而当我们将视线聚焦到中国天然气市场，在前述诸多矛盾之外，我们还需要面对更多体制、机制层面的挑战：这其中既包括政府与市场的边界问题，也包括行业的上、中、下游之间以及企业与用户之间的责、权、利等关系问题，对于我们这个转型中的经济体和性质较为特殊的天然气行业，这些问题的原则答案可能非常简单，但实践却一定是错综复杂的。

而本书的价值正在于此。全书的内容均来自我的同事陈新松律师业余开设的"天然气与法律"（Gas—law）微信公众号，收录的文章都是来自行业一线的观察与思考、实践与分析，既有宏观视野，从政策层面对行业未来改革发展进行精到而又克制的分析；又有大量具体的来自实践的案例剖析。这些案例，每每让人有茅塞顿开之感。尽管我们很难在企业的日常经营管理中按图索骥，一一对照，但它给我们提供了一个"以事实为依据，以法律为准绳"的分析框架，使我们不至于失之于武断与草率。当然，本书也不乏对行业前沿的关注，还有对行业政策法规的系统梳理，既颇有洞见，也具有很强的工具性。正是基于以上几方面，我郑重地向行业同仁们推荐这本凝聚着睿见与汗水的集子。

与此同时，我们也遗憾地发现，我国天然气行业尚缺乏一个能够为行业

— 1 —

改革发展提供支撑的根本大法。这一短板，也导致行业在改革发展和日常运行过程中遭遇种种尴尬。从这本集子所作的梳理来看，天然气行业目前还只能从不同的政府规章、管理条例、司法解释等文件中去寻章摘句，还只能以这样一种拼贴式的方式来研究天然气与法律，尽管有很强的针对性，但其前瞻性、系统性、指导性，仍有待在后续研究和实践中不断提高，这也是我们天然气行业的立法工作、行业所处的大的法治环境尚不具备的原因所致。因此，也想借此机会，呼吁有关方面能够加快我国天然气立法，为构建法制完备、统一开放、竞争有序的现代天然气市场体系创造条件。

值得高兴的是，我国天然气事业、能源行业正经历一轮转型发展的机遇期、窗口期，而我们都有幸参与其中，成为行业发展的亲历者、推动者。相信天然气行业一定能够按照中央提出的"四个全面"的战略部署和关于能源领域"四个革命、一个合作"总体要求，不断推进天然气行业发展，更好地服务经济社会发展，服务市民生活，服务低碳转型。

是为序。

王者洪

上海市燃气行业协会会长

上海燃气（集团）有限公司董事长

2016 年 6 月

序 二

法学理论界一般按照法律调整的对象和方法，把我国法律体系划分为不同的部门法，例如将调整平等主体之间的财产关系和人身关系的法律规范划入民法部门，将以刑罚作为制裁手段的法律规范划分到刑法部门，根据这种部门法的划分方法，法律实务界也就应运而生了"以专业为中心"的法律服务划分标准，产生出以公司、反垄断、知识产权、并购、外商投资等为核心的法律专业服务。

但是，这种"以专业为中心"的法律服务划分标准是大学法学教育学科划分的沿袭，是法律服务提供者基于自身知识结构而构建的服务体系，体现的是法律服务提供者"以自我为中心"的服务思维，与"以客户为中心"的现代商业服务基本价值观背离。因此，倡导从客户的视角看待法律问题逐渐成为趋势，业内开始提倡并探索"以行业为中心"的法律服务划分标准。

当前，以会计、咨询等为代表的现代商业服务业大多以客户所在行业划分服务类别；部分大型国际律师事务所已经开始着手调整现有法律服务类别划分标准，探索以行业为标准划分法律服务；客户寻求法律服务时，大多关注服务提供者在该领域的服务经验。

呈现在大家面前的这本小书便是"以行业为中心"视角的一次有益尝试，从行业特征、客户需求度、行业相关性及业界现有惯例来看，能源行业是非常适合以行业为中心开展法学研究的，而天然气作为新兴的清洁能源，正处于高速发展期，急需法律的制约和规范。无论是燃气的特许经营，还是行业的合规监管，抑或设施的产权之争，都与国家的能源战略、民众的供应安全密切相关，又带着鲜明的行业特色。

本书主编曾在华政攻读硕士，是我指导的学生，毕业后一直从事于天然气行业的法律工作，熟悉天然气行业的商业环境和运营模式，对该行业的政策环境、制度变革、法律调整有着深刻的感触和体会。近期，由他牵头的编委会将该行业精选的一些法律研究成果汇编成集，希望有助于该行业的进一步规范发展。

这些成果结合文章作者自身的实践经验，从天然气行业法律实务的视角，对我国现行天然气法律制度进行了一个阶段性的研究和思考，所得成果具有很强的可操作性和实践性。我认为这一工作非常具有现实意义，特向读者推荐这本书。

顾功耘

华东政法大学副校长

教授、博士生导师

2016 年 6 月

目　录

第一章

行业观察

天然气行业十大特色法律问题解析

陈新松

经过十多年的高速发展,中国的天然气行业正在逐步走向成熟和完善,运用法律规则解决行业发展中的问题正在成为共识。笔者试图基于天然气行业特性,对比较独特的法律问题作一归纳,并作简要分析。

一、特许经营制度

特许经营制度源于《市政公用事业特许经营管理办法》(原建设部126号令,自2004年5月1日起施行),之后《基础设施和公用事业特许经营办法》已于2015年6月1日开始实施。

由于特许经营直接涉及天然气公司生存的基础,各公司对该问题都非常重视。近年来,关于特许经营的案例层出不穷。这些案例中,有涉及地方政府和天然气公司的,有涉及不同区域天然气公司的,也有涉及管道气公司与LNG①贸易公司的。而这些争议纠纷中,还夹杂着对于特许经营制度的思考,例如特许经营和燃气经营许可的异同,特许经营的范围是否仅局限于城市管道天然气,汽车加气站经营是否属于特许经营范围,特许经营权如何估价,以及政府违约情况下特许经营者如何救济等。

二、"照付不议"合同

"照付不议"合同是指即使买方未得到产品或服务,买方也必须支付一定款项的协议。"照付不议"机制起源于天然气销售,目前已成为国际和国内大宗能源销售的主要合同形式之一,其本质是将天然气开发公司、管输与销售公司和用户捆在一起,共同克服生产、输配和使用的风险问题。

---

①LNG指液化天然气(Liquefied Natural Gas),系冷却至零下162摄氏度后呈液态的天然气,下文同。

买方无条件和不可撤销的付款义务是"照付不议"合同的核心,其特点主要体现在合同中专门规定的照付不议条款。具体讲,"照付不议"机制具有长期性、有最低价格限制和数量限制、买方付款义务的无条件性和不可撤销性、卖方照供不误与买方照付不议的义务对等、合同条款相对严格及最终用户须提供信用保证等特点。

"照付不议"合同条款具有一定的专业性,对供应者和购买者的运营能力有相当的要求。一份好的"照付不议"合同,必须对最低日合同量、最大日合同量与K值①、照付不议量、补提气量和超提气量等有精确的表述。目前,"照付不议"条款基本上从上游气源开始,衔接中游管网,延至城市燃气以至终端工业用户,贯穿了整个天然气行业的产业链条。

三、窃气定罪量刑的计量认定

近十几年以来,全国各地区盗窃天然气行为时有发生,甚至到了相当猖獗的程度,少数掌握一些天然气技术的不法分子,肆意教唆、传授犯罪方法协助窃气。从法律层面上看,盗窃天然气属于盗窃罪,完全可以用刑事责任追究。

但在实践中,天然气的物理形态是"稍纵即逝"的,看不见摸不着却又客观存在。所以,在办理相关案件中,如何准确无误计算出被盗窃这部分的天然气数量,关系重大;盗窃是数额犯,盗窃数额是衡量犯罪嫌疑人是否构成犯罪,罪重罪轻的刑罚重要尺度。多年来,在司法实践中因为缺乏相应科学实用的计算方法,如何客观、公正、合理计算出盗窃天然气的具体数额,在一个很长的时间段里困扰着天然气行业打击盗窃天然气行为的进程,干扰司法机关处罚力度,挑战法律的权威。近年来,部分天然气企业开始慢慢探索出一条对窃气数量进行科学计量并得到司法机关确认的路子。

四、反垄断问题

近年来,反垄断成为热点话题。中国反垄断在立法、执法、司法实践方面已经发出了加大反垄断执法力度、维护公平竞争市场环境和保障消费者权益的强烈信号。

---

①在天然气行业中,K值指最大日合同量与年度合同量的日均气量的比值。

作为上游的"三桶油"①垄断了中国的天然气气源,中游长输管网具有唯一性,下游的城市燃气是传统的公用事业,天然气行业不可避免地受到了反垄断浪潮的冲击。面对不断成熟起来的消费者,如何迎接反垄断的挑战,成为天然气行业必须共同面对的课题。在国外,韩国燃气集团的垄断破局直接促进了LNG 贸易枢纽的建设;在国内,上市公司重庆燃气通过格式合同要求用户接受实际结算用气量按用户实际用气量乘以修正系数后的数据结算,被监管部门认定为附加不合理的交易条件,并处以 179 万元的罚款。

此外,中石油、中石化的混合所有制改革、西气东输管网公司股权的出售、油气管网公平开放等等,都不可避免的和反垄断法律密切相关。可以说,反垄断问题,将一直伴随中国天然气行业改革的全过程。

五、特种设备监管

天然气行业涉及的特种设备较多,例如锅炉、压力容器(含气瓶)、压力管道等,而对于这些特种设备,国家有着一系列的监管规定,例如《特种设备安全法》《特种设备安全监察条例》《特种设备质量监督与安全监察规定》《特种设备注册登记与使用管理规则》《特种设备作业人员监督管理办法》等,形成了一个纷繁复杂的特种设备法律法规体系。

随着 CNG、LNG 在交通用能上的大量使用以及 LNG 产业的快速发展,天然气行业涉及的特种设备从压力管道扩展到压力容器。而在此领域,违法现象层出不穷,有因违法接受行政处罚的,也有造成事故承担法律责任的。

六、管道产权及初装费

在天然气企业并购或天然气企业拓展客户的过程中,乃至诉讼仲裁过程中,经常会涉及这样一些问题:第一,居民小区建筑规划红线内天然气管道与设施归天然气企业还是归业主共有? 如果归业主共有,有无相应的法律依据? 第二,非居民用户投资的天然气管道,产权归谁所有? 其实这些产权的划分并不难,真正难的是与产权相对应的运行维护责任以及后续的维护投入。

此外,燃气初装费也一直是社会关注的热点。随着部分地区初装费的陆续取消,国内大多数地区初装费的取消与否、收取标准和用途监管不断成为关注

---

① 特指中石化、中石油和中海油三家企业。

的焦点。天然气企业认为,在目前国内管道天然气设施建设不足的情况下,初装费不仅是用户对城市天然气基础设施建设成本的分担,而且起着"以费补气"的作用。在理顺天然气价格体制之前,不应草率取消燃气初装费。但政府提出,取消燃气初装费是公共产品和公益事业服务价格政策改革的大势所趋。其实这归根到底是管网建设中的投资主体地位的问题。但由于初装费设计者的初衷也只是为了解决建设资金的不足,而不是作为气价的构成部分,费用的额度也未进行充分的论证,带有较大的随意性,所以近年来初装费才备受争议。

七、天然气计量

在国内天然气贸易和消费计量中,不论是气态形式还是液态形式,一般都是用体积或质量(重量)来计量。但气态下由于压力(管道运行压力和大气压力)、温度和流速等各种因素影响,都会造成计量偏差,从而不得不加装温度、压力等修正仪使其计量数值接近"准确值"。其实在目前国际贸易中,天然气热值计量是最流行的天然气贸易和消费的计量方式。从未来的趋势来看,热值计量将逐步普及。为此,我们的合同文本也应该要进行相应的调整。

此外,由于历史遗留的原因,天然气公司与用户之间的计量器具产权归属一直存在争议,各地的做法也是五花八门,有待统一和明确。

八、价格机制

中国的天然气行业是一个价格受到严格管制的行业,其价格体系与法律相关联的具体方面有:长期合约价格机制和可中断合同条款(即通过对可中断用户的天然气价格刺激,在天然气消费高峰时按照可中断合同要求中断或削减天然气负荷)、峰谷气价制度、上下游价格联动条款、天然气财税支持政策以及居民用户调价听证制度等。

从国际上天然气产业比较发达的国家来看,其天然气价格改革都是以颁布法律、法令的形式实施的,而不是依靠行政命令。我国正在不断完善相应的天然气价格法规体系,使天然气定价和价格监督有法可依。

九、排管工程合同

天然气行业最主要的能源基础建设就是铺设管道。在用户委托的排管工程合同中,天然气公司的定位一直是个焦点。如果天然气公司介入排管合同,实际定位就是总承包商,由于其一般不直接铺设管道,其对外分包层级一多,最后非常容易成为违法分包。

如果天然气公司不介入排管合同,交由用户直接与设计施工企业接洽,则天然气公司将失去很大一部分利润来源,同时管道工程的质量无法得到掌控,今后发生天然气泄漏事故时责任无法界定。

十、交易并购项目

随着天然气行业放松准入和许可权经营为主要特征的市场化改革快速推进,天然气行业尤其是下游出现两个重要变化:一是政府给企业颁发经营资格证书被特许经营制取代;二是输配系统和销售公司捆绑式经营开始分离和独立运营,从而导致近年来天然气行业内的交易并购风起云涌。

天然气交易并购项目一般有资产并购和股权并购两种方式。如果采取资产收购的方式,则在资产上要注意天然气行业的一些特点:一是涉及管道的产权界定存在争议;二是管道资产的评估难题(很难挖开核实)。如果采用股权收购的方式,需要重点关注:一是涉及历史上的初装费、计划气、押金问题需要解决;二是特许经营权问题,包括主体、起止时间、经营范围和经营地域等;三是很多的燃气公司原先由事业单位转变而来,由此会带出很多资产和人员的问题。

除了这些天然气行业特有的法律问题外,还有一些常见的法律问题,例如拖欠气款纠纷、人身损害赔偿、能源项目基建、天然气供应合同纠纷等,但这些问题基本上和其他行业遇到的法律问题类似,在此不再赘述。

(本文发布于 2015 年 8 月①)

---

① 指在"天然气与法律"微信公众号上的发布时间,下文同。

燃气企业诉讼案件大数据分析报告

金 玮

引 言

近年来燃气行业蓬勃发展,与之相伴,燃气公司的纠纷案件亦呈逐年上升趋势,其中尤以民事纠纷最为显著。为使燃气公司能更准确地了解本行业潜在法律风险,从而更有针对性地作出风险评价和防范,山东汉顿律师事务所在全国司法公开资源范围内,对燃气公司自2011年1月至2015年9月之间涉诉案件进行了汇编整理。针对这些裁判文书我们进行了分析、归纳、总结,并结合多年来承办的燃气公司纠纷案件提出针对性的律师建议,形成此份数据报告。

报告目的:通过对燃气公司涉诉案件进行大数据分析,发现燃气公司日常经营中的法律风险因素,并进行律师分析,提出法律建议,从而为燃气公司更好地进行风险防范和应对提供参考和衡量。

本次共搜集各类裁判文书420份,其中判决363份,裁定书57份;民事裁判文书399份,行政裁判文书9份,刑事裁判文书12份。

从检索数据来看,燃气企业有关涉诉案件呈现逐年上升趋势,律师分析其原因在于:

1.国家产业结构调整,逐步向清洁能源发展,燃气业务的增加势必造成涉诉案件增加;

2.经济形势下行,以燃气为能源的加工制造业订单匮乏,由此导致产生的拖欠气费案件上升;

3.公民法律维权意识逐步增强,利用诉讼来实现目的的案件增多。

本次搜集的420份裁判文书,可以概括体现燃气企业在日常经营管理中出现的各类问题:以民事案件居多,其中又以合同纠纷(188份,占45%)、人身伤害损害纠纷(120份,占28.5%)、劳动争议纠纷(55份,占13%)最为显著。

表 1 本报告裁判文书项目分布表

涉案项目类型			裁判文书数量		比重	
审理程序	一审		301		72%	
	二审		99		24%	
	再审		20		4%	
案由	合同纠纷	供气合同	188	116	45%	27.6%
		施工合同		37		8.8%
		买卖合同		15		3.6%
		其他合同		20		4.7%
	人身损害赔偿		120		28.5%	
	劳动争议纠纷		55		13%	
	其他		57		13.5%	
燃气公司诉讼地位	原告		178		42%	
	被告		125		30%	
	上诉人		57		14%	
	被上诉人		37		9%	
	再审申请人		13		3%	
	再审被申请人		10		2%	
案件结果	胜诉		260		62%	
	败诉		128		30%	
	其他		32		8%	

一、燃气公司民事诉讼案件地域分布

本次检索以 2011 年 1 月至 2015 年 9 月为区间,检索到燃气公司民事纠纷裁判文书共计 420 份。总体而言,燃气公司涉诉数量没有其他类型公司数量那么庞大,其原因可概括归纳为:燃气行业为新兴、高危行业,运行机制和管理制度较为严格。

在检索的文书中,燃气公司作为诉讼主体案件主要集中在上海、广东、四川等南方经济较为发达地区,天然气作为新能源在经济发达地区较早、较广泛地用于工商业,这与燃气市场的成熟程度有一定的关联性。如制作本报告的燃气法律服务团队所在的山东省,本省燃气公司的发展在全国处于中等发展水平,从所涉及的民事诉讼案件数量上便有所反映。在搜集的燃气公司诉讼案件中,山东省燃气公司的涉诉案件约占 9%,诉讼案件数量较广东、上海等地较少,但仍多于其他省份。

二、燃气案件所涉审理程序及企业诉讼地位

在检索的 420 份裁判文书中,一审程序审理的案件为 301 起,二审 99 起,再审 20 起;一审审结案件数量与二审审结案件数量的比例约为 3∶1。在此,也提醒燃气公司在日常经营过程中应加强风险防范意识,一旦出现纠纷,则可能陷入长期诉讼,耗费大量的时间和精力。

关于燃气公司的诉讼地位,检索数据显示,燃气公司作为原告、上诉人、再审申请人主动提起相关诉讼程序的案件为 258 起,剩余 172 起案件燃气公司为被动参与诉讼程序,比例约为 3∶2。其中,双方主体均为公司法人案件的为185 起,占比 44%。

三、燃气纠纷案件分析及律师建议

从本次检索的数据来看,民事案件占据了主要位置,行政案件和刑事案件总共 21 件,民事案件燃气公司涉诉案由达十余种,其中尤以合同纠纷、侵权赔偿纠纷、劳动纠纷三类案件极具代表性。在合同纠纷中,供用气合同、建设施工合同以及买卖合同占合同纠纷比例高达 91%。

(一)合同纠纷

合同纠纷共计 188 起,其中供用气合同 116 起,占 62%;施工合同 37 起,占20%;买卖合同 15 起,其他合同(保险、委托、租赁、联营)20 起。

1.供用气合同

在检索汇总的 116 起供用气合同纠纷中,胜诉率为 95%,涉诉原因主要表现为以下情形:

(1)要求支付拖欠的管道燃气设施配套建设费、开口费、增容费和接驳费等。

主要表现为:房地产开发商代缴开口费,随后因种种原因开发商不能向住户收取,开发商又转向燃气公司索要;燃气企业因住户增加供热容量而收取增容费,住户不同意缴纳而被燃气公司起诉;以及用户因履约能力下降等多种原因拖欠配套建设费、接驳费等。

(2)要求支付拖欠的燃气费。

该类纠纷均系以燃气公司主动发起的诉讼程序,拖欠费用事实清楚,但具

体数额为双方主要争议焦点,法院判决燃气公司败诉的主要原因在于超过 2 年诉讼时效、证据保管不善或缺失等。

(3)用户要求退还多交的燃气费。

主要表现为:因燃气公司资产转让等原因致使供用气合同终止,用户要求退还预交但未实际使用的燃气费,此类案件法院大多判决燃气公司败诉。

针对上述问题,律师建议如下:

(1)定期核查燃气设施配套建设费、燃气费回笼情况,对没有及时回款的项目登记造册,定期排查;

(2)定期催账,对到期应收账款,由相关人员进行催讨;催讨不回的,及时起诉,避免超过 2 年诉讼时效而丧失胜诉权;

(3)证据固定,注意保存与客户的往来对账单、确认函、还款协议,以及与款项支付有关的往来函电、补充协议等;通过电话催讨、电子邮件、传真、快递等方式发送催款函的,应当注意保存电子邮件发送记录、传真原件以及快递投递单等。

2.买卖合同

在检索汇总的案例中,买卖合同纠纷 15 起,主要表现为以下情形:

(1)燃气公司兼并收购过程中发生纠纷。

双方多就资产收购事宜是否已形成买卖关系、拟转让资产是否存在权属瑕疵、交易价格是否经过双方确认、特许经营项目转让合同效力问题等方面存在分歧。

(2)燃气公司间因燃气买卖发生纠纷。

双方就合同效力问题、计量方式、气量和价格的确认等方面以及燃气公司改制后的权利义务主体等存在争议。相对方多通过提起管辖权异议方式故意拖延诉讼程序。

(3)燃气公司与其他公司间因购买生产资料发生纠纷。

主要是购买锅炉、PE 管材、煤、钢铁、轮胎、耐火材料和添加剂等产品。燃气公司因上述产品存在质量问题未付款被诉,还有的因供应方未及时发货、未按约定进行安装调试施工致使合同目的不能实现而起诉要求解除合同等情形。

针对买卖合同纠纷事宜,律师建议如下:

(1)签约主体审查。签约前应对签约相对方进行主体资格审查,包括但不限于相对方的工商登记信息、诉讼、执行信息、资信状况以及近期的经营业绩、商业信誉等,在合同履行的过程中注重留存双方进行磋商的证据,如发生争议应及时做出反应,谨防因决策时间过长错过最佳解决纠纷的时间。

(2)签约文本审核。合同签约前将签约文本交由律师进行审核,由律师对合同效力及内容进行审查、分析、论证。

(3)跟踪合同履行过程。注意实时关注对方的资信、经营、偿债能力以及是否有巨额债务等方面的信息,特别是客户的银行账号信息、资产状况、股东构成、对外债务、债权和投资等。

3.建设工程施工合同纠纷

该类案件胜诉和败诉基本持平(胜诉为54%,败诉为46%),案件事实明确,双方争议的焦点主要是工程款是否应付,以及数额多少的问题。具体表现是房地产企业委托燃气企业承建燃气工程,工程完工后委托方以施工方未提供完整的竣工报告材料或者对工程款的具体数额有异议为由拒付工程款。法院裁判观点认为,如工程实际交付使用、运行良好且施工方已提供符合技术要求的施工技术资料,法院一般判决付款。对工程款数额有异议的,双方可共同委托中介机构或者审计部门进行审计。

关于该类纠纷,律师建议如下:

(1)保存好开工报告、施工合同、工程计量单、收款证明及凭证。

(2)做好相对方资质、信用审查及合同履行监控工作。

(3)付款方式尽量采用分阶段付款模式,避免工程全部竣工后一次性付款,对方违约及时维权,避免损失扩大。

(二)劳动争议纠纷

在检索汇总的案例中,劳动争议纠纷为55起(胜诉率37%,败诉率53%,其他10%),集中表现为以下情形:

(1)要求确认劳动关系。

燃气公司将项目工程对外承包,承包人自行招用人员进行施工,实际施工人要求确认与燃气公司存在劳动合同关系。

(2)改制后员工安置问题。

燃气公司因员工严重违反企业规章制度单方解除劳动合同,员工要求补偿;员工要求支付双倍工资、经济补偿金、加班费等。此类纠纷和其他类型公司劳动争议纠纷案件具有一致性,燃气公司在劳动争议纠纷案件中处于被动地位。

针对此,律师建议如下:

(1)完善劳动人事制度。规范公司劳动人事制度,并向员工进行公示签字确认,为单方解除劳动合同留有充足证据,防范相关法律风险。

(2)保证追偿到位。将工程外包给有资质的工程公司,在发包合同中明确约定如发包方承担责任可向承包方全额追偿的条款。

(3)依法依规签订劳动合同。严格按照《劳动合同法》的要求与招聘人员签订劳动合同并留底,避免索要双倍工资。

(4)完善加班登记制度。对于确实需要加班的工作,要将加班时间和加班人员信息做好登记,并经双方签字确认。如公司采用打卡方式考勤,请在员工手册中注明,打卡考勤时间不作为员工加班的依据。

(本文发布于 2016 年 2 月)

近年来天然气领域相关政策法规观察(上)

陈新松

2014年6月13日,习近平主持召开中央财经领导小组会议,研究我国能源安全战略,他强调,面对能源供需格局新变化、国际能源发展新趋势,保障国家能源安全,必须推动能源生产和消费革命。

天然气作为我国能源战略转型的重要组成部分,在当前治理大气污染、中石油出售管网资产、与俄罗斯签订供气购销合同等热点事件的背景下,备受人们关注。其实,国家相关部门在2014年2—4月间密集发布了关于天然气的一系列政策法规,见表1:

表1 2014年天然气领域政策法规

序号	发布时间	文件名称	文　号	发布主体
1	2月13日	《油气管网设施公平开放监管办法(试行)》	国能监管〔2014〕84号	国家能源局
2	2月25日	《天然气购销合同(标准文本)》	国能监管〔2014〕98号	国家能源局
3	2月28日	《天然气基础设施建设与运营管理办法》	发展改革委令第8号	国家发改委
4	3月20日	《关于建立健全居民用气阶梯价格制度的指导意见》	发改价格〔2014〕467号	国家发改委
5	3月24日	《能源行业加强大气污染防治工作方案》	发改能源〔2014〕506号	国家发改委 国家能源局 国家环保部
6	4月5日	《关于加快推进储气设施建设的指导意见》	发改运行〔2014〕603号	国家发改委
7	4月14日	《关于建立保障天然气稳定供应长效机制若干意见的通知》	国办发〔2014〕16号	国务院办公厅

这些文件分别涉及天然气领域的管网开放、供销合同、基础设施和价格机制等各个方面，是构建新形势下天然气监管体制的重要政策法律文件，将对今后较长一段时间内天然气行业发展产生重要影响。本文对这些文件进行逐一梳理。

一、《油气管网设施公平开放监管办法（试行）》

（一）发布背景

为了打破油气管网的高度垄断经营状态，2014 年 2 月 13 日，国家能源局正式印发《油气管网设施公平开放监管办法（试行）》（以下简称《管网开放办法》），要求油气管网设施运营企业在一定前提下，向新增用户开放使用油气管网设施。

《管网开放办法》通过政策正式明确管网设施开放的范围为油气管道干线和支线以及与管道配套的相关设施。其出台旨在促进油气管网设施公平开放，提高管网设施利用效率，保障油气安全稳定供应，规范油气管网设施开放相关市场行为，在目前油气行业纵向一体化的体制下，解决上、下游多元化市场主体的开放需求问题。这是监管层明确表态要打破垄断迈出的重要一步。

（二）要点导读

《管网开放办法》规定，油气管网设施开放的范围为油气管道干线和支线（含省内承担运输功能的油气管网），以及与管道配套的相关设施；在有剩余能力的情况下，油气管网设施运营企业应向第三方市场主体平等开放管网设施，按签订合同的先后次序向新增用户公平、无歧视地提供输送、储存、气化、液化和压缩等服务。

《管网开放办法》传递的改革深度、力度超越了"十一五"以来任何一次油气产业改革。《管网开放办法》的出台为油气管网改革撕开了一个口子，并为解决油气管网公平准入问题提供了解决思路。一方面，其为各市场主体进入油气管网提供了标准规范，起到一定打破现有垄断局面的作用；另一方面，《管网开放办法》明确指出，油气管道设施上游用户中包括天然气（含煤制天然气、煤层气、页岩气等）等油气生产企业。这就意味着，非常规油气开采出以后"无管网可输送"的问题将得到解决，有利于打破大型央企和地方国企在油气管网设施的垄断，促进中国非常规油气资源开发。同时，要求油气管网设施运营企业之间相互开放,实际是要求实现三大石油公司管网之间的互联互通,有利于形成全国统一布局的管网系统,对于确保能源供应的安全有重要意义。

不过,值得注意的是,《管网开放办法》全文没有提到任何详细的数字,价格、数量均没有体现。例如管输费如何制定,再比如第五条"油气管网设施运营企业在油气管网设施有剩余能力的情况下"中提到的"剩余能力"如何界定,均没有描述清楚。因此,本办法只是定性的传达政府决心改革油气管网运营领域的决心,并没有提出定量的执行标准。

当下,国内气荒、油荒时有发生,在国内油气管网建设不完善、管网设施剩余能力有限的前提下,管网设施运营企业开放与否存在主观和客观的操作障碍。因此,能否实现油气管网真正公平的"第三方准入",不仅需要"办法",还需要更具体的实施细则,以及实施过程中国家能源局及其派出机构有效的监管。

二、《天然气购销合同(标准文本)》

(一)发布背景

中国油气管网设施对外提供服务的主导模式是管网设施方买断上游企业的油气,然后自行处置油气资源和调度,上游企业几乎没有选择下游用户的主动权。《管网开放办法》第9条提出了新模式,即鼓励以自行协商或委托代理等方式由不同市场主体的上游用户向下游用户直接销售油气,并由上下游用户与油气管网设施运营企业签订合同或协议。同时,在第14条提出了对合同内容的要求及监管报备措施。

为进一步做好天然气合理使用监管,规范天然气购销市场秩序,2014年2月25日,国家能源局印发《天然气购销合同(标准文本)》(以下简称《合同标准文本》),呼应这一购销模式。该文本适用于天然气供应企业与城市燃气集团、直供用户参照签订多年、年度或短期天然气购销合同。

(二)要点导读

《合同标准文本》共21条及6个附件,内容涵盖交付、年合同量、合同价格和气款结算、质量和计量、调试和维修以及争议解决等。合同双方可在公平、合理和协商一致的基础上,进一步对有关条款进行补充、细化或完善,增加或减少附件,相关附件内容由供用气双方协商确定。

《合同标准文本》中值得注意的有:一是文本既适用于已建成项目,也适用于新项目。如适用于新项目,起始日应考虑第一窗口期或第二窗口期内;二是合同价格有两个模板:1.直接确定单价为____元/标准立方米(含税);2.单价由天然气基础价格和综合服务费用单价两部分组成,而计价单位为标准立方米或吉焦(即热值计量);三是一年期以上的合同适用"照付不议"条款。

此前,国家能源局要求新增天然气利用项目要"先规划、先合同、再发展",对于已落实气源的"煤改气"、燃气热电联产等项目,要加强对供需双方签订合同情况的监管,确保天然气有序供应。《合同标准文本》印发后,国家能源局及其派出机构将进一步加强对天然气购销合同签订及履行情况的监管。

三、《天然气基础设施建设与运营管理办法》

(一)发布背景

大幅提高天然气在我国能源消费中的比重已成共识,但从当前现实条件来看,天然气能否扛起这份重任仍不可知。尽管"十一五"以来,我国天然气产业进入快速发展时期,消费量年均增长高达17%,不过在2011年增速达到顶峰之后开始下降,除基数增大和经济环境变化等原因外,价格机制和配套设施的落后也在一定程度上制约了天然气产业发展。

以储气库这一典型的配套设施为例,作为天然气产业链上的重要一环,实现重要调峰作用的储气库建设仍是短板。据统计,我国2013年城市燃气占比为41%,比2000年提高了23个百分点,而化工用气和工业燃料用气的总和占比也从2000年的78%下降到41%。天然气消费完成了从工业向民用的根本性转变,同时也意味着调峰需求和压力进一步加大。然而,我国储气库调峰能力仅有2%,远低于世界平均水平。

在此背景下,2014年2月28日,国家发改委以部门规章这一法律形式,发布了《天然气基础设施建设与运营管理办法》(下称《基础设施办法》),明确鼓励、支持各类资本参与投资建设纳入统一规划的天然气基础设施。

(二)要点导读

《基础设施办法》明确所称天然气应包括天然气、煤层气、页岩气和煤制气等,且规定,通过天然气基础设施进行天然气交易的双方,应当遵守价格主管部门有关天然气价格管理规定。天然气可实行居民用气阶梯价格、季节性差价、可中断气价等差别性价格政策。

《基础设施办法》规定天然气销售企业应当建立天然气储备,到 2020 年拥有不低于其年合同销售量 10% 的工作气量,以满足所供应市场的季节(月)调峰以及发生天然气供应中断等应急状况时的用气要求。城镇天然气经营企业应当承担所供应市场的小时调峰供气责任。由天然气销售企业和城镇天然气经营企业具体协商确定所承担的供应市场日调峰供气责任,并在天然气购销合同中予以约定。

《基础设施办法》规定,国家鼓励、支持各类资本参与投资建设纳入统一规划的天然气基础设施。国家能源局和县级以上地方人民政府天然气主管部门应当加强对天然气销售企业、天然气基础设施运营企业和天然气用户履行本办法规定义务情况的监督管理。

此外,《基础设施办法》特地强调了以下几点:一是国家鼓励、支持天然气基础设施相互连接;二是天然气基础设施运营企业不得利用对基础设施的控制排挤其他天然气经营企业,并应与用户强调天然气基础设施服务合同;三是承担天然气储备义务的企业可以单独或者共同建设储气设施储备天然气,也可以委托代为储备。

四、《关于建立健全居民用气阶梯价格制度的指导意见》

(一)发布背景

前文中提到价格机制和配套设施的落后是制约天然气产业发展的两大因素。价格机制是把"双刃剑":在天然气价格没有与市场接轨时期,和其他能源相比的低价客观上促进了国内天然气市场的快速扩大。统计数据显示,中国从 2006 年开始进口天然气,仅 5 年时间,天然气对外依存度就飙升至 21%。可以说,我国天然气消费占比提高在很大程度上是靠进口量增长来支撑的,但由于近年来的进口采购与国内销售价格严重"倒挂",让供应企业背上沉重负担,在客观上也阻碍了天然气产业的健康发展。

为此,在出台《基础设施办法》后,改革天然气价格机制成了国家发改委的下一步目标。而居民生活用气阶梯价格制度作为理顺天然气价格的重要举措,在此背景下率先出台。2014 年 3 月 20 日,国家发改委发布了《关于建立健全居民用气阶梯价格制度的指导意见》(下称《阶梯价格意见》),决定在全国范围内推行居民阶梯气价制度。

（二）要点导读

阶梯气价制度是将用气量划分为若干阶梯，实行不同的价格。用气量越大，超过基本用气需求的部分气价越高。这项制度是在保障绝大多数居民生活用气不受影响的前提下，引导居民合理用气、节约用气。与传统的单一气价相比，阶梯气价可以更好地兼顾效率与公平。因此，为鼓励居民节约用气，公平负担，促进天然气市场可持续健康发展，有必要在全国范围内建立健全居民阶梯气价制度。

《阶梯价格意见》对各档气量和气价的确定作了原则性规定。阶梯气价分为三档，第一档用气量按覆盖区域内80％居民家庭用户的月均用气量确定，保障居民基本生活用气需求；第二档用气量按覆盖区域内95％居民家庭用户的月均用气量确定，体现改善和提高居民生活质量的合理用气需求；第三档用气量为超出第二档的用气部分。

各档气价实行超额累进加价。根据不同阶梯的保障功能，第一档气价按基本补偿供气成本的原则确定，并在一定时期内保持稳定；第二档气价按合理补偿成本、取得合理收益的原则制定，第三档气价要充分体现天然气资源稀缺程度，能够抑制过度消费。原则上，第一、二、三档气价按1∶1.2∶1.5的比价安排。

《阶梯价格意见》要求，2015年12月底前所有已通气城市均应建立起居民生活用气阶梯价格制度。今后凡制定或调整居民生活用气销售价格的城市，要同步建立起阶梯价格制度；已实行阶梯气价的城市，要根据指导意见进一步完善相关政策。

五、《能源行业加强大气污染防治工作方案》

（一）发布背景

治理大气污染是天然气作为清洁能源的优势应用领域。2014年3月24日，为贯彻落实《大气污染防治行动计划》和《京津冀及周边地区落实大气污染防治行动计划实施细则》，促进能源行业与生态环境的协调和可持续发展，切实改善大气环境质量，发改委、能源局、环保部联合制定《能源行业加强大气污染防治工作方案》（下称《大气防治方案》）。

（二）要点导读

《大气防治方案》是一个能源领域整体加强大气污染防治的总体方案。具

体到天然气领域,《大气防治方案》确定了天然气(不包含煤制气)能源消费比重
2015年达到7%以上,2017年达到9%以上。

在保障清洁能源供应方面,《大气防治方案》对天然气单独做了详细阐述。
天然气增加供应的任务为:增加常规天然气生产,加快开发煤层气、页岩气等非
常规天然气,推进煤制气产业科学有序发展;加快主干天然气管网等基础设施
建设;加快储气和城市调峰设施建设;加强需求侧管理,优先保障民用气、供暖
用气和民用、采暖的"煤改气",有序推进替代工业、商业用途的燃煤锅炉、自备
电站用煤。天然气增加供应的具体目标是:2015年,全国天然气供应能力达到
2500亿立方米。2017年,全国天然气供应能力达到3300亿立方米。

《大气防治方案》特别强调了推广分布式供能。要求以城市、工业园区等能
源消费中心为重点,加快天然气分布式能源建设。2015年,力争建成1000个天
然气分布式能源项目;2017年,天然气分布式能源达到3000万千瓦。2015年
12月底前,重点在上海、江苏、浙江等地区安排天然气分布式能源示范项目;此
外,推进"新城镇、新能源、新生活"计划,在江苏、浙江、河北等地选择中小城镇
开展以LNG为基础的分布式能源试点。

为了实现上述目标,《大气防治方案》强调要完善相关配套措施。涉及天然
气的具体包括:一是稳步推进天然气管网体制改革,促进管网公平接入和公平
开放,并明确政府与企业油气储备及应急义务和责任;二是开展油气管网设施
公平开放监管,提高管网设施运营效率,促进油气市场有序发展;三是进一步建
立和完善市场化价格机制,深化天然气价格改革,推行天然气季节差价、阶梯气
价、可中断气价等差别性气价政策;四是加大对分布式能源发展的财政税收金
融支持力度,研究落实清洁供暖设施等补贴政策与标准。

六、《关于加快推进储气设施建设的指导意见》

(一)发布背景

在天然气配套的各项基础设施中,储气设施是极为重要的。随着天然气应
用在我国的大力推广,季节差异大,对调峰需求迫切的特点也逐年凸显。我国
目前储气库建设明显滞后,在天然气供应规模中的配比过低,加快储气设施建
设已刻不容缓。

为此,国家发改委于2014年4月5日发布了《关于加快推进储气设施建设
的指导意见》(下称《储气设施意见》),切实推进储气设施建设,进一步做好天然

气供应保障,维护经济社会平稳运行。

（二）要点导读

《储气设施意见》的亮点在于鼓励各种所有制经济参与储气设施投资建设和运营。承担天然气调峰和应急储备义务的天然气销售企业和城镇天然气经营企业等,可以单独或者共同建设储气设施储备天然气,也可以委托代为储备。根据这一条,6月中旬,江西省首个"天然气储备联盟"项目率先启动,江西港华燃气有限公司、九江天然气有限公司、高安天然气有限公司、江西计华能源发展有限公司、抚州抚北天然气有限公司五家不同所有制成分的企业共同出资建设LNG 应急储备库,作为五家燃气公司共同的调峰储备设施。

同时,《储气设施意见》要求各地要加大对储气设施投资企业融资支持力度,支持符合条件的天然气销售企业和城镇天然气经营企业发行企业债券融资,拓宽融资渠道,增加直接融资规模。创新债券融资品种,支持储气设施建设项目发行项目收益债券。支持地方政府投融资平台公司通过发行企业债券等集资金建设储气设施,且不受年度发债规模指标限制。

为进一步用好价格杠杆,国家发改委要求各级价格主管部门,利用好价格调节手段,引导储备气设施建设。例如,通过推行非居民用户季节性差价、可中断气价等政策,鼓励用气峰谷差大的地方率先实施,引导用户削峰填谷。对独立经营的储气设施,按补偿成本、合理收益的原则确定储气价格;对城镇天然气经营企业建设的储气设施,投资和运营成本纳入配气成本统筹考虑,并给予适当收益。

此外,《储气设施意见》还提出,将加大储气设施建设用地支持力度,对储气设施建设用地优先予以支持;优化项目核准程序,缩短办理时限,提高核准效率;继续执行现有支持大型储气库建设的有关政策,进一步加大支持力度,适时扩大适用范围;天然气销售企业在同等条件下要优先增加配建有储气设施地区的资源安排,增供气量要与当地储气设施规模挂钩。

七、《关于建立保障天然气稳定供应长效机制若干意见的通知》

（一）发布背景

在解决了天然气配套设施和价格机制的问题之后,随之而来的突出问题就是天然气的稳定供应。近年来,虽然我国天然气供应能力已不断提升,但由于消费需求快速增长、需求侧管理薄弱、调峰应急能力不足等原因,一些地区"气荒"现象时有发生,民生用气保障亟待加强。

在此背景下,2014 年 4 月 14 日,国务院办公厅转发了发改委《关于建立保障天然气稳定供应长效机制若干意见》(下称《供应长效机制意见》),要求建立保障天然气稳定供应长效机制,增加天然气供应。值得注意的是,此次意见是以国务院办公厅的名义发至各级地方政府和相关部委。

(二)要点导读

《供应长效机制意见》提出,未来要增加天然气供应。到 2020 年天然气供应能力达到 4000 亿立方米,力争达到 4200 亿立方米。同时将推进"煤改气"工程,到 2020 年累计满足"煤改气"用气需求 1120 亿立方米。

天然气"十二五"规划曾预计,2015 年我国天然气消费量为 2300 亿立方米左右,供应能力将超过 2600 亿立方米(包括煤层气、页岩气及煤制天然气等非常规天然气和进口天然气),到 2015 年天然气占一次能源消费总量的比重达到 7.5%。这意味着,"十三五"期间将新增天然气供应能力 1400 亿至 1600 亿立方米,每年新增 300 亿立方米左右的供应能力。

为实现上述任务,国家将继续加大对天然气尤其是页岩气等非常规油气资源勘探开发的政策扶持力度,有序推进煤制气示范项目建设。落实鼓励开发低品位、老气田和进口天然气的税收政策。各地区要综合考虑民生改善和环境保护等因素,优化天然气使用方式。做好天然气与其他能源的统筹平衡,优先保障天然气生产。

同时,国家还将支持各类市场主体依法平等参与储气设施投资、建设和运营,研究制定鼓励储气设施建设的政策措施。优先支持天然气销售企业和所供区域用气峰谷差超过 3∶1、民生用气占比超过 40% 的城镇燃气经营企业建设储气设施。符合条件的企业可发行项目收益债券筹集资金用于储气设施建设。对独立经营的储气设施,按补偿成本、合理收益的原则确定储气价格。另外,对储气设施建设用地也将优先予以支持。

《供应长效机制意见》还要求建立天然气监测和预测、预警机制,对天然气供应风险做到早发现、早协调、早处置。另外,还要做好油气勘探开发体制改革试点工作,研究制定天然气管网和 LNG 接收、存储设施向第三方公平接入、公平开放的政策措施。

《供应长效机制意见》还强调要进一步理顺天然气与可替代能源价格关系,

抓紧落实天然气门站价格调整方案,加快理顺车用天然气与汽柴油的比价关系,建立健全居民生活用气阶梯价格制度,研究推行非居民用户季节性差价、可中断气价等价格政策。

未来,在新一轮的能源生产和消费革命中,能源产品价格改革、能源领域垄断改革、能源市场开放、政府职能转变将是重点。而天然气又将是新一轮能源体制改革的主要领域。加强对国家天然气领域政策法律的研究,有助于我们对行业发展的科学预判,并在天然气大发展的浪潮中占领先机。

（本文发布于 2014 年 7 月）

近年来天然气领域相关政策法规观察(下)

陈新松

继 2014 年出台多项政策法规之后,2015 年天然气领域的政策法规基本上以落实深化 2014 年的政策为主,保持了政策的延续性和稳定性;同时,2015 年出台的大气污染防治法、价格机制改革方案和国企改革方案等不乏与天然气相关的内容,我们也将其纳入观察范围;此外,2015 年各地政府陆续出台不少天然气相关政策法规,我们精选部分重点内容进行分析。具体见表 1:

表 1　2015 年天然气领域政策法规

类别	序号	发布时间	文件名称	文号	发布主体
国家行业领域	1	2 月 13 日	关于市政公用领域开展政府和社会资本合作项目推介工作的通知	财建〔2015〕29 号	财政部、住建部
	2	2 月 26 日	关于理顺非居民用天然气价格的通知	发改价格〔2015〕351 号	国家发改委
		11 月 18 日	关于降低非居民用天然气门站价格并进一步推进价格市场化改革的通知	发改价格〔2015〕2688 号	
	3	4 月 25 日	基础设施和公用事业特许经营管理办法	国家发改委 2015 年第 25 号令	国家发改委等六部委
	4	8 月 3 日	关于推进城市地下综合管廊建设的指导意见	国办发〔2015〕61 号	国务院办公厅
国家相关领域	5	3 月 16 日	关于进一步深化电力体制改革的若干意见	中发〔2015〕9 号	中共中央、国务院
	6	8 月 24 日	关于深化国有企业改革的指导意见	中发〔2015〕22 号	中共中央、国务院
	7	8 月 29 日	中华人民共和国大气污染防治法	主席令(第三十一号)	全国人大常委会
	8	10 月 15 日	关于推进价格机制改革的若干意见	中发〔2015〕28 号	中共中央、国务院

类别	序号	发布时间	文件名称	文号	发布主体
地方重点政策	9	6月16日	河北省物价局关于规范天然气价格管理的指导意见	冀价管〔2015〕119号	河北省物价局
	10	7月30日	关于加快推进本市集中供热和热电联产燃煤（重油）锅炉清洁能源替代工作的实施方案	沪发改环资〔2015〕121号	上海市发改委等四部门
	11	10月9日	广州市人民政府办公厅关于印发《广州市推进管道燃气三年发展计划实施办法》的通知	穗府办〔2015〕49号	广州市人民政府办公厅
	12	10月30日	厦门经济特区燃气安全监督若干规定	厦门市人大常委会第25号公告	厦门市人大常委会

一、国家行业领域政策法规

1.《关于市政公用领域开展政府和社会资本合作项目推介工作的通知》

2015年2月13日，财政部、住建部发布通知，决定在市政公用领域开展政府和社会资本合作（以下简称"PPP"）项目推介工作。通知对PPP项目推介工作的总体目标、基本原则、推介要求、组织实施、保障措施等方面进行规定，希望改变先前市政公用产品和服务由政府单一供给的方式，实现政府和社会资本合作的新模式。具体到天然气行业：

一是明确供气、地下综合管廊等为市政公用领域重点推进项目；

二是改变地方政府主要以土地使用权等抵押担保、借地方投融资平台发债等传统做法，有序推进以特许经营等方式吸引社会资本；

三是要求供气等项目应实行厂网一体、站网一体、收集处理一体化运营，提高服务质量；

四是明确几类运作模式，对地方政府自建自管的存量项目，可优先考虑按照PPP模式转型；对企业已是投资运营主体的存量项目，可按照PPP模式改造；对企业在建但因各种原因停滞的项目，政府可以注入一定资金，与企业合作；对经充分论证确需新建的项目，也可按照PPP模式设计运作；

五是地方财政将综合采取财政奖励、运营补贴、投资补贴、融资费用补贴等多种方式,加强对推介项目予以支持。

2.《关于理顺非居民用天然气价格的通知》和《关于降低非居民用天然气门站价格并进一步推进价格市场化改革的通知》

(1)2015 年 2 月 26 日,国家发改委发布了《关于理顺非居民用天然气价格的通知》,具体要点如下:

一是宣布气价并轨。这是通过增量气下调 0.44 元/立方米、存量气上调 0.04 元/立方米的方式实现的,这也意味着我国理顺非居民用气价格"三步走"的目标已实现,2013 年以来实行的存增量气计价法将成为历史;

二是放开直供用户门站价格,由供需双方协商定价。在 2013 年、2014 年这两次气价改革中,已放开了海上天然气、页岩气、煤层气、煤制气出厂价格以及 LNG 气源价格。此次价改又新放开了直供用户门站价格,对大型工业用户降低用气成本带来利好;

三是考虑到居民用气价格调整影响太大及化肥行情低迷等方面因素,此次气价调整与前两次调整一样,并未对居民和化肥用气价格提出过多限制。

(2)2015 年 11 月 18 日,国家发改委发布了《关于降低非居民用天然气门站价格并进一步推进价格市场化改革的通知》,在国际油价不断下跌而使天然气经济性逐渐丧失的背景下,此次降价备受业内关注:

一是自 2015 年 11 月 20 日起非居民用气最高门站价格每立方米下调 0.7 元;

二是推出新的价格形成机制,将现行的最高门站价格管理改为基准门站价格管理,降低后的门站价格作为基准门站价格,供需双方可在上浮 20%、下浮不限的范围内协商确定具体门站价格;

此外,11 月 18 日的《通知》亦重点指出希望非居民用气尽快进入已于 2015 年 7 月 1 日开始试运行的上海石油天然气交易中心交易,力争用 2—3 年时间全面实现非居民用气的公开透明交易。

按照国家发改委的规划,天然气价格改革的最终目标是全面放开非居民用气价格,并分步实施。自 2013 年 6 月区分存量气与增量气以来,我国非居民天然气最高门站价格经历了四次调整,按照《中共中央国务院关于推进价格机制改革的若干意见》(见下文)的要求,放开天然气气源和销售价格是未来改革的总体方向,预计未来天然气价格市场化程度有望继续提升。

3.《基础设施和公用事业特许经营管理办法》

《基础设施和公用事业特许经营管理办法》(以下简称《办法》)经国务院常

务会议通过,由国家发改委等六部委于 4 月 25 日联合发布,并于 2015 年 6 月 1 日起施行。从法律效力上看,《办法》是一部低于法律,但高于一般性规范性文件的部门规章,不仅为现阶段特许经营提供了基本制度规范,也为鼓励民间资本进入相关领域提供法治保障。其中与天然气行业相关的要点如下:

(1)立法目的和特许经营范围。立法目的首先是鼓励和引导社会资本参与,甚至把保护特许经营者合法权益放在了保障社会公共利益和公共安全之前,这是从未有过的;《办法》扩大了特许经营范围,明确适用于能源、交通运输、水利、环境保护、市政工程等行业。天然气作为典型的能源行业,显然适用于该《办法》;

(2)特许经营期限。《办法》规定特许经营期确定应考虑行业特点、公共产品或服务需求、项目生命周期、投资回收期等综合因素予以确定。同时,约定可超过 30 年规定的特许经营期限是此次一大亮点。这就突破了 2004 年建设部 126 号令《市政公用事业特许经营管理办法》第 12 条规定的"30 年限制",给了政府部门及特许经营者更大的运作空间;

(3)特许经营协议内容。在《办法》列明的特许经营协议 17 项内容中,包括应当在特许经营协议中明确设施的权属,以及相应的维护和更新改造问题,这点值得天然气管网设施企业关注。需要明确区分政府投资资产、企业投资资产、用户投资资产,同时约定未来的维护和更新改造责任,避免对非自己权属的资产承担不必要的更新改造责任,或是放弃维护保养费用的权利;

(4)普遍性服务要求。作为基础设施和公用事业的提供者,其必须履行普遍性服务要求。即在协议约定的区域内,实施普遍性服务,不得有差别待遇。这条值得城市燃气企业关注,不得对同类的客户实施不同的价格,一些价格减免或优惠的政策必须要有足够的理由和证据支持;

(5)强化特许经营监督管理。一是行政监督,第四十一条规定了行业监管、成本监审和审计监督等行政监督手段;二是社会监督,第四十三条至第四十五条分别规定了监测评估、绩效评价,以及通过信息公开,加强公众监督等制度;三是保障公共服务供给,《办法》第四十条、第四十八条、第五十二条分别规定了特殊情形下保障公共服务稳定持续提供的措施,第四十七条还规定突发事件时的应急预案保障。

4.《关于推进城市地下综合管廊建设的指导意见》

继 2014 年 6 月国务院下发《国务院办公厅关于加强城市地下管线建设管

理的指导意见》后,2015 年 4 月,包头、沈阳、哈尔滨、苏州、厦门等十个城市名单确定,2015 年 8 月 10 日国务院办公厅正式印发《关于推进城市地下综合管廊建设的指导意见》,进一步强调加强市政地下管廊建设。具体到与天然气相关内容如下:

一是明确地下综合管廊是指在城市地下用于集中敷设燃气等市政管线的公共隧道,目的是解决反复开挖路面、架空线网密集、管线事故频发等问题;

二是强调完善标准规范,要满足各类管线独立运行维护和安全管理需要,避免产生相互干扰;

三是确定从 2015 年起,城市新区、各类园区、成片开发区域的新建道路要根据功能需求,同步建设地下综合管廊;老城区要结合旧城更新、道路改造、河道治理、地下空间开发等,因地制宜、统筹安排地下综合管廊建设;

四是规定已建设地下综合管廊区域内的所有管线必须入廊。在地下综合管廊以外的位置新建管线的,规划部门不予许可审批,建设部门不予施工许可审批,市政道路部门不予掘路许可审批;

五是落实各方权利义务关系,要求管廊运营单位与入廊管线单位签订协议,明确入廊管线种类、时间、费用和责权利等内容。管廊本体及附属设施管理由地下综合管廊建设运营单位负责,入廊管线的设施维护及日常管理由各管线单位负责。

二、国家相关领域政策法规

1.《关于进一步深化电力体制改革的若干意见》

2015 年 3 月 15 日,中共中央、国务院印发《关于进一步深化电力体制改革的若干意见》。11 月 30 日,发改委发布了《关于推进输配电价改革的实施意见》《关于推进电力市场建设的实施意见》《关于推进售电侧改革的实施意见》等 6 个电力体制改革配套文件。我们试图从天然气的角度来看这些文件:

(1)电力改革的目标和意义在于:降低企业和社会用电成本,发挥价格调节供需的作用,规范电网企业运营模式,加强对电网企业的成本约束。从天然气角度来看,降低企业和社会用气成本也是天然气改革的目标,市场化的定价机制将引导合理的用气需求,而油气管网公平开放也是天然气管网的改革目标,燃气企业也会被政府加强成本规制;

(2)推进输配电价改革具体措施是分类推进交叉补贴改革。结合电价改进程,配套改革不同种类电价之间的交叉补贴,逐步减少工商业内部交叉补贴,妥善处理居民、农业用户交叉补贴。而同样交叉补贴也是天然气行业的老大难问题;

(3)《关于推进输配电价改革的实施意见》提出电价交叉补贴的处理方式:过渡期间,由电网企业申报现有各类用户电价间交叉补贴数额,经政府价格主管部门审核后通过输配电价回收。输配电价改革后,根据具体情况核定分电压等级输配电价,测算并单列居民、农业等享受的交叉补贴以及工商业用户承担的交叉补贴。这个操作可为气价的交叉补贴改革提供参考;

(4)《关于推进电力市场建设的实施意见》提出"建立相对独立的电力交易机构"的要求。《关于电力交易机构组建和规范运行的实施意见》从多个方面,对组建相对独立交易机构做了明确规定。这些在上海石油天然气交易中心的组建中得到了体现;

(5)电网企业对供电营业区内的各类用户提供电力普遍服务,保障基本供电,承担其供电营业区保底供电服务;《关于推进售电侧改革的实施意见》明确,发电企业及其他社会资本均可投资成立售电公司;拥有分布式电源的用户,供水、供气、供热等公共服务行业,节能服务公司等均可从事市场化售电业务。这点值得天然气行业关注;

(6)《关于推进售电侧改革的实施意见》还明确,同一供电营业区内可以有多个售电公司,但只能有一家公司拥有该配电网经营权,并提供保底供电服务。同一售电公司可在多个供电营业区内售电。该思路同样可以参考用于城市燃气行业的改革。

2.《关于深化国有企业改革的指导意见》

2015 年 8 月 24 日,中共中央、国务院印发《关于深化国有企业改革的指导意见》,共分 8 章 30 条,与天然气领域相关的内容包括:

一是明确了国企分类意见。概括为商业 A 类、商业 B 类和公益类三种。商业 A 类适用于充分竞争行业,可通过股份制,央企绝对控股、相对控股及参股均不限;商业 B 类适用于国家安全、经济命脉重要行业和关键领域,及自然垄断领域,要求国企控股和非国资参股,要求仍要顾及国家安全和国民经济运行,服务国家战略;

二是对自然垄断行业,实行以政企分开、政资分开、特许经营、政府监管为主要内容的改革,根据不同行业特点实行网运分开、放开竞争性业务,促进公共

资源配置市场化;

三是公益类可采取国有独资形式,具备条件的也可推行投资主体多元化,重点考核成本控制、营运效率和保障能力等。根据企业不同特点有区别地考核经营业绩指标和国有资产保值增值情况,考核中要引入社会评价;

四是在发展混合所有制方面,强调"因地施策、因业施策、因企施策,宜独则独、宜控则控、宜参则参,不搞拉郎配,不搞全覆盖,不设时间表,成熟一个推进一个"。

五是单独明确了石油天然气领域的改革:"在石油、天然气、电力、铁路、电信、资源开发、公用事业等领域,向非国有资本退出符合产业政策、有利于转型升级的项目。"

3.《中华人民共和国大气污染防治法》

《中华人民共和国大气污染防治法》制订于 1987 年 9 月,1995 年 8 月、2000 年 4 月先后修订,2015 年 8 月 29 日再次修改后于 2016 年 1 月 1 日开始施行。这部法律共设 8 章 129 条,其中涉及天然气相关的内容包括:

一是强调防治大气污染,应当加强对燃煤、工业、机动车船、扬尘、农业等大气污染的综合防治,而这前三项正是天然气能够大展身手的舞台;

二是要求未达到国家大气环境质量标准城市的应当编制限期达标规划,采取措施,按照期限达到大气环境质量标准。这将直接利好天然气产业;

三是调整能源结构,推广清洁能源的生产和使用。优化煤炭使用方式,推广煤炭清洁高效利用,逐步降低煤炭在一次能源消费中的比重;

四是划出禁燃区。在禁燃区内,禁止销售、燃用高污染燃料,禁止新建、扩建燃用高污染燃料的设施,已建成的应当在城市人民政府规定的期限内改用天然气、页岩气、液化石油气等清洁能源;

五是突出电力调度应当优先安排清洁能源发电上网,这将有利于天然气发电项目。

4.《关于推进价格机制改革的若干意见》

2015 年 10 月 15 日《中共中央、国务院关于推进价格机制改革的若干意见》发布。意见明确,到 2017 年,竞争性领域和环节价格基本放开,政府定价范围主要限定在重要公用事业、公益性服务、网络型自然垄断环节。与天然气领域相关的内容包括如下:

一是明确推进水、石油、天然气、电力、交通运输等领域价格改革,放开竞争

性环节价格,充分发挥市场决定价格作用;

二是要求价格改革要与财政税收、收入分配、行业管理体制等改革相协调,合理区分基本与非基本需求,统筹兼顾行业上下游、企业发展和民生保障、经济效率和社会公平、经济发展和环境保护等关系,这对天然气行业来说特别重要;

三是设定了时间表,到 2017 年,竞争性领域和环节价格基本放开,政府定价范围主要限定在重要公用事业、公益性服务、网络型自然垄断环节;

四是专题突出能源价格市场化。按照"管住中间、放开两头"的总体思路,推进电力、天然气等能源价格改革,促进市场主体多元化竞争,稳妥处理和逐步减少交叉补贴,还原能源商品属性。尽快全面理顺天然气价格,加快放开天然气气源和销售价格,按照"准许成本加合理收益"的原则,合理制定天然气管网输配价格;

五是针对公用事业和公益性服务价格,要求区分基本和非基本需求,促进政府和社会资本合作,保证行业可持续发展,满足多元化需求,全面实行居民用气阶梯价格制度;

六是加强成本监审和成本信息公开。公用事业和公益性服务的经营者应当按照政府定价机构的规定公开成本,政府定价机构在制定和调整价格前应当公开成本监审结论。

三、地方部分重点政策法规

全国各地出台涉及天然气的政策法规很多,这里精选了四个,分别涉及价格、能源替代、管道气推广、燃气安全等几个方面。

1. 河北省物价局《关于规范天然气价格管理的指导意见》

2015 年 6 月 16 日,河北省物价局公布了《关于规范天然气价格管理的指导意见》,提出加强对省内管道公司、城市燃气公司等天然气经营企业的成本监审,严格控制收益率及中间环节,严禁层层转供,降低供气成本。其价格管理要点如下:

(1)管道天然气销售价格由购气价格和配气价格构成。其中,购气价格指购入天然气的综合价格(多气源供气的,按照不同气源价格加权平均确定);配气价格由配气成本(指城市天然气经营企业利用城市管网为用户配送天然气过程中发生的费用)、税金和利润构成;

(2)选用经营期定价法或成本加成法从紧制定配气价格。对新建城市天然

气管网,一般采用经营期定价法;随着城市天然气管网设施逐步发展完善和用气量趋于稳定,过渡到成本加成法;

(3)压缩天然气价格包括母站价格和销售价格。其中,销售价格包括居民用、非居民用及车用天然气价格。压缩天然气母站价格、居民用及车用天然气价格采用成本加成法,授权市、县人民政府管理,并报省价格主管部门备案;

(4)城市燃气初装费授权市、县人民政府管理,并报上一级价格主管部门备案。其中,新建商品房燃气初装费,由房地产开发企业缴纳,不得向用户单独收取,相关政策及既有住房燃气初装费标准按照市、县人民政府具体规定执行;

(5)天然气计量装置使用到规定年限后,由天然气经营企业负责更换,所需费用计入企业成本。

2.上海市发改委等四部门《关于加快推进本市集中供热和热电联产燃煤(重油)锅炉清洁能源替代工作的实施方案》

2015 年 7 月 30 日,上海市发改委、经信委、环保局和财政局等四部门联合印发《关于加快推进本市集中供热和热电联产燃煤(重油)锅炉清洁能源替代工作的实施方案》(以下简称《方案》)。《方案》要点中涉及天然气的部分包括:

(1)支持燃气管网配套建设。对实施天然气替代的项目,天然气管网(用户红线外)敷设费用燃气企业承担 50%(60%)天然气管网敷设费用,区县政府和企业各承担 25%(20%);

(2)进一步实施掘路费优惠政策。优先将集中供热和热电联产企业实施清洁能源替代项目的燃气排管工程列入管线工程掘路施工计划,并尽量不收取加倍掘路修复费;

(3)鼓励能源供应企业执行更优惠的能源价格支持清洁能源;鼓励本市各级燃气供应企业对集中供热和热电联产企业实施清洁能源替代的,要优先保障天然气供应,并予以气价优惠。对实施燃气热电联产改造的项目,其原动机的用气价格按照本市天然气分布式供能项目的燃气价格水平执行,调峰锅炉的用气价格鼓励按照低于本市工业用气的价格水平给予优惠;

(4)实行鼓励先行和高效用能的差别化补贴政策。对 2015 年底前完成清洁能源替代的燃煤集中供热和热电联产企业,市、区县两级财力给予一次性补贴。对符合"以热定电、高效节约"原则核准建设的燃气热电联产改造项目,在项目建成后按 1000 元/千瓦给予补贴,单个企业补贴金额最高不超过 5000 万元,在市节能减排专项资金中安排。

3.广州市人民政府办公厅《关于印发广州市推进管道燃气三年发展计划实施办法的通知》

由于历史的原因,相比较其他一线城市而言,广州市的管道燃气普及率相对较低。为此,广州市政府早在2014年4月9日发布了《关于实施管道燃气三年发展计划的通告》后,2015年10月,又紧接着发布了《关于印发广州市推进管道燃气三年发展计划实施办法的通知》。广州市用了一些能够高效推进但又合法合规的办法,这值得很多管道气普及程度不高的城市借鉴。

一是明确推广管道燃气的使用。凡具备管道燃气供气条件的各类用户,均应使用管道燃气。禁止在禁燃区内使用燃煤、重油等高污染燃料,符合管道燃气安装条件的工业企业,应当按环保部门要求将原有锅炉改用天然气。禁止在已配套管道燃气供应设施的高层建筑使用瓶装气;

二是庭院燃气管道工程简化规划报建。规定了除涉及公共利益、交叉利益等特殊情形外,广州市行政区域内的庭院燃气管道工程建设无需办理《建设工程规划许可证》;

三是赋予燃气经营企业对红线内燃气管道工程质量监管的权利。包括鼓励采取代建等方式委托燃气企业统一建设红线内燃气管道工程、燃气企业对工程施工过程的抽查、燃气企业在接管红线内燃气管道设施时,对复查不符合安全技术条件的,可不接收;

四是明确物业管理单位不得以任何形式向燃气管道设施建设单位或施工单位收取除施工押金以外的配合费、车位占用费等其他费用;

五是禁止具备管道天然气使用条件的餐饮单位使用液化石油气瓶(组),鼓励改用管道天然气;

六是加强在工商业、交通领域燃气推广使用。包括禁燃区内禁止燃烧原(散)煤等高污染燃料,推动燃煤、燃重油工业锅炉的替代工作,加快推进在各类车辆使用天然气。

4.《厦门经济特区燃气安全监督若干规定》

2015年10月30日,《厦门经济特区燃气安全监管若干规定》(以下简称《规定》)发布,自2016年1月1日起施行。该《规定》由《厦门市燃气管理条例》修订而来,《规定》开始施行的同时原条例宣布废止。该《规定》在2015年各地的燃气条例修订中有一定的代表性,体现了强化安全监管的趋势,同时又有自己独特的亮点。

一是进一步规范和加强查处非法经营燃气行为,对使用"黑气",擅自改装、迁移、拆除燃气设施的用户,予以重罚;

二是对餐饮场所使用液化石油气钢瓶作出了详细规定,并鼓励餐饮场所推广使用管道燃气。市政府必要时可以规定部分区域或者部分类型的餐饮场所必须使用管道燃气;

三是强化年度入户安检方案,对餐饮场所用户每 6 个月入户检查不得少于一次,对其他用户每年入户检查不得少于一次;

四是燃气经营企业发现用户存在重大安全隐患、严重威胁公共安全且不能及时整改到位的,必须采取停气措施;

五是有关行政部门对查处非法存储、销售燃气行为提供线索的举报人应当进行奖励。

除上述的 12 个政策法规外,还值得重点关注的天然气年度政策法规包括:国家能源局《燃气电站天然气系统安全管理规定》(国能安全〔2015〕450 号)、国家能源局、国家铁路局《油气输送管道与铁路交汇工程技术及管理规定》(国能油气〔2015〕392 号)、国家能源局《关于印发 2015 年市场监管工作要点的通知》(国能综监管〔2015〕121 号)、浙江省政府办公厅《创建国家清洁能源示范省行动计划(2016—2017 年)》(浙政办发〔2015〕136 号)等。限于篇幅,不再一一赘述。

(本文发布于 2016 年 1 月)

被强化的责任?

——从燃气条例和国家标准的修改谈起

彭知军

一、引　子

近年来,有关燃气的法律法规和标准规范进入了编制、修订的高峰期。考虑到燃气的易燃易爆特性和用户端安全事故频发,在这些编制和修订过程中有一个倾向,就是以强化燃气企业的义务和责任来防范用户端的用气安全风险。请看以下两例。

1.《淄博市燃气管理条例》

新修订的《淄博市燃气管理条例》(淄博市人民代表大会常务委员会公告〔十四届〕第 21 号)已于 2014 年 8 月 1 日起施行,其中有两处规定引起了笔者的注意:

第十七条　燃气经营企业应当每月至少对单位燃气用户燃气设施和用气情况进行一次入户安全检查,每年至少对居民燃气用户燃气设施和用气情况进行一次入户安全检查,并将检查结果书面告知燃气用户。

燃气用户违反安全用气规定的,检查人员应当提出整改意见,燃气用户应当及时整改。发现安全隐患的,燃气经营企业应当及时排除。可能造成安全事故的,燃气经营企业可以暂停供气,安全事故隐患排除后,燃气经营企业应当在二十四小时内恢复供气。

检查人员检查时,应当出示相关证件,燃气用户应当予以配合。

第二十七条　单位燃气用户燃气设施的维护和更新按照合同约定执行。未约定的,计量装置前(含计量装置)燃气设施的维护和更新,由燃气经营企业负责;计量装置后燃气设施的维护和更新,由单位燃气用户负责,也可以委托燃气经营企业维护和更新。

居民管道燃气用户燃气灶具前(不含燃气灶具)燃气设施、燃气泄漏安全保护装置和连接软管的维护和更新,由燃气经营企业按照有关标准规范的要求实施,费用计入燃气销售价格。

居民管道燃气用户计量装置、燃气泄漏安全保护装置和连接软管,应当按照规定的使用年限报废。

2.《建筑设计防火规范》

《建筑设计防火规范》GB 50016—2014 于 2015 年 5 月 1 日起实施,其中"8.4.3建筑内可能散发可燃气体、可燃蒸气的场所应设可燃气体报警装置。"本条为强制性标准条文。本规范的效力高于《城镇燃气设计规范》GB 50028—2006、《城镇燃气技术规范》GB 50494—2009,以及正在编制的《城镇燃气用户工程设计规范》(征求意见稿)。按 8.4.3 条文解释,规定应设置可燃气体探测报警装置的场所,包括工业生产过程、储存仓库、公共建筑中可能散发可燃蒸气或气体,并存在爆炸危险的场所与部位,不包括住宅建筑内的厨房。使用管道燃气的工商业用户(包括政府机关、企事业单位的食堂、燃气锅炉等)均属于该条应设置可燃气体探测报警装置的场所。

据了解,正在编制的《城镇燃气用户工程设计规范》(征求意见稿)也极有可能引用上述条文的要求。

笔者想就此谈谈有关看法。

二、从用户端燃气安全的参与方看

用户端的燃气安全的参与方按照参与强度、频次等排序依次为:用户、燃气企业、物业管理单位、政府部门(在此笔者认为应包括社区居委会)等。燃气企业对用户端的燃气安全并不能做到 24 小时管控,燃气企业提供的定期安全检查结果也仅能代表检查时的状况,也只能说明当时燃气管道设施的安全状况,至于用户的用气行为是否符合安全要求,也是造成用户端燃气安全事故的主要原因,定期安全检查的结果并不能起到防范作用。

燃气企业按照供气协议履行用气安全告知和培训等义务后(必须有用户签章确认),即视为完成了供气协议规定的内容。物业管理单位应根据《物业管理条例》第五十六条规定:"物业存在安全隐患,危及公共利益及他人合法权益时,责任人应当及时维修养护,有关业主应当给予配合。责任人不履行维修养护义务的,经业主大会同意,可以由物业服务企业维修养护,费用由责任人承担。"笔者认为,用户对所属范围内的燃气安全隐患不配合或拒不整改的,物业管理单位有责任联系燃气企业或委托有资质的单位予以整改。事实上,用户端燃气泄漏导致的爆炸或火灾,极易造成包括用户在内的人员伤亡和财产损失。

三、从法理上看

1. 按照"谁受益、谁负责"的原则,以及《中华人民共和国物权法》的相关规定,小区红线以内、居民室内以外的燃气管道设施属于小区居民公共财产,所有房屋产权人对其拥有产权,其维护和安全管理责任理应由用户承担。其它法律法规规定由燃气企业负责并没有法律依据,燃气企业作为专业公司可以接受用户的委托承接管道设施的维护和维修等业务。

2. 虽然燃气企业和用户签订了供气协议,用户有配合为燃气企业提供入户便利的义务,但用户仍可以其他理由予以拒绝,如身体不适、老人在家等。这种现象虽是个别,但对燃气企业仍然造成了事实上的成本增加(多次上门服务发生的人力、物力投入)和风险(可能因不能按期入户安检而承担责任)。不能入户对燃气企业造成了经营上的困扰。

3. 关于安检频次。《城镇燃气管理条例》第十七条规定:"燃气经营者应当向燃气用户持续、稳定、安全供应符合国家质量标准的燃气,指导燃气用户安全用气、节约用气,并对燃气设施定期进行安全检查。"该条例没有规定"定期的频次",均由各省(直辖市、自治区)、市的燃气管理条例来规定。《淄博市燃气管理条例》第十七条规定:"燃气经营企业应当每月至少对单位燃气用户燃气设施和用气情况进行一次入户安全检查。"与之前每 6 个月检查一次的频次大幅增加。笔者认为,虽然法规对安检频次作了规定,但仍属于供气协议调整的范围,应当由协议双方协商确定。政府规定安检频次的目的是以燃气企业的专业能力来尽可能避免用户端的燃气安全事故,但根据笔者的经验和观察,由于使用行为不当导致的用户端燃气安全事故占到很大的比重。

四、从成本上看

由于燃气的易燃易爆特性,以及其泄漏后引发火灾或爆炸事故,会产生公共安全危害,政府部门为此加强管理是必须的。加强管理必然需要支付更多的成本和费用来实现,这很容易摊到燃气企业的头上,主要有以下几个因素:

1. 燃气企业是专业公司,具有这方面的能力。由于燃气实行特许经营,一个区域内一般只有一家燃气企业具有经营资质,这是由政府部门来认定和授予的。

2. 在大多数人的眼里,燃气行业具有公用事业的公益性,和燃气相关的事情都是燃气企业的。以前的燃气企业都是一体化的,包括提供泄漏报警装置、燃气具等,改革之后,这些都有专业化的公司提供。但是一旦发生故障,用户倾向于向燃气企业报告,出于"不放心"的考虑,燃气企业一般都会指派专业人员(车辆、设备等)上门检查,当不属于燃气企业处理的范围之内,则会告知用户联系泄漏报警装置或燃气具等供应商(或销售商)处理。不论是出于安全还是利益的考虑,燃气企业正在回到过去的老路,重操买卖燃气具的旧业,如港华燃气、华润燃气和中国燃气等。

3. 当燃气企业将这部分费用计入运营成本,向政府价格主管部门提出时,实际上的支付者是用户自己,燃气企业仅是实施者,受益的是泄漏报警装置、燃气具等厂商或销售商,这对用户是最不公平的。而燃气企业在此过程中是否获利?如果获利,所得是否和其承担的风险是否相符?我们看到,很多用户燃气事故中,不论燃气企业是否应该担责,一般都被列为被告。这也足够让燃气企业苦恼了。

五、建议

1. 厘清用户端各参与方的权利和义务。政府部门在制定或修订燃气相关的法律法规和标准规范时,要以"谁受益、谁负责"的基本原则,应遵守上位法的规定,兼顾衡平原则,不应强调单方面提高一方责任义务后,会增加另一方的惰性,反而增加事故风险。

2. 关于用户不具备燃气问题辨别和处置的能力,应该由其委托专业机构或人员来实施,并支付相关的费用;政府部门应加大宣传力度和监管,逐步消除用户的免费思维惯性。

3. 出于公共安全的考虑,政府部门应加大燃气泄漏报警装置、燃气具等厂商或销售商的监管,督促其履行服务义务、规范服务行为,及时为用户提供服务和消除隐患。

4. 建议政府部门开展持证的个人或物业管理单位提供相关服务的试点,激发社会或社区服务活力。

5. 有关安全问题,笔者认为最为关键的还在于政府部门,一是要加强对各参与方的监管,二是要加强对用户的培训。

（本文发布于 2015 年 9 月）

第二章

投资并购

中国 LNG 引进的市场环境与风险控制①

都大永　唐　晖

国家加大 LNG 进口,鼓励第三方准入,促进价格市场化改革,国际 LNG 市场供大于求、价格走低,这些因素为企业上项目、采购有价格竞争力的 LNG 资源创造了良好机遇,但企业也面临着很多挑战。

踏准 LNG 供求关系变化和价格波动的节奏,结合国内 LNG 市场大环境以及未来市场化发展大趋势,积极引进有价格竞争力的 LNG 资源,特别是以长期合同形式锁定有价格竞争力的资源,采取必要的商务措施,防止"照付不议"风险,对确保市场长期、稳定、可靠用气,具有极其重要的战略意义,也是企业做强做大,推进中国天然气市场健康发展的重要保证。

一、中国 LNG 资源引进的市场大环境

(一)中国天然气市场商务架构

中国天然气大规模快速发展起于西气东输一线工程和广东、福建 LNG 接收站投入商业运营。目前,中国天然气管网里程达 6.9 万千米,已建成投产的大型 LNG 进口接收站有 11 座。2014 年中国天然气消费量为 1830 亿立方米,其中管道天然气进口量约 329.2 亿立方米,LNG 进口 1988 万吨。

中国幅员辽阔,资源分布广,进口气源来源多样以及市场依托地方行政区划分割,造就了中国特色的天然气市场商务架构。资源勘探、开发和生产,管道气和 LNG 进口由国家主导的大型国有石油公司负责;跨省的中高压长输管道、LNG 接收站由国家主导的大型国有石油公司负责承担投资、建设并垄断经营;省内区域管网则分为:以省级地方企业为主的区域垄断模式(例如浙江等)、以国有石油公司为主的区域垄断模式(例如江苏)以及多个相对独立的投资主体的混合模式(例如河北)。城市燃气则统一实行特许经营。

---

① 节选自《中国 LNG 引进的商务架构、运作模式及风险控制》。

在省级地方企业为主的区域垄断模式下,由省级管网公司负责省内管网的规划、投资建设和运营,负责进入省内的天然气的"总买""总卖",省内的城市燃气公司、燃气电厂从省级管网公司购气;在以石油公司为主的区域垄断模式下,由石油公司建设省内管网,直接向下游城市燃气、燃气电厂以及大工业用户销售天然气;在多元化模式下,各家独立经营自己建设的管道,在自家管道覆盖地区"总买""总卖"。

相比日本、韩国以及欧洲垄断时期垄断的"彻底性",中国天然气市场商务架构称不上垄断。

(二)中国 LNG 进口的商务运作模式

中国 LNG 进口的商务运作模式,分为两个阶段。第一阶段以广东大鹏 LNG 和福建 LNG 为代表。中国海洋石油总公司先作为临时"买方"与资源方签订以下游市场落实等为生效条件的、"照付不议"的资源采购合同。然后,设立 LNG 接收站公司,由 LNG 接收站公司与下游用户(城市燃气公司、燃气电厂等)谈判签订下游天然气销售合同,并将资源采购合同的"买方"转让给接收站公司。转移后的资源采购合同与下游销售合同同时生效。这一阶段的商务运作模式,"照付不议"资源采购合同的履行以市场、融资、项目获得核准、LNG 运输安排落实等一系列重大事项在商务上事先落实为前提。

第二阶段以中国海洋石油总公司与卡塔尔天然气公司(QatarGas)签订资源采购合同为起点。买方与资源方签订的"长期""照付不议"性质的资源采购合同不再以市场落实、供用气项目获得有关部门核准等为生效前提。由于我国天然气市场的商务架构称不上"垄断",加上"第三方"开放的预期,买方的这种商务运作模式使得买方将长期承担着市场用气不足、价格不能为市场所接受的风险。

(三)中国天然气商务架构变革趋势

国家推动基础设施在有富余能力的情况下,同等条件无歧视地向第三方提供服务,是还原能源商品属性,推进天然气市场发展的重要举措。向第三方开放,将充分有效地利用已有设施,避免重复建设,推动市场参与主体多样化,包括资源采购主体多样化、市场选择多样化和贸易主体及形式多样化。资源与市场选择多样化,使供需之间有可能讨价还价,为建立中国自己的天然气交易中心价格(标杆价)打基础。

中国有丰富的天然气资源,可多方向、多渠道大量进口管道天然气和 LNG。

相比亚洲其他国家和地区,更有条件首先建立天然气市场气气竞争机制。中国未来天然气需求巨大,也需要早日建立自己的标杆价,用于中国资源进口定价,引导东北亚地区天然气进口定价。

(四)中国当前所处国际 LNG 贸易环境

1. 相对原油贸易,国际 LNG 贸易量很小

根据 BP《世界能源统计年鉴 2014》,2013 年国际原油消费量近 42 亿吨,国际贸易量为 27.7 亿吨,而 LNG 贸易量为 2.36 亿吨,其中日本进口 8750 万吨(占总贸易量的 36.58%)、韩国进口 3987 万吨(占贸易总量的 16.67%)、中国进口 1802 万吨(占贸易总量的 7.5%)。

2. 商务运作模式仍以"照付不议"为主

目前,国际大型 LNG 项目的最终投资决策、开工建设(包括气田开发生产设施、液化工厂开工建设)仍以长期"照付不议"的资源采购合同签署并生效为前提。这种安排不仅是上游投资者规避投资风险的需要,更是项目融资机构的最低要求。没有资源采购合同,项目投资者不会做最终投资决策,项目不会开工;没有资源采购合同,项目拿不到贷款。通常情况下,在大型液化工程开工建设之日,全部产能已经基本通过长期合同落实了买家。

近几年,随着 LNG 市场的不断发展,长期"照付不议"贸易合同的某些条款增加了一些灵活性,例如提出了目的地条款和"资源池"概念,但"照付不议"没有实质性改变。

3. 资源采购以长期合同为主,以现货为辅

国际 LNG 贸易仍以长期贸易为主,但现货贸易快速增长。现货主要来自 LNG 生产设施在满足长期合同供应前提下的剩余产能,在时间、数量、价格方面很不确定,不能保证供应。北美 LNG 出口很可能为现货市场发展带来新的生机,若亚洲市场形成气气竞争机制,将大大促进现货市场的发展。

鉴于目前中国天然气市场发展规模和现货供应很大不确定性的现实,采取以长期合同贸易为基础、现货贸易为辅的采购策略,以确保用户长期安全用气,从而推动市场健康稳定地发展。

二、LNG 资源采购的商务风险控制

(一)资源采购要以市场落实为前提

资源采购以市场落实为前提,是应对"照付不议"风险的充分必要条件。能

否与下游最终用户签订下游销售合同,也是检验资源采购的价格、数量以及供应时间是否合理可行的重要标志。

作为资源进口商,在签订长期"照付不议"资源采购合同的同时,要与下游最终用户(城市燃气公司、燃气电厂或大工业用户)签订下游销售合同;还要结合自身在市场中的角色,做好其他必要的商务安排,例如与有关方面达成 LNG 海上运输协议、LNG 接收站使用协议、长输管道运输协议等。上中下游企业相互交叉持股气田、液化厂、LNG 接收站以及长输管线等也是近年来国内外比较流行的做法,这些做法可促使上中下游的商务安排同步落实。

(二)联合采购以增强买方市场竞争力

联合采购一方面有利于增强资源采购的市场竞争力。根据市场需求增长情况,分期分批购买,价格低时多买,高时少买,使市场发展有气源保证,企业有长期可承受的支付能力。另一方面,有利于缓解甚至化解上游供应不稳定风险。联合采购的结果,每家的资源供应总量来自多家上游供应商,如果上游有一家因故中断供应,其影响分散到下游各家,对下游每一家的影响很有限。

日本的公司经常采取联合采购方式,特别是燃气公司。几家燃气公司共同采购一家 LNG 供应项目的资源,统一谈判合同和价格,每家购买 10 万—60 万吨/年不等,合计可达 200 万—300 万吨/年。例如日本的大阪瓦斯公司(Osaka-Gas),目前共有 16 个 LNG 合同,总采购量 1071 万吨/年,单个合同最大量 150 万吨/年,最小量 12 万吨/年,平均每单合同 67 万吨/年[①]。

中国买家可以借鉴日本的做法。联合采购不但有利于增强买家竞争力、化解上游供应不稳定风险,如果南北买家联合采购,还有利于低成本解决南北市场冬夏季节调峰问题。而且,通过协调统一合同谈判立场,特别是合同定价立场,由此带来的好处是不言而喻的。

(三)寻求合理计价方法,妥善利用价格回顾条款

合同价格是 LNG 资源采购合同中最为关键的条款。站在买方的立场,LNG 资源采购定价时应考虑:

(1)要确保合同价格在自身有盈利的基础上能够为下游用户所接受。这需要对目标市场做深入细致的研究,并事先和目标市场用户充分沟通,在锁定资

---

① 此处系截至 2014 年底的数据。

源采购价格的同时锁定下游销售价格。

(2)在没有标杆价的市场环境下,合同价格确定的最低限度应以替代能源净回值法价格为基础,确保在终端市场 LNG 和其他可替代能源相比有价格竞争力。

(3)在中国天然气市场没有形成独立的价格行情之前,按替代能源价格净回值法公式倒算的 LNG 到岸价,应理解为 LNG 进口到岸价的天花板。并要注意,中国天然气市场经过近十年的快速发展,经济性好且易开发的市场基本已经用上天然气,新的目标市场开发成本和难度越来越高,天花板价格也将随之降低。

传统上,东北亚市场① LNG 价格与日本 JCC② 挂钩,欧洲多数 LNG 与当地综合石油产品价格挂钩。北美 LNG 出口开创了新的长期合同定价方式,这种新方式以美国天然气市场交易中心价格为基准,再加上液化和海上运输成本及利润来定价。按这种定价方式计算,目前中国到岸价在 9 美元/MMBtu 以下。但这种计价方式对中国用气市场来说存在很多问题:

①目前美国天然气市场交易中心价比较低,今后的走势难以预测。如果以后价格走高,超出了目标市场能够接受的天花板价格怎么办?

②交易中心价格不是气田到液化厂的成本价,而是由北美天然气市场供求关系所决定的市场价,不是真正意义上的成本+利润定价,价格合理性能否站得住脚?

③北美市场的供求关系和中国市场替代能源价格有什么必然联系? 与中国天然气市场供求关系又有什么必然联系?

我们需要在合同价格谈判中,同卖方一起寻找一种能够结合中国市场未来发展、确保买方能够将合同价格传递到最终用户,且兼顾卖方气田开发、管输和液化设施获得合理稳定回报的计价方式和方法,通过谈判最大可能地争取定价方面的灵活性。

价格回顾条款是合同的特殊条款。目前,长期合同中多有这一条款,特别是在过去几年高油价、高气价时期。设计这一条款的出发点是基于长期合作互

---

① 传统上,LNG 行业中东北亚地区仅指中国、日本和韩国。

② JCC 指日本原有综合价格(Japan Custom—cleared Crude),系日本海关发布的当月日本原油及粗制油进口清关平均价格,由于常被用作东北亚地区 LNG 价格公式中的基准,业内人士常称之为日本原油鸡尾酒(Japanese Crude Cocktail)。

惠互利的原则。在市场发生变化导致合同价格显然对买卖双方中的某一方不公平时,允许就价格问题进行讨论。价格回顾条款通常包括启动的时间(通常间隔 3—4 年)、启动的条件、回顾应讨论的内容,等等。回顾条款有的具有约束性,有的则没有约束性。有约束性的回顾条款通常会具体规定双方若就价格达不成一致怎么处理,最极端的处理就是终止合同。借鉴欧洲天然气市场自由化走过的历程和经验,买方需妥善利用好这一条款保护好自己,以顺应中国天然气市场化发展进程。

(四)争取"照付不议"量的灵活性

一般管道天然气合同"照付不议"灵活性比较大,"照付不议"量最小可到合同量的 70%,而 LNG 资源采购合同"照付不议"灵活性相对比较小。在 LNG 的资源采购合同谈判中,争取较大的"照付不议"量的灵活性是防范"照付不议"风险的一个重要措施。

考虑中国天然气市场化进程以及未来国际 LNG 现货市场广阔的发展前景,在争取"照付不议"量较大灵活性的基础上,对最低合同量及大于最低合同量的部分分别计价,也是很值得与卖方探讨的一种灵活的定价办法。这种计价办法既保障了卖方基础设施投资回报的最低收入需要,又能顺应未来市场化发展。

(五)争取有益的目的地灵活性条款

"照付不议"和"点对点"贸易是 LNG 贸易的两大特点。点对点的含义是:①指定的装船地为唯一的货物装船地,卖方没有责任义务从其他地方组织货源。货物装船地的卖方设施发生不可抗力事件,卖方免责。②指定的目的地港为唯一的货物目的地。卖方从保护自身或伙伴利益考虑限制买方转售,特别是在合同价格比较低的情况下。

目的地的灵活性指买方有权将货物在买方指定的其他接收站卸货,具体依合同约定。对于买方来说,目的地灵活性的好处在于:

①有利于化解"照付不议"风险。例如当买方因接收站技术或操作等不能归结为不可抗力免责的原因或市场原因不能接货时,可将货物转运或转售到其他接收站。

②有利于解决自身或伙伴的接收站季节用气需求,实现用户之间货物季节性调剂。

③有利于买方应急自救。例如当卖方因故不能供气或买方其他应急情况需要多用气,买方可以通过换货贸易从其他渠道先借气(包括 LNG、管道气),以后再用合同气返还,特别是在现货采购不到的情况下。

④有利于帮助解决中国沿海 LNG 接收站的应急需要。

卖方放宽目的地限制,总体上对买方有利,是市场的一大可喜变化。但在合同中需要注意不可抗力免责的安排,保证计划中的交付终端在发生不可抗力时能够免责,否则可能得不偿失。

(六)积极利用卖方"资源池"

资源采购合同中的"资源池"概念也是 LNG 长期贸易合同出现的一个新概念,即卖方有权从多个资源供应地组织资源供应买方。在单一供应的情况下,供应的灵活性、可靠性受到限制,例如船期安排方面要求买方固定间隔均匀提气,而当卖方不能按计划从资源供应地向买方供应 LNG 时,卖方没有义务从其他 LNG 供应基地组织供货。

"资源池"能让买方能获得什么样的实惠?例如年度具体船期计划制定是否具有灵活性,特别在满足目标市场季节调峰需求方面?供气保障是否能真正提高?能否保证天然气质量的相对稳定?等等——这些都需要买方通过谈判积极争取。"资源池"概念若仅仅停留在卖方有权利而不是有义务,那对有实力的买方来说就不一定需要了。例如,如果长期合同价格高于现货价格,卖方不能保证供货,那么让卖方买现货还不如买方自己买现货。

(本文发布于 2015 年 6 月)

民企介入国内油气勘探开发路径探讨

赵要德　冯　洁

近年来,民营企业要求参与国内油气资源勘探开发的愿望十分强烈,国家也非常重视民营企业参与油气资源的勘探开发,并相继出台了一些规定和办法,但迄今为止进展难以令各方满意。笔者认为,市场准入的法律依据,探矿权、采矿权现状以及企业承受风险的能力等成为民营企业参与油气资源勘探开发面临的主要问题。

一、准入的法律问题

调整我国油气资源勘探开发的法律主要分三个层次:一是《矿产资源法》及其实施细则;二是《矿产资源勘查区块登记管理办法》和《矿产资源开采登记管理办法》;三是《探矿权采矿权转让管理办法》。

按照《矿产资源法》和《矿产资源勘查区块登记管理办法》的规定,油气资源属于国家特定矿种,其勘查和开采实行国家一级管理,即勘查和开采由国家矿产资源主管部门进行管理,地方矿产资源主管部门无权发放油气勘查和开采的许可证。国家矿产资源主管部门发放油气勘查许可证的一个重要前提条件是,申请人需要提交国务院批准设立石油公司或者同意进行油气勘查的批文。这一前提条件或许是民营企业进入油气勘探领域的"玻璃门",它将民营企业挡在了油气勘查的门外。

尽管国务院于 2005 年发布了《鼓励支持和引导个体私营等非公有制经济发展的若干意见》(简称"36 条"),并于 2010 年发布了《关于鼓励和引导民间投资健康发展的若干意见》(简称"新 36 条"),但由于国务院未对《矿产资源勘查区块登记办法》进行修改,相关部门也没有制定出具体的操作措施,这扇"玻璃门"一直未被拆除。按照目前的法律规定,民营企业要获得国务院批准其设立石油公司或取得国务院同意其进行油气勘查的批文并不容易。

二、探矿权的现状问题

油气资源探矿权现状也是横亘在民营企业面前的一道屏障,是油气矿产资源主管部门面临的一个现实问题,它使得民营企业在油气资源勘探领域难有大的作为。

从我国陆上油气资源的勘探现状看,经过原石油工业部、地质矿产部及其后的中国石油天然气集团公司、中国石油化工集团公司数十年的勘探,可供继续勘探的区域面积已相对有限。南方广阔的陆地面积几乎没有什么油气勘探价值,也没有人愿意在这些地区再从事油气资源的勘探。东北、华北、西北地区是我国大型和较大型油田的分布区,国家石油公司在对油田经过多年的开采后,不断对油田周边地区进行了滚动勘探和开发,勘探价值较高区域的探矿权大部分已经被国家石油公司所申请。

因此,国家矿产资源主管部门能够拿出来对民营企业开放的地区或许只有塔里木盆地、柴达木盆地、准噶尔盆地和鄂尔多斯盆地的部分新区,但这些新区的勘探风险比较大。

三、采矿权的现状问题

申请油气资源采矿权的重要前提是,申请人需要有探明的油气资源地质储量。这是申请人提出申请的物质基础,也是矿产资源主管部门向申请人颁发油气采矿权许可证的基本依据。

采矿权实际上是与探矿权紧密关联的。没有探矿权,就无法对某一区域进行油气资源的勘探,就无法探明某一区域的油气储量,因而无法提出采矿权的申请。

就目前的情况看,国家石油公司通过多年的勘探和滚动勘探,已经掌握我国陆上主要的油气资源储量,申请了采矿权,并将探明的油气资源储量纳入了上市公司的资产。从法律上讲,矿产资源主管部门无权将上市公司持有采矿权的区块向民营企业开放。

四、民营企业的风险承受能力问题

众所周知,石油勘探属于资金和技术密集型行业,勘探投资巨大,成功率极低,风险很高。如前文所述,经过数十年的油气勘探,我国油气资源远景较好的区域已经很少,即使在油气资源远景较好的部分新区,例如塔里木盆地,由于受地形、地层深度和地层复杂性等的影响,地震采集、钻井难度越来越大,勘探成本越来越高,一口探井的成本就可能高达数千万甚至上亿元。

因此,投资油气新区勘探的民营企业,必须有非常充足的资金实力,能够抵御巨额投资损失的风险。

从要求进入油气资源勘查开采的民营企业看,除了真正有资金实力、能抵御投资风险的个别企业以外,大多数企业的目标还是陆上现有油田周边地区以及国家石油公司持有的那些开采难度相对较大、开采成本相对较高的油气资源,在这些区域开展油气勘探和开采的风险比新区要低得多,获利的机会也大得多,这是众多民营企业呼吁陆上油气资源对其开放的真正原因。对勘探开发投资风险更大的广大南方新区以及海上油田,民营企业则不感兴趣。

五、国家石油公司持有探矿权与采矿权的区域

与民营企业合作的法律问题前文提到,我国陆上有远景的油气资源区域内的探矿权和采矿权基本上被国家石油公司依法持有。按照新、旧36条的规定,以及十八届三中全会通过的《关于全面深化改革若干重大问题的决定》精神,国家有意在石油等垄断行业引入市场竞争机制,支持民间资本进入油气勘探开发领域,与国有石油企业合作开展油气勘探开发,并要求废除对非公有制经济各种形式的不合理规定。

但是,如何让国家石油公司将其持有油气探矿权、采矿权的区域与非公有制经济体合作勘探开发,目前的法律规定有些模糊,需要在法律或规定上进一步明确。目前,国家调整我国陆上和海上石油资源对外合作的法律为《中华人民共和国对外合作开采陆上石油资源条例》和《中华人民共和国对外合作开采海洋石油资源条例》。这两部法律均是调整国家石油公司在其拥有的探矿权和采矿权区域与外国公司进行石油合作关系的。条例并未规定国内的民营企业可以与国家石油公司合作勘探开发石油。因此,一些民营企业只好通过在海外注册公司,以外资企业的身份与国家石油公司合作开展陆上石油资源的勘探开发,以绕开国内法律准入的障碍。

尽管如此,由于法律对这类公司的资质没有统一规定,民营企业能否拿到合作权,主要取决于国家石油公司,这给个别实力并非雄厚但关系很硬的民营企业创造了可能的运作空间,并可能滋生国家石油公司向个别民营企业输送利

益等腐败现象。

民营企业除了可以以外资企业的身份参与国家石油公司的油气合作外,按照《矿产资源法》《矿产资源勘查区块登记管理办法》及《探矿权采矿权转让管理办法》的相关规定,国家石油公司有权与民营企业开展合作。例如,《矿产资源法》第六条第二款规定,已取得采矿权的矿产企业,因与他人合资、合作经营需要变更采矿权主体的,经依法批准可以将采矿权转让他人。这一规定只是间接地承认采矿权人可以与他人合资、合作,可以将其持有的采矿权转让合作或合资企业。

从法理上讲,持有油气资源探矿权、采矿权的国家石油公司与国内任何主体开展合作勘探和开发的行为,是国家石油公司对探矿权、采矿权和使用权的一种处置行为,这种处置只要程序合法,是符合法律规定的。但是,仅有矿产资源相关法律法规对这种行为的间接承认和法律上的推论还不够,需要法律从正面作出更加明确的规定。

六、建议

按照党的十八届三中全会关于全面深化改革若干重大问题的要求,应消除各种对非公有制企业的隐性壁垒,为民营企业进入国内油气勘探开发领域创造平等机会。对此,笔者提出以下几点建议。

1. 修改现行《矿产资源勘查区块登记管理办法》中的相关条款,降低民营企业参与的门槛:首先,参与油气资源勘探开发的民营企业不必是石油公司;其次,它的设立不必有国务院的批准以及国务院同意其进行石油勘探开发的批文;第三,不必有技术门槛和技术人才等要求,如果民营企业有足够的经济实力和管理经验,可以通过市场配置原则获取技术和人员等要素;第四,对民营企业的资质要求应重点放在其是否拥有与勘探开发区块配套的资金,资质规定可以由矿产资源主管部门根据实际情况确定。

2. 矿产资源主管部门在进行新区油气资源勘探招标时,对国家石油公司和有资质的民营企业应一视同仁。在目前的法律框架下,将新区探矿权向所有参与者进行公开招标是没有法律障碍的。同时,对国家石油公司持有的油气资源探矿权许可证区域,在探矿权到期后,矿产资源主管部门可以将其纳入新的探矿权招标区,面向所有参与者进行招标。

3. 国家不能强迫国家石油公司将其持有的探矿权和采矿权与民营企业合

作,但允许并鼓励国家石油公司将其持有的油气资源探矿权、采矿权用于与民营企业的合作。在这种合作模式下,法律应该明确规定国家石油公司既可以转让探矿权和采矿权,也可以不转让探矿权和采矿权。在合作开发项目上,可以采用产品分成合同模式,也可以采用合资公司等其他形式。在合资公司模式上,可以引进优先股的概念。为此,需有一些创新性的规定,以取得法律上的突破。如果民营资本能以优先股的形式参与国家石油公司的项目开发,既可以解决已探明的油气资源储量难以作价入股的问题,降低国家石油公司的负债比率,又能确保民营企业获得比较稳定和相对可观的投资回报。

4. 有关部门应制订国家石油公司以其探矿权、采矿权与民营企业合作的程序性规定,确保所有民营企业能公平平等地参与同国家石油公司的合作;同时制订相关的监管办法,防止合作过程中的暗箱操作和国有资产流失,消除滋生腐败的源头。

5. 加大对民营企业参与油气资源勘探开发风险性的宣传教育,使参与油气资源勘探开发的民营企业以及社会各界了解油气资源勘探开发存在的巨大风险。

6. 矿产资源主管部门和政府相关部门应建立健全油气资源勘探开发监管体系,避免因民营企业参与油气资源勘探开发而可能导致的滥探、滥采、破坏资源和环境污染等乱象。

（本文发布于 2014 年 5 月）

近年来燃气行业交易并购事件回顾及解析

彭知军

一、一退一进

(一)这边厢退出

2015 年 1 月 28 日晚间,大连易世达(300125)发布公告,公司拟将持有的控股子公司大连吉通燃气有限公司 65％的股权、大连易世达燃气有限公司 51％的股权分别作价 28425 万元、1530 万元转让给大连天诚燃气有限公司。据悉,大连易世达因燃气业务受到宏观形势影响一直未能为公司贡献业绩,决定终止燃气运营相关业务。完成此次转让后,该公司不再有燃气运营相关业务。此番转让大连吉通燃气有限公司股权距离其购入仅 1 年,该公司于 2014 年 1 月 12 日发布公告超募资金 27855 万元增资大连吉通燃气有限公司,获得其 65％的股权;另一项目大连易世达燃气有限公司则于 2013 年 8 月 5 日完成工商注册登记,该公司使用超募资金出资 1530 万元,占该公司股份比例为 51％;廊坊华本油气技术有限公司以货币形式出资 900 万元,占该公司股份比例为 30％;青岛中油金盾能源有限公司以货币形式出资 570 万元,占该公司股份比例为 19％。转让作价并没有明显的溢价。

据查该公司的相关公告,其正与海南亚希投资有限公司等进行诉讼,撤回 LNG 相关的投资,该公司此前于 2014 年 5 月 5 日发布公告,拟使用超募资金 7500 万元对海南亚希投资有限公司进行增资,增资完成后,公司将持有海南亚希 60％的股权,并通过海南亚希间接持有海南中油嘉润天然气有限公司 40％的股权和安徽嘉润动力有限公司 58％的股权。此外,该公司 2014 年 9 月以来,陆续实施了一系列光伏产业的并购投资,将主要的业务拓展转移至光伏发电行业。

表明大连易世达对进入燃气行业并没有形成清晰的战略规划和合乎本公司利益的进入策略,并取得合理的回报,相关项目运作时间较短(均不超过 2 年),即宣告全面退出。燃气行业作为公用事业之一,其较低的回报率和较长的投资回收期是显而易见的,大连易世达转投光伏产业,在当前光伏巨头林立的局面下能否达到预期目标,存在很多的外部不确定性。

(二)那边厢扩大

2015 年 2 月 5 日晚间,莱茵置业(000558)发布公告,公司控股子公司浙江洛克能源集团有限公司 2 月 3 日与安徽省国皖液化天然气有限公司、合肥兆钧能源投资有限公司签订了《关于合资设立宣城国皖洛克天然气有限公司的投资协议》,意欲携手当地国企和民企共同拓展开发宣城市、黄山市及浙江部分地区的 LNG、CNG 市场。据笔者查询浙江洛克能源集团有限公司的官方网站,发现莱茵置业早在 2013 年 12 月 30 日就与原浙江洛克能源有限公司正式重组,借力正式进入燃气行业。

此番战略合作行为则有扩大燃气业务的目标,目标区域则是安徽省和浙江省的交界周边县市,选择了主要燃气企业不太关注的区域,以更加灵活和回报较高的 LNG、CNG 切入,规避了管道气项目取得的难度和风险,同时天然气车船用气也是政府支持或欢迎的领域,可谓进退皆宜。

二、下游燃气市场还有多少蛋糕

(一)现象

现今的下游燃气市场主要由中石油昆仑、华润燃气、港华燃气、新奥能源、中国燃气等第一梯队瓜分;深圳燃气、天伦燃气、中裕燃气等第二梯队也是见缝插针,经营业绩也较为稳定;而上海燃气、广州燃气等地区性大型企业则深耕本地;北京燃气则依靠北京控股全面渗入中国燃气。空白的燃气市场也日渐稀少,优质的市场(项目)更是难寻,项目争夺已经深入四、五线的县城以及产业园区。尽管遭遇了油价下行这一大势,但这似乎并没有阻止一些"后知后觉者"的脚步,除了第一梯队、第二梯队继续进行攻防战,2014 年以来有很多之前并不经营燃气业务的资本或公司试图或正在进入这个市场,有的是经营能源关联业务,有的则完全没有能源领域的经营经验。

(二)他们怎么想

专业燃气公司继续扩大势力范围是理所当然的路径,而在优质市场稀缺、燃气行业整体增速放缓的背景下,这些和燃气无关系或关联并不紧密的企业在这时候仍然楔入,是出于自身战略调整的需求,还是在经济下行情势下的权宜之计——寻找避风港?抑或为了配合资本市场而制造"故事"?笔者以为,在缺乏足够规模和行业运营能力的支撑,相关资本或公司针对燃气行业的行为,可以更多地理解为资本运作,虽然不能很快带来回报收益,但对个体公司而言可以起到类似"镇定剂"的作用——既服务于资本市场,又可以在行情回暖的时候溢价出售,而不是长久的持有项目和长期经营,显示他们对未来能源市场向好具有强烈的憧憬。

(三)下游燃气市场还有多少蛋糕

下游燃气市场的蛋糕还有多大?2014年国内天然气表观消费量为1786亿立方米,虽然增速远低于往年,但能源界对快速增长仍然充满信心。

1. 2014年11月,国家发改委发布关于印发《国家应对气候变化规划(2014—2020年)》(以下简称《规划》),天然气作为较为"绿色"的能源,在未来能源供应中被寄予厚望。《规划》要求,到2020年,天然气消费量在一次能源消费中的比重达到10%以上,利用量达到3600亿立方米;而目前,我国天然气消费量在一次能源消费中的比重在6%左右,仅为国际平均水平的四分之一。

2. 雾霾问题的治理已经上升到国家层面,目前较为现实的选择就是扩大天然气的利用。在当前的经济形势下,很多行业还不能承受价格较高的天然气,但在大气环境治理的政策指导下,"穹顶之下"的我们可能没有太多的选择。实际上,国家已经开始在天然气领域逐步改革,允许和鼓励"三桶油"之外的具有资质的企业借助"三桶油"的基础设施进口天然气或LNG,并予以政策支持(《天然气基础设施建设与运营管理办法》)。去年年底以来,新奥能源、香港太平洋油气有限公司(隶属于新加坡金鹰集团)利用中石油江苏如东LNG接收站、广汇能源利用中石油大连LNG接收站完成了LNG进口卸货,表明这一政策已经一定程度的落地。

3. 自2015年4月1日起实现增量气和存量气价格并轨,试点放开直供用户门站价格,业界对天然气下一步的价格改革十分期待。另外,全国性的石油天然气交易中心已落户陆家嘴金融贸易区,计划在4月开始运作,虽然外部的技术条件还存在诸多不足,如管网覆盖不足、储气设施缺乏、产权业主复杂、计量标准不一等等,也没有相关的运作经验,但这也为下一步价格改革走出了可以期待的一步。另一方面,光伏、风电等可再生新能源在短时间内只能作为有益的补充,不论是经济性还是技术可靠性,还有待进一步成长。

随着基础设施的开放和价格进一步改革,即使按照业界对2020年的天然气利用目标担忧来计算,在年增长15%上打折,以10%计算,到2020年也将达到2800亿立方米,仍然具有足够的诱惑。"后知后觉者"认为,即使有专业燃气公司的威胁,乘着燃气行业继续快速发展的大势,仍可以获得预期的收益。

三、动荡的经济环境及不确定性

首先,2014 年,在国内经济形势下行压力巨大的背景下,燃气行业被认为是能源界的朝阳产业。非常规能源(页岩气、页岩油)和可再生能源(太阳能、风能等)还面临着诸多瓶颈,如政策、技术以及商业化前景的不确定(近一年油价下行就是例证),即使天然气的价格优势已经非常微弱,但在国内深化能源结构调整和力推节能减排的大背景下,仍然是一种现实的选择。在能源革命的推动下,能源基础设施投资和建设将有可能成为下一个十年的"房地产";同时能源价格的上升将推动社会运行成本,包括人力资源费用,从另一方面而言可以消除过多的货币流动性,但我们将可能获得更高的能源效率,完成我们的节能减排目标,取得更好的经济质量、环境效益和社会效益。

四、2014 年以来非燃气(或非主营燃气)资本进入燃气行业的案例

2014 年以来,专业燃气公司对下游市场的争夺仍然胶着;非燃气(或非主营燃气)资本对进入燃气行业,有的是跃跃欲试,有的则单刀直入①。

对于上述进入燃气行业的资本或公司,若将燃气业务作为一个长期经营的板块要做好以下几个方面:

1. 向成熟的专业燃气公司学习、借鉴和吸收运营管理经验,由于燃气的易燃易爆特性,和公共安全关系甚大,且国内的安全管理标准日趋严格,这些都给"后知后觉者"带来了挑战。

2. 在终端利用市场服务上开展创新和竞争,为用户提供融资(租赁)服务和节能减排管理服务,如利用冷热电联产或分布式或合同管理等为用户提供增值的服务。

3. 与其他燃气公司存在冲突的区域,在法律、合同的框架下,协商搁置争议,开展区域协作,降低行业运行成本,缩短项目成熟周期,尽快投产盈利。甚至可以借助专业燃气公司成熟的管理体系提升项目的价值。

4. 在今后获取项目方面,应侧重于中小型项目,提升单个项目的效益。

---

①见文末附表

附表　2014 年以来非燃气(或非主营燃气)资本进入燃气行业的案例梳理(部分)

时间	主体	事件	备注
2014 年 2 月	光正集团 (002524)	拟对利华燃气增资,获得其 20％股权,另拟以 4135 万元收购后者所持利华绿原 51％股权。本次收购有助于公司开拓其他区域的天然气市场,并进入天然气物流领域。经过近两年的投资并购,光正集团已经确立新疆天然气能源为新的战略目标。在绝对占领新疆南疆—喀什、克州、巴州天然气市场的同时,在新疆东部的哈密,光正已开始其加气站的系列建设;在新疆西部的伊犁,新源县的天然气业务已归属光正集团。日前,光正集团又出资 1.5 亿元收购巴州伟博 51％股权,同时以 2500 万元收购托克逊鑫天山 100％股权,公司的天然气业务开始辐射新疆经济较为发达的天山北坡经济带,进而打通向疆外扩张的通道。	
2014 年 4 月	路翔股份	发行股份购买榆林金源天然气有限公司 51％股权。榆林金源的业务范围主要为:天然气项目投资,天然气生产、加工和销售。	2014 年 6 月认为榆林金源并不适合现阶段进行并购。
2014 年 4 月	胜利股份	收购包括胜利投资、张德钢及陈正裕持有的青岛润昊合计 100％的股权、胜利投资持有的昆仑利用 49％的股权以及闫长勇、刘宾、孙长峰持有的东泰燃气 100％的股权和东泰压缩 100％的股权,加码天然气业务。	
2014 年 4 月	中天能源	2006 年 6 月中油通用(中天能源的前身)在美国 OTCBB 板块美国场外柜台交易系统的挂牌交易;2008 年 7 月公司由 OTCBB 转至纳斯达克挂牌交易;2010 年 9 月公司完成私有化,从美国纳斯达克退市。在国内谋求借壳"长百集团"上市。	
2014 年 5 月	保利协鑫	苏州协鑫工业应用研究院有限公司(简称"工研院")400 千瓦级天然气分布式能源站项目和苏州工业园区蓝天燃气热电有限公司中科院苏州金鸡湖天然气分布式能源站项目获得路条,以天然气分布式利用切入。	
2014 年 5 月	元亨燃气	毅力工业更名为元亨燃气。	
2014 年 5 月	威力印刷	收购本溪辽油新时代燃气 89.18％间接股权,总代价 5.15 亿元。	

（续表）

时间	主体	事件	备注
2014 年 8 月	升达林业	公司拟以 3300 万元的价格收购内蒙古博通天然气有限公司 77％的股权。	
2014 年 8 月	华星化工	公司全资子公司华信天然气拟以自筹资金 6.47 亿元的价格收购金帝集团持有的华油天然气股份有限公司（简称"华油天然气"）12％的股份及其对应的全部权益，以拓展产业链上游油气资源的获取与开采，迈出进军天然气全产业链的步伐。	
2014 年 10 月	金卡股份	增资星瀚集团全资子公司石嘴山星泽燃气，拥有其 45％的股权。	

（本文发布于 2015 年 4 月）

第三章

特许经营

从能源企业视角看
《基础设施和公用事业特许经营管理办法》

陈新松

　　《基础设施和公用事业特许经营管理办法》（以下简称《特许经营办法》），业经国务院 2015 年 4 月 21 日常务会议通过，由国家发展和改革委员会等六部委于 2015 年 4 月 25 日联合发布，并于 2015 年 6 月 1 日起施行。《特许经营办法》提出，在能源、交通、水利、环保、市政等基础设施和公用事业领域开展特许经营，以鼓励和引导社会资本参与基础设施和公用事业建设运营，促进经济社会持续健康发展。《特许经营办法》将与大众创业、万众创新形成经济发展"双引擎"。本文试图从能源企业视角对其重点条文作一解读。

一、背景综述

　　从 1984 年深圳沙角电厂项目实行特许经营至今，我国开展基础设施和公用事业特许经营已超过 30 年。30 年来，国务院有关部门和有关省市先后制定了 60 余部行政法规、地方性法规、规章或规范性文件。其中重要的包括建设部 2004 年第 126 号令《市政公用事业特许经营管理办法》（以下简称"126 号令"）。

　　而此次的《特许经营办法》，从法律效力上看是部门规章，相比 126 号令、国家发展和改革委员会《关于开展政府和社会资本合作的指导意见》（发改投资〔2014〕2724 号）和财政部《政府和社会资本合作模式操作指南（试行）》（财金〔2014〕113 号），以及当前很多部门和省市出台的 PPP 意见，法律效力都高。

　　另外，国家发展和改革委员会在 2015 年 5 月 5 日新闻发布会上表示："为贯彻落实好党中央、国务院要求，根据中央全面深化改革领导小组 2015 年改革工作要点、第十二届全国人大五年立法规划和国务院立法计划部署，国家发展改革委正在会同有关部门起草《基础设施和公用事业特许经营法》。同时，考虑到当前促进民间投资、稳定经济增长需求任务紧迫，按照急用先行原则，我委会同财政部、住房城乡建设部、交通运输部、水利部、人民银行联合起草了《基础设施和公用事业特许经营管理办法》，报经第 89 次国务院常务会议审议通过，自今年 6 月 1 日起施行。"

由此可见，《特许经营办法》是一部低于法律，但高于一般性规范性文件，为现阶段特许经营管理提供基本制度规范，为鼓励民间资本进入相关领域提供法律保障的一个部门规章。

二、重点条文解读

(一)立法目的

"**第一条** 为鼓励和引导社会资本参与基础设施和公用事业建设运营，提高公共服务质量和效率，保护特许经营者合法权益，保障社会公共利益和公共安全，促进经济社会持续健康发展，制定本办法。"

解读：

近年来，针对经济下行压力加大、传统增长引擎动力下降的情况，国家积极采取有力措施，充分发挥投资对稳增长的关键作用，促进经济平稳健康发展。特别是去年以来，报经国务院批准，国家发展和改革委员会牵头实施了 7 大类投资工程包、6 大领域消费工程，并推出了 80 个鼓励社会资本特别是民间投资参与建设营运的示范项目。有关地方也广泛吸引社会投资，推出了一批政府与社会资本合作项目，取得了积极成效。

为此，本条开宗明义的说明了《特许经营办法》的立法目的，首先是鼓励和引导社会资本参与。同时，甚至把保护特许经营者合法权益放在了保障社会公共利益和公共安全之前，这也是从未有过的，彰显了此次《特许经营办法》注重特许经营者合法权益保护的立法理念。

(二)适用范围

"**第二条** 中华人民共和国境内的能源、交通运输、水利、环境保护、市政工程等基础设施和公用事业领域的特许经营活动，适用本办法。"

解读：

相比 126 号令规定的范围：城市供水、供气、供热、公共交通、污水处理、垃圾处理等行业，《特许经营办法》显然扩大了特许经营在基础设施领域的适用，但相对于 PPP 法律文件中 PPP 模式的适用范围：包括市政设施、公共交通、公共服务等领域，又显得范围较窄。

对于我们关心的能源行业,排在五大适用领域的第一名。能源行业投资大、建设周期长,产出效益相对缓慢,急需社会资本的投入。在此之前,国家多次对能源行业进行开放,例如国家能源局于 2015 年 1 月 12 日出台的《关于鼓励社会资本投资水电站的指导意见》(国能新能〔2015〕8 号),国家发展和改革委员会于 2014 年公布的首批 80 个 PPP 示范项目中即涵盖了水电、风电、光伏发电等清洁能源工程、油气管网及储气设施等能源类项目等。

这些政策都鼓励社会资本进入此前准入门槛较高的能源领域,但效果并不显著。《特许经营办法》公布之后,我们也许能看到社会资本进入能源领域步伐的加快。

(三)特许经营方式

"**第五条** 基础设施和公用事业特许经营可以采取以下方式:

(一)在一定期限内,政府授予特许经营者投资新建或改扩建、运营基础设施和公用事业,期限届满移交政府;

(二)在一定期限内,政府授予特许经营者投资新建或改扩建、拥有并运营基础设施和公用事业,期限届满移交政府;

(三)特许经营者投资新建或改扩建基础设施和公用事业并移交政府后,由政府授予其在一定期限内运营;

(四)国家规定的其他方式。"

解读:

就特许经营的具体模式,《特许经营办法》第五条明确了 BOT(Build－Operate－Transfer 建设－经营－转让)、ROT(Rehabilitate－Operate－Transfer 改造－经营－转让)、BOOT(Build－Operate－Own－Transfer 建设－经营－拥有－转让)、ROOT(Rehabilitate－Operate－Own－Transfer 改造－经营－拥有－转让)、BTO(Build－Transfer－Operate 建设－转让－经营)、RTO(Rehabilitate－Transfer－Operate 改造－转让－经营)等模式,以及兜底条款"国家规定的其他方式"。

可以看出,BOT(ROT)和 BOOT(ROOT)的区别是项目完成建设或改扩建后,产权是否由特许经营者所有。在此前实施的特许经营项目中,通常不对这两种方式做严格区分,也很少在 BOT 项目中明确项目产权是否由特许经营者所有,而是概括认为在 BOT 项目中由特许经营者投资建设的项目部分自然由特许经营者所有。此次对两个概念作出明确区分,可能是考虑到部分特许经营

BOT 项目中的资产所有权由政府方持有较为妥当或是资产所有权由特许经营方持有存在障碍，可能有利于区分解决部分项目中实际操作问题，属于值得肯定的探索。但如要充分发挥这两种方式各自的作用，还需分别明确各种方式适用的项目特点及操作区别。

对于第三种方式，应该属于 BTO(RTO) 的模式，此种方式在实际操作中有所采用，但并未在 PPP 法律文件中明确提及，也属于一种特许经营/PPP 运行方式的总结创新。此种方式的确可以解决一些 BOT 项目中投资人资金回收期过长、以及权属责任和运营责任不好区分的问题，但由于办法并未对投资者在移交政府时政府支付资金的方式和期间作出规定，会存在被滥用的风险，即造成大量的 BT(Build－Transfer 建设－转让)项目出现，从而违背了特许经营/PPP 模式重投资、也重公共产品和服务提供的原则。

(四)特许经营期限

"第六条 基础设施和公用事业特许经营期限应当根据行业特点、所提供公共产品或服务需求、项目生命周期、投资回收期等综合因素确定，最长不超过30年。对于投资规模大、回报周期长的基础设施和公用事业特许经营项目(以下简称"特许经营项目")可以由政府或者其授权部门与特许经营者根据项目实际情况，约定超过前款规定的特许经营期限。"

解读：

《特许经营办法》规定特许经营期的确定应考虑行业特点、公共产品或服务需求、项目生命周期、投资回收期等综合因素予以确定，角度显得更为全面和务实。

同时，约定可超过30年规定的特许经营期限是《特许经营办法》一大亮点。此规定不仅突破了126号令中关于30年期限的限定，而且也突破了财政部PPP 法律文件(财金〔2014〕[2014]113号)中关于 BOT 项目20—30年的限定。此规定考虑到了有些清洁能源项目投资体量大，回收期长的特点，保障了赢利性相对较差的项目以特许经营模式实施的可能性，给予了政府部门及特许经营者更大的运作空间。

(五)特许经营协议内容

"第十八条 实施机构应当与依法选定的特许经营者签订特许经营协议。需要成立项目公司的，实施机构应当与依法选定的投资人签订初步协议，约定其在规定期限内注册成立项目公司,并与项目公司签订特许经营协议。特许经营协议应当主要包括以下内容:……(五)设施权属,以及相应的维护和更新改造;……(十一)政府承诺和保障;……"

解读:

在特许经营协议内容中,特别值得注意的是第五项和第十一项。在特许经营协议中要明确设施的权属,以及相应的维护和更新改造问题,这点值得天然气管网设施企业注意,需要明确区分政府投资资产、企业投资资产、用户投资资产,同时约定未来的维护和更新改造责任,避免对非自己权属的资产承担不必要的更新改造责任,或是放弃收取维护保养费用的权利。

对于政府承诺和保障,这是特许经营协议中非常重要的条款。本办法中的第二十一条进一步作出了解释,政府可以在特许经营协议中就防止不必要的同类竞争性项目建设、必要合理的财政补贴、有关配套公共服务和基础设施的提供等内容作出承诺,但不得承诺固定投资回报和其他法律、行政法规禁止的事项。

(六)金融支持

"**第二十三条** 国家鼓励金融机构为特许经营项目提供财务顾问、融资顾问、银团贷款等金融服务。政策性、开发性金融机构可以给予特许经营项目差异化信贷支持,对符合条件的项目,贷款期限最长可达 30 年。探索利用特许经营项目预期收益质押贷款,支持利用相关收益作为还款来源。

第二十四条 国家鼓励通过设立产业基金等形式入股提供特许经营项目资本金。鼓励特许经营项目公司进行结构化融资,发行项目收益票据和资产支持票据等。国家鼓励特许经营项目采用成立私募基金,引入战略投资者,发行企业债券、项目收益债券、公司债券、非金融企业债务融资工具等方式拓宽投融资渠道。

第二十五条 县级以上人民政府有关部门可以探索与金融机构设立基础设施和公用事业特许经营引导基金,并通过投资补助、财政补贴、贷款贴息等方式,支持有关特许经营项目建设运营。"

解读:

国家强化了对特许经营的融资服务创新。基础设施投资周期长、风险大,涉及的金额非常巨量,所以需要金融机构的有力支持和配合。

在《特许经营办法》第二十三条规定创新信贷方式和信贷政策,鼓励创新金融服务。第二十四条规定,支持特许经营项目证券融资,鼓励通过设立产业基金等形式入股提供特许经营项目资本金,还鼓励特许经营项目采用多种融资工具等方式拓宽融资渠道。这些融资支持政策是对国务院有关部门相关政策的提炼、总结。另外,为了发挥政府投资"四两拨千斤"的引导和带动作用,《特许经营办法》第二十五条规定探索设立基础设施和公用事业特许经营引导基金,这也是一种全新的尝试。

(七)补偿机制

"第三十六条 因法律、行政法规修改,或者政策调整损害特许经营者预期利益,或者根据公共利益需要,要求特许经营者提供协议约定以外的产品或服务的,应当给予特许经营者相应补偿。"

解读:

特许经营的核心本身就是政府和社会的协商约定、共担风险、长期合作、各展所长、共同提供优质的公用产品和服务。从这个意义上讲,政府的诚信履约至关重要,对于保障投资者权益、稳定特许经营的预期、持续保障公用产品和公用服务供给是非常重要的。

本条规定了两种情况下特许经营者获得补偿:一是法律、行政法规修改或者政策调整,导致原先的特许经营者不能获得之前预期的收益;二是根据公共利益的需要,政府要求特许经营者提供合同之外的产品和服务,必须按照市场经济的要求,给予特许经营者补偿,并且这个补偿必须是和特许经营者付出的相对应。

(八)普遍性服务要求

"**第四十六条** 特许经营者应当对特许经营协议约定服务区域内所有用户普遍地、无歧视地提供公共产品或公共服务,不得对新增用户实行差别待遇。"

解读:

特许经营者在享受权利的同时,必须履行相应的义务。作为基础设施和公用事业的提供者,其必须履行普遍性服务要求。即在协议约定的区域内,实施普遍性服务,不得有差别待遇。

这条值得城市燃气企业关注。我们的业务规定是不是也有类似的规定,我们是不是对同类的客户有不同的价格,一些价格减免或是优惠的政策能否有足够的理由和证据支持。否则,对新增用户实行差别待遇,不仅违反反垄断法的要求,也违背了《特许经营办法》的规定。

(九)救济方式

"**第五十一条** 特许经营者认为行政机关作出的具体行政行为侵犯其合法权益的,有陈述、申辩的权利,并可以依法提起行政复议或者行政诉讼。"

解读:

这一条在业内争议颇大。在《特许经营办法》的征求意见稿中规定:"特许经营者与实施机关就特许经营协议发生争议并难以协商达成一致的,可以依法提起民事诉讼或仲裁。特许经营者认为有关人民政府及其有关部门不依法履行、未按照约定履行或者违法变更、解除特许经营协议的具体行政行为侵犯其合法权益的,有陈述、申辩的权利,并可以依法提起行政复议或者行政诉讼"。

由此可见,从征求意见稿到正式发文,特许经营者的权利救济方式发生了重大的变化。这已经意味着特许经营协议产生争议时应适用行政复议和行政诉讼的程序,同时,在法律责任部分,也强调对特许经营者和特许经营方不履行协议时,应给予相应的行政处罚。

那么,这是否意味着已将特许经营行为和特许经营协议定义为单纯的行政许可行为?此种倾向性意见与财政部将PPP合同定义为平等主体间的民事合同似有不符,与之前征求意见稿中将特许经营法律关系解析为行政法律关系和民事法律关系两重的意见有别。

笔者认为,更为恰当的区分是:政府方授予项目公司PPP项目经营权(特许经营权)及对项目公司进行的部分监管及介入(临时接管等)行为,应归属于行政许可行为,适用行政法律体系;而政府部门与特许经营者/社会资本约定在实施PPP项目过程中,作为两个平等民事主体之间的权利义务,如建设、收费、运营维护、回购等,应归属于民商事法律行为,更宜于适用民商事法律体系。因此,仅仅片面强调特许经营行为和特许经营协议的行政属性似有不妥。

(十)信用记录

"**第五十六条** 县级以上人民政府有关部门应当对特许经营者及其从业人员的不良行为建立信用记录,纳入全国统一的信用信息共享交换平台。对严重违法失信行为依法予以曝光,并会同有关部门实施联合惩戒。"

解读:

这是新的提法,之前较为少见。在全国统一的信用信息平台上纳入特许经营不良行为的记录信息,有助于特许经营者爱惜自己的羽毛,珍惜自己的从业记录。但这也是一把双刃剑,由于政府部门在特许经营中的角色和信用平台主管机构的定位,特许经营者容易在其中处于弱势地位,建议能进一步明确该信用信息平台的征信、申诉等机制,增强特许经营投资者的信心。

三、结语

缺少明确法律规范、合作前景难以预判,是让民营资本对特许经营和 PPP 模式望而却步的重要原因。应该说,《特许经营办法》相比建设部 126 号令对特许经营的规定已经有了长足的进步,不论在适用范围、期限还是具体操作都有了相当大的提升,同时引进和借鉴了国家发展和改革委员会和财政部两份 PPP 文件中一些有益的措施和方式,对于特许经营项目的实施可以起到更加有效的指引作用。但从特许经营发展的整体历程来看,《特许经营办法》还只是一个过渡性的文件,作为国家法律层面的《基础设施和公用事业特许经营法》的立法进程仍然需要加快。

（本文发布于 2015 年 5 月）

燃气经营许可制度与特许经营制度有何差异?

阎东星

燃气经营许可制度,是 2011 年 3 月 1 日起施行的《城镇燃气管理条例》所确立的一项重要法律制度。燃气特许经营制度的法律依据,是 2004 年原建设部颁布施行的《市政公用事业特许经营管理办法》[①]。燃气经营许可制度与燃气特许经营制度之间的关系以及法律适用,是近年来我国燃气管理领域亟待研究解决的一个突出问题。

我国的燃气事业,与供热、供水、排水与污水处理、城市公共交通、园林绿化、垃圾收集与处理、路桥等传统的市政公用事业相比,有着自身独有的特点,即"一分为二":既有自然垄断的管道燃气行业,也有自由竞争的瓶装燃气市场。自然垄断的管道燃气行业,原来多以政府投资建设为主,但随着特许经营制度的实施,逐步实现了投资主体多元化,通过竞争机制的引入,市场运作也更加规范。自由竞争的瓶装燃气市场,通过国家政策的引导,鼓励社会资金投入运营,近年来,在推进政府监管下的市场化改革方面,成效显著。

燃气经营许可制度与燃气特许经营制度,作为燃气管理领域的两项基本制度,它们两者之间有关联、也有交叉,有融合、也有区别。主要表现在以下几个方面:

一、关于制度设计的价值取向

燃气经营许可制度,是燃气管理领域的一项基本法律制度,是政府依法加强燃气管理的一种事前控制手段,是对申请者进入市场获得经营权的准予。其更加强调的是政府监管和法律规制。

燃气特许经营制度,是燃气管理领域的制度创新,是通过协议赋予企业特

[①]编者注:《基础设施和公用事业特许经营办法》已于 2015 年 6 月 1 日开始实施,本文写于 2011 年 10 月。

许经营权的法律依据,是燃气领域投资体制和经营体制改革的重要举措。其更加强调的是经济调节和市场监管。

二、关于制度的功能和特征

(一)燃气经营许可

其功能,主要是配置资源和控制危险。

1.管道燃气经营许可

属于行政许可法中"有关有限自然资源开发利用、公共资源配置以及直接公共利益的特定行业的市场准入"类的"特许"。主要是由行政机关代表国家依法向相对人出让、转让某种特定权利,是赋权的行政许可。主要功能是分配有限资源。主要特征:

一是有数量限制,且一旦授予即具有排他性,同一区域管道燃气经营权不得重复许可;

二是行政机关有自由裁量权,但应受严格的程序制约,以防权力寻租;

三是申请者获得许可要承担公益义务,如提供普遍服务的义务,不得擅自停止供气等。

2.瓶装燃气经营许可

属于行政许可法中"有关直接涉及公共安全以及直接关系人身健康、生命财产安全"类的"普通许可"。主要功能是防止危险,保障安全。主要特征:

一是禁止的解除;

二是没有数量限制;

三是行政机关没有自由裁量权,符合条件即应当予以许可。

(二)燃气特许经营

主要功能是通过市场竞争机制选择燃气投资者、建设者、运营者以及经营者。主要特征:

一是一般仅限于管道燃气中具有垄断性的网输业务,这是由于市政道路的有限空间所形成的自然垄断的路由权所决定的;

二是以实现政府目标为宗旨,政府主导,即"政府的事、通过协议、让企业办";

三是通过特许经营协议确立双方权利义务;

四是须通过招投标的方式择优选择,属于强制招标,但可以公开招标,也可以邀请招标。

三、关于适用范围和调整环节

在适用范围方面,燃气经营许可制度主要是针对企业设定的,也就是要求申请燃气经营许可的主体原则上是具有法人主体资格的企业。不管企业是申请从事管道燃气经营,还是瓶装燃气经营,都适用燃气经营许可制度。法律禁止个人从事管道燃气经营;至于个人能否从事瓶装燃气经营,立法已经授权省、自治区、直辖市进行规定。燃气特许经营制度适用于政府选择燃气投资者、建设者、运营者以及经营者的情形,一般仅限于管道燃气经营领域,获得燃气特许经营的主体只能是具有法人主体资格的企业,个人不得成为燃气特许经营权的竞标者的。

在调整环节方面,燃气经营许可制度仅适用燃气经营环节。当然燃气经营者一定是燃气设施的运营者;燃气设施的运营者只有取得燃气经营许可后,方可成为燃气经营者。燃气特许经营制度适用于燃气投资、建设、运营和经营等多个环节。

需要指出的是,不是所有的燃气投资、建设、运营和经营,都必须实行特许经营。至于哪些项目实行特许经营,由省、自治区、直辖市通过法定形式和程序确定。如果实行特许经营的,须遵循市政公用事业特许经营管理办法的规定。

四、关于核准主体、启动机制和基本程序

从核准主体方面看,燃气经营许可的核准主体为县级以上地方人民政府燃气管理部门;燃气特许经营的核准主体是政府或者政府授权有关主管部门。

从启动机制方面看,燃气经营许可,依申请者的申请而启动;燃气特许经营,依招标文件的发出而启动。

从基本程序方面看,燃气经营许可的程序为:申请、受理、审查、听证、决定、核发许可证;燃气经营许可前置于工商登记,工商登记前置于税务登记。燃气特许经营的程序为:确定实施特许经营的项目、政府批准、发布招标文件、受理投标、对投标人资格审查和方案预审、推荐投标候选人、评标、择优选择特许经营权授予对象、公示中标结果、经批准签订特许经营协议。

需要指出的是,对于管道燃气经营许可来讲,管道燃气特许经营权的取得

程序,正好满足了管道燃气经营许可对数量限制的要求。

五、关于核准条件、取得方式和形式要件

从核准条件方面看,燃气经营许可制度和燃气特许经营制度,对企业法人主体资格、设施设备、企业资信、经营方案以及岗位人员等方面都明确了标准,在此基础上,燃气经营许可制度还对是否符合燃气发展规划、是否有符合国家标准的燃气气源以及是否有固定的经营场所等提出了具体要求。在燃气特许经营制度下,政府可以在管道燃气投资、建设、运营和经营等多个环节实施特许经营,但只要是对经营环节实施特许的,必须符合燃气经营许可的条件,首先取得燃气经营许可证。

从取得方式方面看,燃气经营许可,不一定全部通过招投标的方式。管道燃气经营许可,必须通过招投标等方式;瓶装燃气经营许可,不一定通过招投标的方式,只要符合法定条件就授予燃气经营许可。政府投资建设的燃气设施,必须通过招标投标方式选择燃气经营者。社会资金投资建设的燃气设施,可以由投资方自行经营,也可以另行选择燃气经营者。燃气特许经营,必须通过招投标的方式取得。需要指出的是,在燃气经营许可制度实施后,原先已获得特许经营权、有特许经营协议、没有燃气经营许可证的管道燃气企业,应当依法向燃气管理部门申请办理燃气经营许可证。

从形式要件方面看,燃气经营许可制度以燃气经营许可证为要件;燃气特许经营制度以特许经营协议为要件。

六、关于权力(利)性质及其转让

燃气经营许可,从权力性质上讲,是一种公共资源配置或者市场准入,属于行政许可中的"普通许可"或者"特许"。目前,燃气经营许可是禁止转让的。

燃气特许经营,从权利性质上讲,是一种财产权性质的民事权利,具有准物权的性质。其最大特点是政府对特许经营企业的权利限制仅限于该准物权,而非其他权利。按照《招标投标法》和《市政公用事业特许经营管理办法》的规定,燃气特许经营权不得擅自转让。获得特许经营的燃气企业,应当按照特许协议履行义务,不得转让中标项目,也不得将中标项目支解后转让,可以依法将中标项目的非主体、非关键性工作进行分包,但不得再次分包。

七、关于期限及其延续

燃气经营许可证的期限,国家层面的立法对此没有作明确规定。从各地的实践情况看,管道燃气经营许可证的期限一般为 5—10 年,瓶装燃气经营许可证的期限一般为 2—5 年。燃气经营的被许可人需要延续燃气经营许可的有效期的,应当在有效期届满 30 日前向燃气管理部门提出申请。燃气管理部门应当根据被许可人的申请,在该行政许可有效期届满前作出是否准予延续的决定;逾期未作决定的,视为准予延续。具体期限和延续办法,由地方立法规定。

燃气特许经营期限,由特许经营协议约定,一般是根据燃气行业的特点、规模、经营方式等因素确定,最长不得超过 30 年。特许经营期限届满,有关主管部门应当按照法定程序组织招标,重新选择燃气特许经营者。

需要指出的是,燃气经营许可证的期限与燃气特许经营期限,应当做好有效衔接。

八、关于监督机制和责任追究

燃气经营许可,按照"谁许可、谁监督"的原则,由燃气管理部门行使监督权,属于行政监督,具有政府监管的性质,体现的是权力与责任。对于无燃气经营许可证以及不按照燃气经营许可证的规定从事燃气经营活动的,应当承担相应的行政处罚责任以及刑事责任。

燃气特许经营,按照"谁特许、谁监督"的原则,由政府或者政府授权的有关主管部门行使监督权,属于合同监督,具有督促履行合同义务的性质,体现的是权利与义务。对于不按照燃气特许经营协议从事燃气经营活动的,应当承担相应的违约责任以及民事赔偿责任。

总之,燃气行业特别是兼具公益性、安全性、垄断性和地域性的管道燃气行业,应当是市场竞争与法律规制的有机融合。离开适度有序的市场竞争,管道燃气行业将会缺少活力,继而效率降低;没有了必要的法律规制,管道燃气行业将会出现无序竞争和过度竞争,最终必然造成重复建设和市场混乱。因此,对管道燃气行业所实施的法律规制,应当构建灵活多样的市场竞争机制,有必要使竞争的制度环境呈现更富于弹性的结构,以避免陷入"一管就死"和"一放就乱"的两难困境。在这方面,燃气特许经营制度和燃气经营许可制度,为其提供了解决之道,且互为补缺,相得益彰。

在燃气管理领域,特别是燃气经营许可制度与特许经营制度方面,我们仍旧有大量的理论和实践问题亟待解决。比如:如何真正实现各种所有制主体在燃气经营许可制度和燃气特许经营制度面前一律平等?获得燃气特许经营权的燃气企业,是否必然符合燃气经营许可的法定条件,且一定能获得燃气经营许可?等等。这些未尽的思考,有待共同去研究、摸索和探求,以寻求现实的解决路径。

(本文发布于 2015 年 6 月)

燃气特许经营权侵权纠纷的原因分析
及政策法律建议

陈　旭

　　根据 2004 年原建设部颁布施行的《市政公用事业特许经营管理办法》(以下简称《特许经营办法》)第二条规定,市政公用事业特许经营是指政府按照有关法律、法规规定,通过市场竞争机制选择市政公用事业投资者或者经营者,明确其在一定期限和范围内经营某项市政公用事业产品或者提供某项服务的制度。城市供气、供水、供热、公共交通、污水处理、垃圾处理等行业依法实施特许经营的,适用该《特许经营办法》。

　　但在城市管道天然气领域,因特许经营权引发的侵权纠纷不断,一些进入诉讼程序的侵权案件在审理过程中存在诸多缺乏法律依据的情形,导致案件久拖不判,或者被侵权方赢了官司却丢了特许经营权。

　　本文从燃气特许经营权侵权纠纷案发生的原因、法律后果方面做一些梳理、总结和分析,并就如何加强行业管理提供一些参考意见。

一、特许经营权的授予与取消

　　根据《特许经营办法》第二条和第四条规定,国务院建设主管部门负责全国市政公用事业特许经营活动的指导和监督工作。省、自治区人民政府建设主管部门负责本行政区域内的市政公用事业特许经营活动的指导和监督工作。直辖市、市、县人民政府市政公用事业主管部门依据人民政府的授权,负责本行政区域内的市政公用事业特许经营的具体实施。根据上述规定,特许经营许可机关应为:直辖市、市、自治州、县、自治县人民政府。

　　地方政府依据《特许经营办法》出台了一些配套法规和政府规章,如地方性法规和政府规章规定其他行政机关有行政许可权的,也可以成为特许经营的行政许可机关。总体而言,特许经营权的授予主体是市或区(市)县人民政府,经济开发区管理委员会、高新区管理委员会一般不能成为特许经营协议的签约主体。

由于此前地方政府在特许经营权授予和取消方面存在一定的自由裁量空间,导致燃气行业乱象丛生。国务院 583 号令《城镇燃气管理条例》(自 2011 年 3 月 1 日起实施)第十四条规定两种取得燃气经营权的类别:一是政府投资建设的燃气设施,应当通过招标投标方式选择燃气经营者;二是社会资金投资建设的燃气设施,投资方可以自行经营,也可以另行选择燃气经营者。

对特许经营的单方取消权,原建设部在《特许经营办法》的第十八条作了明确规定,获得特许经营权的企业在特许经营期间有下列行为之一的,主管部门应当依法终止特许经营协议,取消其特许经营权,并可以实施临时接管:(1)擅自转让、出租特许经营权的;(2)擅自将所经营的财产进行处置或者抵押的;(3)因管理不善,发生重大质量、生产安全事故的;(4)擅自停业、歇业,严重影响到社会公共利益和安全的;(5)法律、法规禁止的其他行为。

除此之外,运营企业与各级政府签订《特许经营协议》时,可以约定特别解除条款。

《特许经营办法》虽然对燃气特许经营权的取得程序、方式作了规定,但在实际执行当中,各地方政府在取得程序、方式等方面留有较大自主空间。于是,各种直接的、间接的侵权行为就在这些自主空间中蔓延和滋生。

二、侵权的原因分析

在司法实践中,已经拿到燃气特许经营权的企业被侵权的原因主要集中在以下两个方面:

1.客观层面:主要是运营企业气源供应不足,无力开发或拓展新区域,致使政府部门不满意,而觊觎燃气特许经营权的第三方以解决气源问题为由进入,造成对运营企业的侵权;

2.地方政府基于自身发展利益的考虑,另行引入第三方进入。这通常会采取以下做法:

(1)原取得特许经营权的行政区域与其他行政区域合并,合并后的新区域政府不认可原协议内容;或者强行割裂原有行政区域,使民用用户和工商业用户分离,取得特许经营权二次授予的基础,最终导致"一女二嫁"侵权事实的发生;

(2)签订特许经营协议的政府上级单位以下一级政府无资格签订特许经营协议为由,不认可其签订的协议;

（3）上级政府将某较大区域特许经营权拍卖或招投标给另一企业，政府领导层面决定整合该区域（包括已经授予特许经营的区域）内燃气经营市场；

（4）政府默许、纵容第三方进入实施侵权；

（5）政府不一定取消先进入公司的特许经营权，但后进入者可以申请撤销在先的特许经营权。如竞争对手利用政府领导换届、换人的契机，以程序不合法为由要求撤销授权。

从导致侵权事实发生的上述原因来看，原获取特许经营权的公司遭受侵权亦有自身原因。首先，在观念上存在认识不足。认为已经取得特许经营权就高枕无忧了，于是就想当然的认为地方政府部门必然会积极配合，从而疏于对特许独家经营权的宣传，一些政府部门、用户甚至不知道该公司持有特许独家经营权，给第三方可乘之机；其次，对侵权的敏感性较差，如侵权单位已经铺设或铺完管道了，运营企业还未发现；由于自恃拿到的是特许独家经营权，且与当地政府关系处理不到位，导致地方政府对第三方介入大开绿灯。

三、侵权的表现形式

通过对河北石家庄、滦县、辽宁抚顺、河南焦作、南京江北区燃气特许经营权侵权纠纷案的分析，不难得出侵权主要有以下几种表现方式：

1. 政府部门虽未取消先进入公司的特许经营权，却不批准该公司开发新项目，但允许竞争对手入住该区域开发新项目。

2. 政府部门将已经被授予特许经营权的区域重新进行招投标。

3. 政府以梳理完善特许经营权的形式达到整合市场的目的，限制或逐步取消已授予的特许经营权。

4. 政府利用监管的行政职权，人为夸大经营中的不利因素或事故的不利影响，干扰正常的特许经营权经营，甚至直接取消已授予的特许经营权。

5. 燃气经营的竞争对手和政府均欲整合市场，政府通过寻找先进入公司缺陷或瑕疵的方法对其施以行政处罚，限制其进一步发展或削弱其特许经营权，直至其经营陷于困境，达到取消其特许经营权的目的。

6. 竞争对手寻找机会采取实际占有、渗透的方式侵犯先进入公司的特许经营权。

7. 竞争对手利用在行政资源方面的优势，对先进入公司新建项目建设的审批制造诸多困难。

8.竞争对手通过参与当地政府制定加气站规划的编制和审批工作的方式,大幅抬高加气站市场的准入门槛,造成先进入公司难以介入该区域。

四、相关政策法律建议

1.为了加大法律法规的约束力,关于特许经营权的法规应提高等级,至少要上升到行政法规,在此基础上,由国务院相关主管部门根据行政法规出台专门的燃气特许经营规章。

目前规范管道燃气特许经营权的文件,全国性的只有原建设部出台的《市政公用特许经营管理办法》[①],各地有一些地方性燃气法规和市政公用事业特许经营管理法规或规章及规范性文件等,并没有法律或行政法规的规范,建议提高该等法规的效力等级,加大保护力度。同时,针对目前实际运营中出现的一些常见纠纷问题,应当给出明确的解决办法。

例如,在已经发放特许专营权的区域内,对于城区扩容所新增的燃气用户群,究竟是否还属于原来的特许专营权范围问题,国家可以不做统一规定,但必须强制要求地方政府在发放特许经营权时在合同中将此点列出。

2.明确规定在特许经营权有效期内,地方政府不得重复授予某行政区域特许经营权,禁止出现同一地区燃气特许经营权授予两家的情况,并明确政府解除特许经营协议或者取消特许经营权后企业的救济途径。当然,类似问题尚需要针对实际情况,出台实施细则。

3.明确政府违法违约成本,对于铤而走险、重复授予特许经营权以寻求利益的,必须明确追究主管部门及其负责人的民事、行政甚至刑事责任等相关法律责任,做到责任到人。各级政府应当明确本级政府之内究竟由哪个行政主管部门负责监管下级政府的特许专营权发放,并建立相应的责任追究制度。

4.关于上游能源企业以自身资源优势争夺下游市场专营权的问题,国家相关部门应给出明确意见。例如,这是否属于不正当竞争行为,是否构成侵权,等等。

(本文发布于 2014 年 11 月)

[①]编者注:2015 年,国家发改委等六部委又发布了《基础设施和公用事业特许经营管理办法》。

招投标是获取特许经营权的唯一方式吗?[①]

徐向东

2013 年 5 月,某环保集团公司向某市申请,以 BOT(Build－Operate－Transfer 建设－经营－转让)模式投资、建设垃圾焚烧发电厂。随后,该市成立由主要领导牵头的项目组,经过招商比选和多次考察,于 2013 年 9 月由副市长代表政府与环保集团签订了《某市项目法人特许经营权框架协议》。该市报纸对此进行了报道。为明确关系,在 2013 年底北京举办的"某地大招商活动集中签约仪式"上,该市副市长和环保集团再次对该"特许经营权协议"进行签字确认。

协议生效后,该环保集团按协议约定,开始进行环境调查、工程设计、研究、预算等工作。提交了垃圾焚烧厂厂址选址报告和项目建议书,并注册成立了项目公司。

然而,该市相关政府部门在 2014 年 6 月,突然对社会公开发布了该垃圾焚烧特许经营 BOT 项目法人招标公告,理由是,依据中华人民共和国建设部令第 126 号《市政公用事业特许经营管理办法》规定及相关要求,需要进行公开招标。就此,该环保集团向该市中级人民法院提起行政诉讼,要求市政府停止侵权,终止招标程序,并继续履行特许经营权协议。法院受理此案。

这个案例引发的一个最直接的问题是:招投标是获取特许经营权的唯一方式吗?

实际上,在中国的 PPP(Public－Private－Partnership 公共私营合作制)项目实践中,如何获取特许经营权,一直是有争议和分歧的问题。

对此,各地法规的规定也不一样,如《深圳市公用事业特许经营条例》第 8 条规定:市政府应当采取招标、拍卖等公平竞争的方式,按照有关法律、法规的规定,公开、公平、公正地将某项公用事业的特许经营权通过颁发特许经营授权

---

①节选自《PPP 项目实践的十大法律问题》。

书的形式授予符合条件的申请人。第 9 条规定:通过招标、拍卖等方式不能确定经营者的,市政府也可以采取招募方式确定经营者。

而《贵州省市政公用事业特许经营管理条例》第 15 条规定,特许经营权授权主体应当依法通过招标方式,按若干程序选择投资者或者经营者。但第 16 条又做了比较灵活的处理,称"特许经营权授权主体依照相关法律、法规的规定不能确定特许经营者的,可以采取符合国家规定的其他方式确定特许经营者"。实际上,没有强制性要求公用事业特许经营项目必须通过招投标方式授予特许经营权。

实践中,PPP 项目究竟是否必须采用招标方式? 采用非招标方式是否合法? 这给很多项目参与者带来了困惑。很多 PPP 项目就此纠结很长时间,得不到明确答案。一定程度上,这延误了 PPP 项目的正常实施。

那么,国家层面的法律是如何规定的呢? 在中国,规范 PPP 项目活动的基本法律有两个,即《中华人民共和国政府采购法》(以下简称《政府采购法》)、《中华人民共和国招标投标法》(以下简称《招投标法》)。具体分析如下:

一、从招标投标法律体系来看,招标并不是获得特许经营权的唯一方式

《招投标法》第 3 条规定:"在中华人民共和国境内进行下列工程建设项目包括项目的勘察、设计、施工、监理以及与工程建设有关的重要设备、材料等的采购,必须进行招标:(1)大型基础设施、公用事业等关系社会公共利益、公众安全的项目;(2)全部或者部分使用国有资金投资或者国家融资的项目;(3)使用国际组织或者外国政府贷款、援助资金的项目。前款所列项目的具体范围和规模标准,由国务院发展计划部门会同国务院有关部门制订,报国务院批准。法律或者国务院对必须进行招标的其他项目的范围有规定的,依照其规定。"

该条文首先与《工程建设项目招标范围和规模标准规定》(原国家计委令第 3 号)共同规定了依法必须强制招标的工程建设项目的范围和规模标准。显然,这个依法强制招标的要求,适用于工程建设阶段,即:在设立 PPP 项目公司、选定特许经营投资人之后,针对项目中的工程建设环节,是否需要通过招投标决定建设方,要根据上述规定执行。

这一点可以从国务院办公厅《印发国务院有关部门实施招标投标活动行政监督的职责分工意见的通知》(国办发[2000]34 号)中得到佐证。该通知规定:

项目审批部门在审批必须进行招标的项目可行性研究报告时,核准项目的招标方式(委托招标或自行招标)以及国家出资项目的招标范围(发包初步方案)。项目审批后,及时向有关行政主管部门通报所确定的招标方式和范围等情况。从具体的环节看,该通知这一规定,也是针对工程建设的步骤。

同时,《招投标法》也明确,法律和国务院对必须进行招标的其他项目的范围有规定的,依照其规定。这就表明,除工程建设项目外,其他类型的项目,包括 PPP 项目在内,是否需要采用招标方式,应由法律及行政法规进行规定。

例如《收费公路管理条例》(2004 年 8 月 18 日国务院第 61 次常务会议通过并公布,自 2004 年 11 月 1 日起施行)第 11 条规定:经营性公路建设项目应当向社会公布,采用招标投标方式选择投资者。第 19 条规定:依照本条例的规定转让收费公路权益的,应当向社会公布,采用招标投标的方式,公平、公正、公开地选择经营管理者,并依法订立转让协议。即:对于公路项目的特许经营,国务院颁布的行政法规明确规定,必须采用招标方式。

根据国务院发布的《中华人民共和国招标投标法实施条例》(2011 年 11 月 30 日发布,2012 年 2 月 1 日起施行,以下简称《实施条例》)第 9 条规定,除《招标投标法》第六十六条规定的可以不进行招标的特殊情况外,可以不进行招标的情形,还包括"已通过招标方式选定的特许经营项目投资人依法能够自行建设、生产或者提供的"。此处规定,如果特许经营项目投资人是通过招标方式选择确定的,且依法能够自行建设、生产和提供的,这样的工程建设项目则可不进行招标,反之,如果特许经营项目投资人没有通过招标方式选择确定,即使投资人依法能够自行建设、生产和提供的,这样的项目也应进行招标[1]。这实际上,也从侧面说明,不是所有特许经营项目都通过招标方式确定,也有一些特许经营项目采用其他方式进行。如果所有特许经营项目都是采用招标方式进行的,对此处情形的描述应为"特许经营项目投资人依法能够自行建设、生产或者提供的"。

从《招投标法》和《实施条例》的角度讲,由于法律和行政法规对 PPP 项目是否需要采用招标方式进行,并无规定。"法无禁止即可为"。对 PPP 项目授予特许经营权,并非必须采用招投标(包括公开招投标)方式,还可以通过拍卖、竞争性谈判甚至直接授予等多种方式进行。

---

[1] 编者注:选择投资人的招标与工程建设的招标,是分开的。

　　这也与视授予特许经营权为行政许可的观点相符合。其认为,授予特许经营权,属于《中华人民共和国行政许可法》(以下简称《行政许可法》)中第 12 条规定的"可以设定行政许可"的事项,即:"有限自然资源开发利用、公共资源配置以及直接关系公共利益的特定行业的市场准入等,需要赋予特定权利的事项"。PPP 项目属于这一类行政许可,因此应遵守《行政许可法》第 52、53 条的规定:行政机关应当通过招标、拍卖等公平竞争的方式作出决定。但是,法律、行政法规另有规定的,依照其规定。行政机关通过招标、拍卖等方式作出行政许可决定的具体程序,依照有关法律、行政法规的规定。行政机关按照招标、拍卖程序确定中标人、买受人后,应当作出准予行政许可的决定,并依法向中标人、买受人颁发行政许可证件。行政机关违反本条规定,不采用招标、拍卖方式,或者违反招标、拍卖程序,损害申请人合法权益的,申请人可以依法申请行政复议或者提起行政诉讼。显然,此处所讲的法律、行政法规也是狭义概念,即:为中华人民共和国全国人民代表大会及其常务委员会制定的法律、国务院制定的行政法规。而当前的法律、行政法规并未对授予特许经营权做出相关规定。因此,项目的特许经营权这种行政许可,并不一定要通过招投标方式获得。

　　从另一个角度讲,PPP 项目涉及合作各方在项目的全部生命周期内的利益共享、风险分担,绩效评估等各种复杂安排,应给予双方充分的谈判空间,在我国的法律框架内,规定必须通过招标才能获得特许经营权,与 PPP 项目的性质也不相适应。本人曾参与一个国外的 PPP 项目,从投标截止日起,各方就特许经营协议,进行了长达近一年时间的谈判,这在中国是无法想象的,也是违反中国的招投标法律的。

　　中国当前的 PPP 模式,主要是以原建设部 2004 年颁发的《市政公用事业特许经营管理办法》为基础建立起来的。该办法虽然对涉及的产权、土地使用、价格管理、投融资机制、经营期限、市场准入等方面都进行了一定阐述,但相关规定较为简单和原则,可执行性不强。各种模式的内涵应用解释,权利义务、价格管理、项目所有权归属、项目移交等内容的规定,都比较缺乏。

　　同时,从法律角度讲,该办法连部门规章都不算,至多是法律规范性文件。地方政府或建设口以外的部门,并无执行的义务。比如,按照该办法规定,选择特许经营对象应发布招投标公告,后对投标人进行资格初选,并经过评审、质询和公开答辩来择优选取经营者,最后应进行公示,直至没有异议,才最终确定经营者。然而,现实中大量地方政府出于某种考虑,有的采用招标方式,有的采用竞争性谈判方式,还有采用直接谈判、招商、招募、公开申请等方式的。某市相关政府部门以该办法为理由,推翻原特许经营协议,另外进行公开招标,是站不住脚的。

二、从政府采购法律体系看,招标并不是获得特许经营权的唯一方式

再从《政府采购法》的角度分析。实践中,也有人认为,中国PPP项目,尤其是政府付费的PPP项目,建成之后,相关政府部门是要支付费用的,而这笔费用是财政拨款,属于财政性资金,因此可以认为政府部门购买了一项服务,属于政府采购范畴,应依照《政府采购法》的规定进行。

的确,财政部2014年9月24日发布《关于推广运用政府和社会资本合作模式有关问题的通知》(财金〔2014〕76号),要求地方各级财政部门要按照《政府采购法》及有关规定,依法选择项目合作伙伴。并指出:PPP模式的实质是政府购买服务。

依照《政府采购法》第26条的规定,政府采购的方式有:公开招标;邀请招标、竞争性谈判、单一来源采购、询价、国务院政府采购监督管理部门认定的其他采购方式。其中,公开招标应作为政府采购的主要采购方式。

但是从现有的政府采购法律体系来看,适用PPP项目也有牵强之处。

从付费模式看,PPP项目可分为使用者付费项目、使用者付费加一定政府补贴的项目,以及政府付费项目。

《政府采购法》第二条规定:"政府采购,是指各级国家机关、事业单位和团体组织,使用财政性资金采购依法制定的集中采购目录以内的或者采购限额标准以上的货物、工程和服务的行为。"《政府采购法实施条例(征求意见稿)》(2010年1月21日稿)规定:"《政府采购法》第二条所称使用财政性资金采购,是指采购人全部使用或部分使用财政性资金进行的采购。《政府采购法》第二条所称服务,是指除货物和工程以外的政府采购对象,包括各类专业服务、信息网络开发服务、金融保险服务、运输服务,以及维修与维护服务等。"

依据上述规定,只有使用者付费加一定政府补贴的项目、政府付费项目使用了财政性资金,才适用政府采购法,属严格意义上的政府采购。在《政府采购法》未作修改,或专门立法未做明确之前,国内采用用户付费模式的PPP项目,只能算广义上的综合购买服务,而不属法律意义上的政府采购。

就PPP的本质看,本人认为,如果将采购服务的行为作扩大化解释,包括

BOT、TOT、DBFO(设计－建设－融资－经营)、合资合作、运营维护等,以及基于绩效的付费机制安排等,皆可以认为是其内涵,则可认为 PPP 就是政府采购服务,前提是相关法律应做相应修改。

三、规范针对 PPP 项目的采购活动

采用招投标方式授予 PPP 项目特许经营权时,适用《招投标法》和《政府采购法》的最大区别,就是对开标时投标人少于三个的处理方式。

依照《中华人民共和国招标投标法实施条例》第 44 条规定:投标人少于 3 个的,不得开标;招标人应当重新招标。

而依照《政府采购货物和服务招标投标管理办法》(2004 年 8 月 11 日颁布,2004 年 9 月 11 日起施行)第 43 条规定:"投标截止时间结束后参加投标的供应商不足三家的,除采购任务取消情形外,招标采购单位应当报告设区的市、自治州以上人民政府财政部门,由财政部门按照以下原则处理:

(一)招标文件没有不合理条款、招标公告时间及程序符合规定的,同意采取竞争性谈判、询价或者单一来源方式采购;

(二)招标文件存在不合理条款的,招标公告时间及程序不符合规定的,应予废标,并责成招标采购单位依法重新招标。"

对通过招标方式授予特许经营权的项目,我国的《政府采购法》《招投标法》不适合 PPP 项目的具体操作,尤其是投资人的资格和条件、政府与企业的边界条件设定、招标文件的内容编制,以及评标标准和办法等。PPP 项目具有特殊性,如何合理、合法地通过招标方式选择特许经营者,国家没有明确的操作和实施细则。

对不通过招标方式授予特许经营权的项目,其操作程序更加不确定。采用竞争性谈判、单一来源采购、询价、招商、招募等方式,是否合法?如何采用?法律依据何在?截至目前,仍没有一个国家法律层面的规范、解释和说明。

财政部 2013 年 12 月 19 日发布、自 2014 年 2 月 1 日起施行的《政府采购非招标采购方式管理办法》,规定的非招标采购方式,如竞争性谈判、单一来源采购和询价采购方式等,是否可以参考适用 PPP 项目,目前也尚不能明确。

因此,国家法律层面需要进一步规范、明确 PPP 项目的采购活动。

(本文发布于 2015 年 7 月)

市级工业园区能否跳过县级政府
重新授予特许经营权？①

编者按：本文选自广西高院发布的参考性案例，案例的核心在于市级工业园区能否跳过县级政府重新授予燃气特许经营权。本案先后经历了一审、二审、再审等环节，具有典型的代表意义。

【案号】
一审：(2012)阳民二初字第 2 号

二审：(2012)百中民一终字第 385 号

再审：(2013)桂民提字第 130 号

【指导要旨】
平果华商公司持有的管道燃气经营许可证系经田阳县人民政府授权取得，田阳新山新能公司取得新山铝产业示范园范围内管道燃气项目经营亦经新山管委会授权同意。平果华商公司持有的管道燃气经营许可证的经营范围是否包含新山铝产业示范园在内无法确定，这涉及田阳县人民政府与新山管委会之间对百色新山铝产业示范园内管道燃气项目的管理职权划分问题，由此可见，本案双方当事人的纠纷不属于人民法院受理民事诉讼的范围。

【基本案情】
2010 年 9 月 15 日，田阳县人民政府根据建设部 2004 年颁布的《市政公用事业特许经营管理办法》第三条的规定，授权田阳县市政管理局作为主管部门与原告平果华商公司签订田阳县管道燃气《特许经营协议》。

协议第三章中的特许经营履约担保作出了如下约定："在《特许经营协议》签订后的 15 个工作日内，乙方（平果华商公司）在田阳县工商局注册成立新公司，注册资金壹仟万元人民币，乙方新公司注册成立后，15 个工作日内向甲方

---

① 来源：广西法院阳光司法网。

（田阳县人民政府）指定的账户汇入履约保证金叁佰万元人民币。"2010年12月6日，原告平果华商公司在田阳县工商局注册成立田阳华商公司，至此，原告为田阳县行政区域管道燃气统一经营企业，期限30年（含建设期）。

《特许经营协议》约定：特许经营权行使地域范围为田阳县行政区域内。此外，《特许经营协议》还对供气质量和服务标准、收费、燃气设施的建设、维护和更新等其他方面作出明确约定。2010年9月15日，田阳县人民政府向原告颁发《城市管道燃气特许经营项目授权证书》，2010年12月19日，田阳县发展和改革局以阳发改（2010）183号《关于田阳县天然气利用项目核准的批复》同意建设田阳县天然气利用项目，2011年1月21日，田阳县人民政府批复同意田阳县燃气利用专项规划。原告按照《特许经营协议》及田阳县燃气专项规划的要求在田阳县组织投资建设，进行管道建设等工作。

2009年12月28日，百色市机构编制委员会根据百色市委文件精神成立新山管委会，2010年2月3日，百色市政府决定成立百色新山投资公司，2010年12月30日，新山管委会与百色市新能燃气有限责任公司就管道燃气入园经营签订了《合作框架协议》，2011年3月16日，新山管委会作出《授权委托书》，授权百色新山投资公司代表新山管委会与田阳新山新能公司签订《百色新山铝产业示范园管道燃气特许经营协议》，2011年3月20日，田阳新山新能公司向新山管委会提出《关于要求规划燃气设施建设用地的申请》。

2012年1月10日，原告以两被告签订《百色新山铝产业示范园管道燃气特许经营协议》就田阳行政区域内的新山铝产业示范园管道燃气供应进行约定的行为已构成对原告管道燃气专营权的侵犯向田阳县人民法院提起本案诉讼，请求判令两被告停止对原告管道燃气经营权的侵害，排除妨碍。

被告田阳新山新能公司、百色新山投资公司辩称：一、管道燃气经营权不属于《物权法》规定的用益物权的排他性权利，本案应定性为侵权纠纷。二、原告取得经营权是有瑕疵的，原告的取得并没有通过招标、投标方式。三、原告起诉被告侵权不能成立，被告田阳新山新能公司与百色新山投资公司签订《特许经营协议》有合法依据，新山管委会代表市政府，田阳县人民政府的具体行政行为不能约束新山管委会。四、本案中双方之间的争议只能通过政府进一步明确管理区域或通过相应的行政诉讼来解决。

【审判】

田阳县人民法院一审认为：

原告通过与田阳县人民政府授权部门签订田阳县管道燃气《特许经营协议》，取得在田阳县行政区域内的管道燃气专营权，属有效协议。关于被告百色新山投资公司与被告田阳新山新能公司于 2011 年 3 月 18 日签订《管道燃气特许经营协议》的行为是否对原告构成侵权的问题，根据原告提供的《田阳县管道燃气特许经营协议》及田阳县行政区域图证实，百色新山铝产业示范园的地域位于田阳县行政区域范围之内，就本案而言，公用事业特许经营权是经营权人基于与政府签订的特许经营协议而获得的排他性经营利益的权利，在政府授权的同一区域，不能有两家企业共同经营。

因此，被告百色新山投资公司与被告田阳新山新能公司在原告取得专营权的田阳县行政区域范围内再次订立《管道燃气特许经营协议》，其行为对原告已构成侵权。另外，被告百色新山投资公司作为百色市新山铝产业示范园建设业主和政府投资融资平台，被告在同意新山公司作为管道燃气经营企业时应当知道只有合法的一级政府才有权授权签订《管道燃气特许经营协议》，在明知授权主体新山管委会仅仅是事业单位而不具备市政公用事业特许经营权授权资格的情况下，仍然据此签订《管道燃气特许经营协议》，主观上有明显过错，应当立即停止侵害，故原告的诉讼请求，予以支持。田阳县人民法院作出（2012）阳民二初字第 2 号民事判决：被告百色新山投资公司、田阳新山新能公司应当立即停止对原告平果华商公司、田阳华商公司管道燃气专营权的侵权行为。案件受理费 100 元，由被告百色新山投资公司、田阳新山新能公司共同负担。

田阳新山新能公司、百色新山投资公司不服一审判决提起上诉，百色市中级人民法院二审认为：

市政特许经营具有平等主体之间形成的民事法律关系的特征，其核心权力特许经营权为新型的财产权和准物权，具有独占性和排他性，该权利受法律的保护，侵犯特许经营权，应承担侵权的民事责任。具体行政行为是行政主体针对特定行政管理对象实施的行政行为，其特征为从属法律性、裁定性、单方性、强制性。

被上诉人与田阳县人民政府签订的田阳县管道燃气《特许经营协议》及上诉人与新山管委会签订的《管道燃气特许经营协议》，均系协议双方的意思自治，不具有单方性和强制性，因此，两协议的取得均非具体的行政行为，而是民事行为，两者发生矛盾冲突诉至法院，法院有权依照民事法律的规定对两协议的性质及效力进行审查。人民法院对两协议的审查，符合民事诉讼法的规定，不违反审判程序,上诉人的上诉理由不能成立,不予支持。上诉人主张被上诉人特许经营权的取得途径违法,可经过合法渠道由相关的行政机关审查处理,该协议未被撤销前,具有法律效力,故平果华商公司取得田阳区域内的管道燃气经营权是否经过招投标,并不影响该特许经营权的效力,其独占性和排他性仍受法律保护。

新山铝产业示范园由百色市政府直属管理,享有部分的行政管理职能,但不能改变其事业单位的性质,不能等同于一级人民政府,不能和田阳县人民政府共享田阳县的行政区域范围内管道燃气特许经营权的支配权和管理权。管道燃气特许经营权具有独占性和排他性,百色新山投资公司与田阳新山新能公司在被上诉人已经取得特许经营权的情况下,订立《管道燃气特许经营协议》,在田阳县行政区域范围从事管道燃气经营,已构成对被上诉人特许经营权的侵害。

关于本案管道燃气特许经营权的取得时间,经查,被上诉人取得燃气特许经营权的时间早于上诉人签订《合作框架协议》的时间,故上诉人该上诉的理由不能成立。被上诉人与田阳县人民政府签订协议取得在田阳县行政区域范围内的管道燃气特许经营权,应为上诉人知道或者应当知道,上诉人亦知道或应当知道只有一级政府才有权管理、支配特许经营权,但在明知授权主体新山管委会仅是事业单位不具有市政公用事业特许经营权的支配管理权的情况下,仍签订《管道燃气特许经营协议》,主观上有过错,应承担侵权的民事责任。

综上,百色市中级人民法院作出(2012)百中民一终字第385号民事判决:驳回上诉,维持原判。

田阳新山新能公司、百色新山投资公司不服,向检察机关申诉。

广西壮族自治区人民检察院抗诉认为:

百色市中级人民法院(2012)百中民一终字第385号民事判决适用法律错误、审理程序、实体处分错误,理由如下:

一、适用法律错误。百色新山投资公司、田阳新山新能公司在新山铝产业示范园经营管道燃气的行为并非侵权行为,而是依据行政授权所开展的合法经营行为。被申诉人所取得的特许经营权有重大瑕疵,其合法性存疑。申诉人与被申诉人之间各自所获得的管道燃气特许经营权并无冲突,申诉人对被申诉人从无侵权行为。申诉人的经营权已为百色市政府直接追认。

二、超越管辖、遗漏当事人,审理活动严重违反法定程序。本案中的法律关系依法应由行政诉讼法所调整而非民事诉讼法所调整。由于百色新山投资公司与田阳新山新能公司签订《百色新山铝产业示范园管道燃气特许经营协议》，系基于新山管委会之委托授权，真正特许田阳新山新能公司在示范园区内经营管道燃气项目之授权人为新山管委会而非百色新山投资公司，适格被告应为新山管委会。

百色新山投资公司、田阳新山新能公司申诉称，同意检察机关的抗诉意见，认为政府部门对某种行为作出的具体行政行为的效力，应由政府相关部门予以确认，不是民事行为，不属于民事诉讼范畴，一、二审判决错误。请求：1.撤销百色市中级人民法院(2012)百中民一终字第 385 号民事判决和田阳县人民法院(2012)阳民二初字第 2 号民事判决；2.驳回被申诉人的诉讼请求；3.本案一、二审诉讼费用全部由被申诉人负担。

平果华商公司、田阳华商公司答辩称，二审判决正确，请求予以维持。

广西高级人民法院再审审理认为，本案双方当事人争议焦点为两申诉人田阳新山新能公司与百色新山投资公司的行为是否构成侵权。

首先需要厘清铝产业园管委会与田阳县政府之间的关系。

根据百色市人民政府百政函[2009]152 号文《关于同意将田阳新山铝产业示范园作为市级工业园的批复》，百色市政府同意将铝产业园作为市级工业园。另，根据百色市机构编制委员会文件百编[2009]37 号文《关于成立百色新山铝产业示范园管理委员会的通知》，同意成立百色新山铝产业示范园管理委员会，为市政府直属财政全额拨款事业单位，正副职领导按正副处级干部配备。管委会的主要职责、内设机构、领导职数、编制机构等有关事项，由百色新山铝产业示范园管理委员会另文请示市机构编制委员会审批。

由此可以看到，管委会与田阳县政府之间的关系(是隶属关系还是平级关系)并不明确，管委会的职权亦不明确，这些问题应由百色市政府及其相关部门予以解释，法院不宜直接进行认定。本案当中，百色市政府曾就此问题召集田阳县政府、管委会进行协调，且从百色市政府一系列的行为可以看出，百色市政府对于管委会授权新山公司特许经营的做法没有进行否定性的表态，甚至百色市政府从中还起到了指导、推进的工作。

其次，就本案来说，如果按照原审判决认定新山公司构成侵权，一旦百色市政府、田阳县政府、管委会之间达成一致意见，认可管委会授权新山公司特许经营的行为，这就与法院的处理意见之间形成冲突，不仅难以执行，而且相当于法院通过民事诉讼直接否定了政府的行政权,不仅依法无据,效果也不好;反过来,如果判决新山公司不构成侵权,一旦百色市政府、田阳县政府、管委会之间达成一致意见,认为管委会的授权错误,撤销了管委会给予新山公司的授权,那么政府行政权同样会与法院司法权之间形成冲突。

最后,本案该如何处理的问题。

百色市机构编制委员会根据百色市委文件精神成立新山管委会,新山管委会的主要职责、内设机构、领导职数、编制结构等有关事项亦由百色市机构编制委员会审批是不争的事实。同时,新山铝产业示范园建设及各类项目(含管道燃气)推进的工作也是由百色市人民政府直接指导。平果华商公司虽持有田阳县人民政府颁发的管道燃气经营许可证,且新山铝产业示范园也在田阳县地域范围内,但田阳新山新能公司在新山铝产业示范园投资经营管道燃气项目亦经新山管委会许可。

因此,平果华商公司持有的管道燃气经营许可证的经营范围是否包含新山铝产业示范园在内,涉及田阳县人民政府与新山管委会之间对百色新山铝产业示范园内管道燃气项目的管理职权划分问题。由此可见,本案双方当事人的纠纷不属于人民法院受理民事诉讼的范围。因此,原一、二审判决受理本案并认定田阳新山新能公司、百色新山投资公司的行为构成侵权不当,依法予以纠正。

广西高院再审裁定:一、撤销百色市中级人民法院(2012)百中民一终字第385号民事判决和田阳县人民法院(2012)阳民二初字第2号民事判决;二、驳回平果华商清洁能源有限公司、广西田阳华商清洁能源有限公司的起诉。

一审案件受理费100元,二审案件受理费100元,依照《诉讼费用交纳办法》第八条第(二)项的规定,免予交纳,由一、二审人民法院分别予以退还。

(本文发布于2016年2月)

特许经营区域该不该引进"竞争者"?

——从南京江北天然气经营权纠纷引发的思考①

徐玉环　赵小星

2012 年初,南京化工园区天然气经营权纠纷案,曾经在燃气行业市场引发不小的争议。

据报道,已于 2005 年获得南京江北地区排他性特许经营权的南京中燃城市燃气发展有限公司(以下简称"南京中燃"),在毫无防备的情况下遭遇了竞争对手——另一家燃气经营企业"南京星桐中石油昆仑燃气公司"(以下简称"星桐昆仑")悄然在南京注册成立,且星桐昆仑已经与化工园区的两家用气大户蓝星安迪苏南京有限公司和江苏金桐化学工业有限公司达成了供气协议,气站界桩已定,建站手续也在办理中。对于化工园的这两家用气大户,星桐昆仑志在必得。两家燃气企业的经营权纠纷拉锯战也就此拉开。

南京中燃和星桐昆仑两家燃气企业之间的经营权纠纷,虽是两家企业之间利益之争的个案,但其所折射出的信号,值得特许经营者、行业主管部门、潜在投资人等各利益相关方以及从事基础设施特许经营服务的相关咨询行业人士深入思考。

本文从南京江北燃气经营权纠纷案出发,分析现有特许经营制度框架下能否引进竞争者,具体模式怎样,如何平衡和协调各方利益关系等问题。

一、特许经营权的性质

就管道燃气而言,我国大多数城市都出台相应的地方性法规明确管道燃气实行特许经营制度。从事管道燃气经营的企业,必须取得设区的市、县(市)人民政府授予的特许经营权,并与设区的市、县(市)人民政府或者其授权的建设主管部门签订特许经营协议。

---

① 本文首发于《济邦通讯》2012 年 1 月刊。

那么何为特许经营权？学术界普遍认可的观点是,特许经营权指的是政府或相关部门以行政主体的身份向作为行政相对人的特许经营企业授予的一种权利,其获得授权后有权在限定的区域内、期限内做限定的事情,并且政府或有权部门依法保障其排他性的专营权。

管道燃气经营既然施行特许经营制度,则一定要按照相关规定获得必要的授权。对于已经获得授权的特许经营者,政府或有关部门需依法保障特许经营者排他性的专营权,其他的竞争者如果在划定的特许经营区域内向终端用户进行管道燃气的输配、销售,则应视为侵犯特许经营者专营权的行为。

但这是不是就意味在特许经营区域范围内就不能引进竞争者？我们认为,应视新进入的竞争者未来的经营范围及业务定位而有所不同,如果新的竞争者与现有的特许经营者进行绝对同业竞争,亦从事管道燃气的输配送业务,则根据前述对特许经营行为性质的理解,为现行法律所禁止,且会造成资源的重复浪费。因为管道燃气供应服务依托于门站、调压站、管网等燃气基础设施,具有网络型特征,需要期初对管道网络铺设进行巨额投资,如果不赋予特许经营者排他性的经营权,则无异于置特许经营者于死地,这样不仅损害了特许经营者的利益,也最终损害广大燃气用户的利益。

但如果新进入的竞争者并不是另行铺设燃气管网,进行管道燃气的输配送及供气业务,而只是建立了压缩天然气站或供应液化天然气,这种行为的合法性和必要性应如何界定,接下来我们来仔细分析。

二、特许经营并非杜绝竞争

如前所述,根据现行法律法规的要求,管道燃气强制要求实行特许经营,非经允许,其他外来竞争者不得侵犯特许经营者的特许专营权,但对于非管道燃气输送及供应业务,没有强制性的规定。根据"法不禁止即可行"的法理原则,我们认为,这种竞争者的引进在法律上是不存在障碍的,且在一定程度是对现有特许经营制度的一个补充。尤其在现有的管道燃气特许经营者气源不足的情况下,允许新的竞争者以罐装气或其以槽车输送的方式进行供气,在一定程度上是很有必要的。

一是可在一定程度上缓解气源不足问题,保障燃气用户的切身利益。撇开星桐昆仑供气模式不说,仅就气源而论,蓝星安迪和江苏金桐化工两家企业一年用气量达 1.6 亿立方米,比获江北地区特许经营权的南京中燃目前的年供气量还高 1 倍。气源得不到保障，使得两家企业面临减产甚至停产的困境，如何填补用气缺口是一个非常现实且亟待解决的问题，寻找外供气源几乎是唯一的出路。如果一概拒绝新的竞争者介入，现有用气大户的用气缺口又该如何填补，气源不足导致的减产不仅损害企业利润和政府税收，如果气源问题长期得不到解决，甚至对整个化工园区的未来招商环境都可能产生负面影响。

为满足用户需要，所有特许经营者似乎应该积极寻求气源，或者寻求替代气源，最大程度上保障特许经营区域内所有的民用、工商用户的用气需求。但在源头供气商垄断的局面下，实际上很多特许经营者在企业自身层面上都无法解决气源问题。在这种两难的境况下，我们似乎应该与行业主管部门或政府方积极协商解决方案，请求市级甚至省级政府部门出面协调，全面平衡，引进新的燃气供应商似乎也是一种可选的途径。

二是可在某种程度上对气价起到调控作用，控制供气商的"垄断高价"利润。话说回来，如果没有星桐昆仑介入引起的比较竞争，我们很难意识到，在同样的区域供气，气价差别可以这么大（当然这跟南京中燃的管道燃气巨额投资成本有密切关系，投资成本在气价构成中占有较大比例）。如果没有星桐昆仑的比较竞争，揭示投资成本在气价构成中所占有的比例以及经营成本方面的差异，也许行业主管部门都无从得知南京中燃的真实成本。可能会有人质疑，政府有成本监审的权利和机制，不是一定要通过比较才可以达到了解真实成本的目的，也可以通过直接的行政手段获得相对可靠的真实的、原始的数据。

不可否认，成本监审在一定程度上有助于行业主管部门对燃气经营企业进行价格监督，但在现行法律框架及现实条件下，政府定价主要还是依靠燃气企业报送的成本，同时按照保本微利的原则确定燃气供应或销售价格。燃气经营企业气价的定价是否合理，其测算依据是什么，成本核算是否真实、合理，在没有其他竞争者进行比较的情况下，燃气企业的经营成本存在严重的信息不对称，政府很难判别成本的真实性和合理性。

而引进竞争者后，即可通过其他供气商的"比较竞争"使其成本逐步透明化，进而利于行业主管部门的价格监管，使其在对燃气供应商的气价进行核定有直接参考依据，从而在控制供气商利润的同时尽可能降低气价。为使价格监管真正落到实处，行业主管部门还可以考虑将气价及服务作为下一次特许经营权授予的考量依据。

三、特许经营市场竞争的管理

前文述及,如果新的竞争者非以管道输送的方式供应天然气的,引进新的竞争者存在可行性及必要性,但如果不设门槛,允许竞争者自由竞争,无疑会遭到既得利益的特许经营者的强烈反对。

于特许经营者而言,其会认为凡是特许经营区域内的用户,当然只应接受来自特许经营者的管道燃气,因为政府授予其的是排他性的经营权,如果允许其他竞争者自由介入,特许经营者的利益如何保障,其巨额的管道投资成本如何收回,所以合理的利益保护机制亦非常有必要,否则将不利于整个特许经营市场的良性发展,一定程度还会使得整个特许经营制度形同虚设。

四、对特许经营者的利益保护机制

(一)明确适用前提

引进竞争者,作为对现有特许经营制度的一种补正,应以"必要"为前提。但引入竞争的制度应严防滥用:对于是否需要引进竞争者、对竞争者的资格等方面,需要有一套完整的评估机制。我们认为,引入竞争至少要满足如下前提条件:特许经营者的气源供给严重不足,并且在较长的时间内气源供给得不到有效保证,且无可替代气源,并对用户的生产经营造成重大影响的。同时,建议赋予特许经营者对竞争者的选择、气价的确定上享有一定的建议权,当然竞争者准入时还应获得同级行业主管部门的供气许可。

(二)明确供气模式

竞争者在准入时需做出承诺,不得另行铺设输配终端用户的燃气管道。对于违反承诺的,需建立相应惩罚机制,避免竞争者无视竞争规则,造成无序竞争。

(三)明确补偿机制

对于既得利益的特许经营者,因新进入的竞争者的供气行为而导致的投资闲置带来的直接损失(含铺设该段管网的投资成本及固定投资的收益),新进入的竞争者应在一定程度上进行分担,明确相应的补偿机制,以弥补特许经营者在本段的投资及收益损失,否则必定会引发本区域燃气经营权市场的纠纷。

五、对燃气经营权市场的管理

(一)完善法律体系

现有的与特许经营相关的法律体系主要是《市政公用事业特许经营管理办法》(原建设部 126 号令)以及地方性法规或规范性文件等,整体而言,位阶偏低,对社会公众和特许经营者的保护不利。

对于新进入的竞争者如何进行管理,对于打破特许经营市场秩序的搅局者又如何设定相应的惩罚措施,现有的特许经营法律体系中没有涉及。同时,现行的特许经营立法对特许经营提前终止的补偿机制亦未涉及,虽然具体的补偿机制可以通过协议进行约定,但法律仍应有原则性的规定。

(二)加强执法监督力度

显然,相较一家特许经营者而言,多家竞争者同在一个区域经营的局面,如何协调利益相关方的关系,出现纠纷后如何调解等,都对行业主管部门的执法水平提出了更高的要求。行业主管部门必须转变管理思路,加大执法监督力度,严格执行规定及协议约定,防止行政监管及协议监管流于形式。

六、结语

本纠纷作为个案,其所折射出的信号却具普遍的导向意义。对既得利益的特许经营者而言,如果特许经营者的特许专营权不能保证,必将引发特许经营者的恐慌,不利于整个特许经营制度的良性发展。但这并不意味着特许经营就不应该有"竞争者",相反我们应该以一种合适的方式鼓励合理的竞争,在保护特许经营者合法权益的基础上,完善相关制度,以激励特许经营者提高服务质量,控制经营成本,维护社会公众利益。

(本文发布于 2015 年 6 月)

第四章

合规监管

只收管输费还是加价销售？

——从一起极具代表性的天然气购销合同诉讼谈起

张利宾　杨卫东

编者按：本文节选自《中国能源争议解决年度观察(2015)》。这个关于天然气销售合同的案例主要争议点是中游企业到底该只收管输费还是可以加价销售？另外，新的《油气管网设施公平开放监管办法(试行)》施行之后，下游用户能否真正要求中游管网企业只收管输费了呢？从这个案例中我们可以读出下游用户希望与上游气源直接对接的迫切期待。

　　由国家发改委在 2014 年 2 月 28 日颁布的《天然气基础设施建设与运营管理办法》第 24 条规定，通过天然气基础设施进行天然气交易的双方，应当遵守价格主管部门有关天然气价格管理规定。目前，关于天然气销售价格是实行政府指导价还是允许交易企业自由进行约定，依据现有的法律，有时答案并不十分清楚，因此，有关天然气交易的价格纠纷也比较多。请看下面的案例：庆阳川庆钻宇天然气有限责任公司诉庆阳市万世天然气有限公司纠纷案。

　　2010 年 12 月 23 日，原告庆阳川庆钻宇天然气有限责任公司(以下简称"川庆公司")与中国石油西气东输销售公司(以下简称"中石油")签订《西气东输二线天然气购销协议》，约定由川庆公司购买中石油出售的天然气。

　　2012 年 8 月 1 日，川庆公司作为卖方与庆阳市万世天然气有限公司(以下简称"万世公司")作为买方签订《庆阳市平西管线天然气买卖合同》，合同约定：庆平管线天然气售气单价暂执行 2.30 元/标准立方米(含税)，待西气东输与卖方的结算价格确定之后，双方再协商签订补充合同。数量根据买方周、月、季度及年用气量计划执行；超出用气量计划的部分执行西气东输二线"额外气"价格。如遇西气东输二线价格调整，双方协商确定新的天然气单价。具体条款执行卖方与中石油签订的《西气东输二线天然气购销协议》。交货地点是庆阳市镇原县镇原调压计量站及西峰区西峰门站天然气管线出站围墙末端。运输方式及达到站(港)和费用负担为管道运输,运输费用及相关费用由卖方承担。

合同届满后,2013年4月,川庆公司与万世公司再次签订《庆阳市平西管线天然气买卖合同》,该合同约定:庆阳市平西管线天然气售气单价:由CNG母站加气柱销售的天然气执行1.90元/标准立方米,其余执行2.12元/标准立方米(含税)。合同期限自2013年1月26日至2013年12月25日,其余约定均与2012年双方签订的买卖合同一致。

2014年,川庆公司与万世公司双方签订平西管线天然气预结算协议,主要内容为:

(1)由于上游"西气东输"天然气销售价格正在调整,经双方协商一致,同意暂时按照2013年双方签订的平西管线天然气买卖合同中价格条款进行预结算,待上游"西气东输"出台新的天然气销售价格后,双方再签订2014年天然气销售合同,确定天然气销售价格。

(2)2014年销售合同签订后,前期已结算的部分按照2014年销售合同中的价格进行多退少补。

(3)具体条款执行卖方与中石油签订的《西气东输二线天然气购销协议》。

2014年4月13日,中石油西气东输销售公司向川庆公司发出确认函,根据2013年6月《国家发展改革委关于调整天然气价格的通知》,将2014年天然气结算价格上调,暂定为1.7109元/标准立方米。下一财务年度根据实际情况进行清算,若国家发改委对于天然气价格有新的规定,则按新规定执行。

川庆公司称,2014年4月13日中石油西气东输销售公司下发确认函,将天然气价格上调。其公司按照合同约定与万世公司多次协商调整价格,但被万世公司以各种理由拒绝。其公司自同万世公司形成合同关系之日起,从未间断输气义务,万世公司却未按照合同约定足额付款。于是,川庆公司将万世公司告上法院,提出如下诉讼请求:

(1)判令万世公司对2014年天然气价格进行调整,并补交2014年天然气价格调整后的差价;

(2)判令万世公司支付拖欠天然气款及银行贷款利息合计约280余万元。

万世公司辩称如下:

(1)天然气属于政府定价、指导价商品,其价格应当依法确定。《国家发展改革委关于调整天然气价格的通知》(发改价格〔2013〕1246号)第一条(二)款规定:"天然气价格管理由出厂环节调整为门站环节,门站价格为政府指导价,实行最高上限价格管理,供需双方可在国家规定的最高上限价格范围内协商确定具体价格",该款同时规定:"需进入长输管道混合输送并一起销售的(即运输企业和销售企业为同一市场主体),执行统一门站价格;进入长输管道混合输送但单独销售的,气源价格由供需双方协商确定,并按国家规定的管道运输价格向管道运输企业支付运输费用"。

《国家发展改革委关于调整天然气管道运输价格的通知》(发改价格〔2010〕789号)明确规定:输气距离在51—100公里之间,调后的管输费用为0.121元/标准立方米。上述规定明确了天然气门站价实行政府指导价,即西气东输工程供给川庆公司的价格,川庆公司作为管道运输企业,其管道运输费用实行的是政府定价,其只有权利依据政府定价收取管道运输费用。根据川庆公司诉状中表述的2014年度西气东输工程给其到平泉站的供气价为1.71元/标准立方米,加之平泉到西峰南佐门站的管输费0.121元/标准立方米,2014年川庆公司向万世公司供应天然气的价格依法应确定为1.831元/标准立方米。

(2)川庆公司提高气价,多收气款的行为属价格违法行为。根据国家对天然气价格的相关规定,川庆公司作为管道输运企业,权利仅仅为依照政府定价收取管道运输费用,多收的天然气款依法应退还。

甘肃省庆阳市中级人民法审理后认为,万世公司作为天然气终端销售企业,其销售价格由政府定价。川庆公司向万世公司出售的天然气价格在相关行政主管部门未确定价格之前,可由川庆公司与万世公司在川庆公司购买价与万世公司销售价的价格区间内协商确定,法院无权确定。

法院认为,2012年、2013年万世公司作为买方与卖方川庆公司逐年签订平西管线天然气买卖合同,双方当事人之间形成的买卖合同关系,意思表示真实,不违反法律、行政法规的强制性规定且不损害国家、集体和社会公共利益,系合法有效的合同,当事人应当按照合同约定全面真实地履行各自的义务。双方于2014年签订的平西管线天然气预结算协议,形式完备,内容合法,应属有效合同,双方当事人均应按照合同约定履行各自义务。

经对双方提供的气量结算签认单、付款凭证等证据进行审查,法院于2014年10月19日作出〔2014〕庆中民初字第40号判决:

(1)万世公司支付拖欠川庆公司2014年4—5月份的天然气款2626458.73元及至付款日的利息;

(2)驳回川庆公司的其他诉讼请求;

(3)驳回万世公司的反诉请求。

本案的争议焦点主要为天然气买卖中的定价问题。

根据《国家发展改革委关于调整天然气价格的通知》(发改价格〔2013〕1246号),天然气价格管理由出厂环节调整为门站环节,门站价格为政府指导价,实行最高上限价格管理,供需双方可在国家规定的最高上限价格范围内协商确定具体价格。门站价格适用于国产陆上天然气、进口管道天然气。页岩气、煤层气、煤制气出厂价格,以及液化天然气气源价格放开,由供需双方协商确定,需进入长输管道混合输送并一起销售的(即运输企业和销售企业为同一市场主体),执行统一门站价格;进入长输管道混合输送但单独销售的,气源价格由供需双方协商确定,并按国家规定的管道运输价格向管道运输企业支付运输费用。

目前,天然气门站及以上价格由国务院价格主管部门管理,门站价格以下销售价格由地方价格主管部门管理,地方可建立天然气上下游价格联动机制并对机制进行听证。对于管道运输价格,跨省的长输管道管输价格由国务院价格主管部门制定,省内的长输管道的管输价格由各省级物价部门制定。

2011年12月底,国家发改委在两广地区开展天然气价格形成机制改革试点,指出我国天然气价格改革的最终目标是放开天然气出厂价格,由市场竞争形成,政府只对具有自然垄断性质的天然气管道运输价格进行管理。

2015年2月28日,国家发改委发布《关于理顺非居民用天然气价格的通知》,将增量气最高门站价格与存量气最高门站价格实现价格并轨,理顺非居民用天然气价格。在本次天然气价格并轨后,各省不再区分存量气和增量气,执行统一门站价,有利于价格的谈判及调整。同时发改委提到放开天然气直供用户(化肥企业除外)用气门站价格,由供需双方协商定价,进行市场化改革试点,未来天然气价格将更加市场化。

本文基本上同意上面这个案件的判决。

首先,根据当时适用的法律规定,天然气买卖交易的价格不是门站价格(即中石油西气东输销售公司卖给川庆公司的价格),而是门站价格以下销售价格。在本案里,法院选择尊重双方的约定无疑是正确的。

其次,原告川庆公司在与被告万世公司的交易里,川庆公司不是作为天然气的管输公司的角色,而是作为天然气的卖方,因此被告在辩护中称原告川庆公司收费应仅仅在门站价格基础上依据政府定价收取管道运输费用是不恰当的。根据发改委的现有规定,门站价格以下销售价格由地方价格主管部门管理。

另外,按照国家发改委的最新规定,放开天然气直接用户(化肥企业除外)用气门站价格,由供需双方可以协商定价,允许天然气买卖双方约定。

(本文发布于 2015 年 10 月)

重庆燃气集团因垄断行为被工商局罚款 179 万解读①

编者按:根据工商总局 2014 年第 19 号竞争执法公告,重庆燃气集团利用其市场支配地位,在向天然气非民用气用户提供销售天然气服务过程中,对采用不带温度压力自动补偿装置的天然气计量仪表的用户,通过格式合同要求用户接受实际结算用气量按用户实际用气量乘以修正系数后的数据结算。该行为被认定违反了《中华人民共和国反垄断法》第 17 条第一款第 5 项的规定,被罚款 179 万。

客观地说,重庆燃气的做法在中国燃气行业内相当普遍,不排除存在一定的合理性。但就是这样在业内比较常见的条款,被认定为是垄断行为,这应该引起燃气从业人员的重视,以下是行政处罚决定书全文。

国家工商行政管理总局
竞争执法公告
2014 年第 19 号

经国家工商行政管理总局授权,重庆市工商行政管理局于 2011 年 6 月对重庆燃气集团股份有限公司涉嫌垄断行为进行立案调查,于 2014 年 4 月对涉案当事人下达了行政处罚决定,现予公告。

二〇一四年十一月二十一日

重庆市工商行政管理局行政处罚决定书
(渝工商经处字〔2014〕1 号)

当事人:重庆燃气集团股份有限公司

类型:股份有限公司(台港澳与境内合资、未上市)

---

① 来源:国家工商总局门户网站。

住所:重庆市江北区小苑一村 30 号

法定代表人:李＊＊

注册资本:140000 万人民币整

成立日期:1995 年 04 月 24 日

注册号:500000000002080

经营范围:燃气供应、输、储、配、销售及管网的设计、制造、安装、维修、销售、管理及技术咨询(凭相应资质和许可经营),区域供热、供冷、热电联产的供应;燃气高新技术开发、管材防腐加工、燃气具销售、自备货车经国家铁路过轨运输(按许可证核定的事项及期限从事经营),代 办货物运输(不含水路和航空货物运输代理),代 办货物储存(不含危险化学品);货物进出口。(经营范围涉及许可、审批经营的,须办理相应许可,审批手续后方可经营)

一、案件线索来源

2010 年 5 月 12 日,我局对重庆市水、电、气、电信、广电等公用服务企业进行检查中发现当事人下属部分分公司自 2008 年 1 月以来利用公用企业的市场支配地位,在向天然气非民用气用户(工业、集体、商业、CNG)销售天然气过程中,通过设置工作流程与签订格式合同的方式,要求用户接受以"修正系数"为基准的天然气结算方式,即在天然气表正常显示读数上乘以"修正系数"作为最终的气量结算数据,其行为涉嫌违法。我局于 2010 年 7 月开始核查,并将核查情况报告国家工商行政管理总局,2011 年 6 月,国家工商总局正式授权我局对当事人启动反垄断调查。

二、本案相关市场的界定

《国务院反垄断委员会关于相关市场界定的指南》第二条规定,任何竞争行为(包括具有或可能具有排除、限制竞争效果的行为)均发生在一定的市场范围内。科学合理地界定相关市场,对识别竞争者和潜在竞争者、判定经营者市场份额和市场集中度、认定经营者的市场地位、分析经营者的行为对市场竞争的影响、判断经营者行为是否违法以及在违法情况下需承担的法律责任等关键问题,具有重要作用。

《中华人民共和国反垄断法》第十二条规定,相关市场是指经营者在一定时期内就特定商品或者服务(以下统称商品)进行竞争的商品范围和地域范围。

（一）相关商品市场。本案中的相关商品市场是指城市公共天然气供气服务市场，重庆地区位于四川盆地东部，比邻我国重要的天然气产区——中石油川东气田，天然气供应相对充足，加之，天然气较成品油、电力、煤炭等替代能源价格更为低廉，效率更高、污染更小，因此，在重庆市主城九区内，绝大部分商户均使用城镇管道天然气，商品可替代性弱，城市公共天然气供应是非民用气用户对当事人最大的依赖所在。因此，本案相关市场中的商品范围确定为城市公共天然气供气服务。

（二）相关地域市场。本案中，当事人对天然气表加收修正系数的区域发生重庆主城的渝中区、沙坪坝区、南岸区、九龙坡区、大渡口区、北碚区、江北区，涉及到当事人的七个分公司，城市公共天然气通过天然气管网统一输送的特点，决定了当事人具备唯一经营者地位，不存在同类经营的竞争关系，用户在所属地域内只能选择本地天然气企业提供的城市天然气供气服务，不存在用户可以获取城市公共天然气供气服务的其他可替代的地域市场。因此，本案相关市场中的地域范围界定为重庆主城的渝中区、沙坪坝区、南岸区、九龙坡区、大渡口区、北碚区、江北区等七个区域。

综上所述，本案相关市场界定为：重庆主城的渝中区、沙坪坝区、南岸区、九龙坡区、大渡口区、北碚区、江北区等七个区域范围内的城市公共天然气供应服务市场。

三、当事人在相关市场具有市场支配地位的认定

《中华人民共和国反垄断法》所称市场支配地位，是指经营者在相关市场内具有能够控制商品价格、数量、其他交易条件，或者能够阻碍、影响其他经营者进入相关市场能力的市场地位。是否具备市场支配地位，是判断经营者行为能否构成滥用市场支配地位违法行为的前提。

（一）当事人在本案相关市场中的市场份额。重庆主城区现主要有两家从事城市天然气供气服务的企业，分别是当事人与重庆凯源石油天然气有限责任公司（以下简称凯源公司），当事人与凯源公司的天然气管网各自独立，互不交叉。在主城的渝中区、沙坪坝区、南岸区、九龙坡区、大渡口区、北碚区、江北区等七个区域范围内的城市公共天然气供应服务市场地域范围内，当事人提供的城市公共天然气供应服务占据绝大部分市场份额。

（二）当事人在本案相关市场上的控制能力及其他经营者对其的依赖性。

当事人属于以区域供气管网为基础运营的公用企业,迄今为止,在本案相关市场中,当事人具备主要经营者地位。当事人的公用企业性质及其主要经营者地位,使得其具有控制城市公共天然气供应与否、如何供应及其他相关交易条件的能力。当事人因公用企业本身所具有的自然垄断属性,使得其城市公共天然气供气服务客观上具有不可替代性、公益性等特点。因此,在本案相关地域市场内,用气户等其他经营者对当事人在城市公共天然气供应服务上具有很强的依赖性。

(三)其他经营者进入本案相关市场经营的难易程度。《城镇燃气管理条例》《重庆市天然气管理条例》等行政法规和规章,对经营城市天然气供气有着严格的主体资格要求,城市公共天然气供应管网及其附属设施投资大、难度高、成本收回周期长的特点,以及天然气资源的有限性、供气安全的严肃性,决定了相关地域市场内经营者数量有限。

综上所述,根据《中华人民共和国反垄断法》第十八条第一款第(一)、(二)、(四)、(五)项,以及《工商行政管理机关禁止滥用市场支配地位行为的规定》第十条第一款第(一)、(二)、(四)、(五)项"认定经营者具有市场支配地位,应当依据下列因素:(一)该经营者在相关市场的市场份额,以及相关市场的竞争状况;(二)该经营者控制销售市场或者原材料采购市场的能力;(四)其他经营者对该经营者在交易上的依赖程度;(五)其他经营者进入相关市场的难易程度"的规定,本局认定当事人在重庆主城的渝中区、沙坪坝区、南岸区、九龙坡区、大渡口区、北碚区、江北区等七个区域范围内的城市天然气供应服务市场中具有市场支配地位。

四、当事人利用其市场支配地位附加其他交易条件

当事人在供应天然气的过程中,要求其下属 7 家分公司在对非民用气用户开通天然气时与客户签定《天然气供用气合同》和《安全附加协议》,在《天然气供用气合同》中附有一则条款,其内容大致为天然气表上的显示读数并非作为计费的气量数,而是在天然气表的显示读数基础上乘以"修正系数",得到的数值才作为计费的最终数值,该公司称之为收取"修正系数",也称"调节系数"或"补偿系数"。

而《天然气供用气合同》和《安全附加协议》则是由当事人拟定的一个格式合同,当事人在合同中以天然气管道压力和温度为依据,制定了天然气体积修

正系数,并约定用户按每月用气量乘以修正系数后的气量值作为交费的用气量。从 2008 年至 2010 年,该公司对凡是使用不带自动修正仪的天然气表的非民用气用户约定不同的修正系数,且全部是正修正系数,具体数值由该公司各下属分公司自行确定。

五、当事人附加其他交易条件无合理性理由的认定

在本案调查中,当事人认为:天然气的体积计量按国家计委、国家经委、财政部、石油部关于颁发《天然气商品量管理暂行办法》①(计委燃〔1987〕2001 号)第二十二条"天然气按体积进行计量,天然气体积计算的标准状态为 20 度,绝对压力为一个标准大气压"的环境下进行,在现有市场上能够准确对天然气进行计量的仪表是带有温度压力自动补偿装置的天然气表(以下简称"自动表),自动表的工作原理就是将气表的工作状态由各种复杂的环境气候条件下转换为一个标准大气压和 20 摄氏度的温度环境,从而达到准确计量的目的,但自动表的价格相对较高。

因此,由于成本的原因,在重庆市场上,非居民用户所使用的天然气表多为不带自动补偿装置的气表,为避免企业损失,由当事人对不带自动修正仪的天然气表进行修正具有合理性。

本局认为,当事人的上述做法无正当理由。

(一)不带自动修正仪的天然气表计量于法有据

在调查中,专案组成员先后走访了多家仪表生产厂商与质监部门,了解到凡投入市场使用的天然气表(包括此次被当事人以修正系数进行修正的不带自动修正仪的气表)均是通过了国家法定强制认证,具有合法性,当事人作为企业无权单方面对这些法定允许的误差进行修正。

(二)当事人收取修正系数的做法与现行法规相悖

《重庆市计量管理条例》②第 30 条规定"供水、供电、供气等经营者,应当按照消费者使用的计量器具显示的量值作为结算的依据,不得转嫁户外管线或者

---

①编者注:本部门规范性文件因 2016 年 1 月 1 日国家发展和改革委员会发布的《关于废止部分规章和规范性文件的决定》失效。

②重庆市工商行政管理局引用的该地方性法规名称有误,应为《重庆市计量监督管理条例》。

其他设施的能源损耗和损失",当事人以自己企业利益为出发点所测算出修正系数的数值,不具有合法性。

六、当事人行为对消费者造成的损害

本局认为,当事人在提供城市天然气供气服务时附加其他交易条件的行为客观上损害了消费者的合法权益。

(一)当事人在提供城镇天然气供气服务时,以格式合同的方式将供气与按修正系数收费进行捆绑,客观上影响了非民用气用户的自主选择权。

(二)当事人的附加交易条件行为,客观上加重了非居民用气的实际负担。从2008年至2010年期间,燃气集团以上述在天然气非民用气用户的实际用气量上乘以修正系数后向下取整作为结算的用气量,也就是用户需按"每月实际用气量×修正系数×气价=用户每月缴纳气费"的方式缴纳天然气用气费用。其行为客观上加重了非民用气用户的实际负担。

七、相关证据列举及其证明事项

本案当事人具有市场支配地位以及在交易时附加不合理条件,有以下主要证据:

第一组

当事人营业执照的副本复印件一份,重庆市政府及各部门文件、会议纪要6份,分别是1.重庆市经济委员会文件(渝经运行[2003]30号)2.重庆市人民政府文件(渝府发[2005]107号)3.重庆市江北区人民政府专题会议纪要(2004—130)4.重庆市经济委员会会议纪要(第92期,2007年12月6日)5.重庆市经济委员会文件(渝经运行[2002]61号 6.重庆市经济委员会文件(渝经运行[2001]8号,证明当事人具有主体经营资格的事实及在渝中区、江北区、九龙坡区、大渡口区、北碚区、沙坪坝区、南岸区等地供气区域的划分。

第二组

当事人提供的《重庆燃气(集团)有限责任公司关于冉＊＊等任职的通知》(重气司[2010]194号)文件复印件一份、《中共重庆燃气(集团)有限责任公司公司委员会关于雷＊等同志职务任免的通知》(重气司委[2010]37号)文件复印件一份、《重庆燃气(集团)有限责任公司北碚分公司关于张＊＊、徐＊＊同志任职的通知》([2010]86)文件复印件一份、证明了当事人内部机构设置、人事安排情况及各部门工作职责的事实。

第三组

1.关于修正系数的编制说明;

2.重庆燃气(集团)有限责任公司文件(重气司[2004]109 号)"重庆燃气(集团)有限责任公司关于执行《天然气体积状态修正系数取值标准及管理规定》的通知)

3.重庆燃气(集团)有限责任公司文件(重气司[2010]387 号)重庆燃气(集团)有限责任公司关于天然气体积温度压力状态修正系数有关情况的报告。

证明:当事人单方制定修正系数值的事实。

第四组

1.渝中分公司现场检查笔录;

2.沙坪坝分公司现场检查笔录和燃气安装流程及规定、渝西分公司计划科天然气工程办理内部流程图;

3.北碚分公司现场检查笔录和北碚分公司客户服务流程;

4.询问北碚分公司党总支书记余＊＊笔录和余＊＊任职文件;

5.询问渝中分公司经理沈＊＊笔录(2 份)、询问渝中分公司经营管理科科长王＊＊笔录(2 份)和王＊＊任职文件、询问渝中分公司工程科副科长江＊＊笔录(3 份)、询问渝中分公司大客户管理站负责人任＊＊笔录(2 份)、询问渝中分公司市场科科长杨＊＊笔录(4 份)、询问渝中分公司财务科科长邹＊笔录(2份);询问沙坪坝分公司经理向＊笔录(2 份);

6.询问沙坪坝分公司经营科科长冯＊笔录(3 份)和冯＊任职文件;

7.询问沙坪坝分公司财务科科长张＊笔录(3 份)和张＊任职文件;

8.询问渝西分公司经营管理科科长童＊笔录(2 份)和童＊任职文件、询问渝西分公司计划科科长余＊笔录、询问渝西分公司预算员舒＊笔录、询问渝西分公司管理员牟＊＊笔录、询问渝西分公司工程科科长李＊＊笔录询问渝西分公司工程科副科长王＊笔录;

9.询问北碚分公司设计室主任何＊笔录、询问北碚分公司廖＊＊笔录(2份)和相关票据、询问北碚分公司经营管理科副科长吕＊＊笔录(5 份)和吕＊＊的授权书、询问北碚分公司计划科科长助理李＊笔录(4 份)和李＊的授权书、询问北碚分公司工程科科长安＊笔录和相关天然气安装合同；

10. 询问供气分公司经营管理科副科长宋＊＊笔录（2份）、询问供气分公司经理杨＊＊笔录及相关统计表；

11. 询问江北分公司书记肖＊笔录、询问江北分公司经营管理科副科长唐＊笔录（3份）。

12. 询问重庆主旋律酒店有限公司管理部总经理宾＊笔录和重庆主旋律酒店有限公司与北碚分公司签订的天然气供用合同及相关票据等69份外围印证笔录及合同材料。

13. 沙坪坝分公司提供的沙坪坝分公司与新立实业总公司签订的天然气供用合同和相关数据等80份合同及说明。

证明当事人上述分公司在消费者办理天然气开户时，对采用非自动表的非民用气用户，按照修正系数乘以实际用气量后的数据为结算气量的事实。

第五组

2008年1月至2010年6月，与非民用气用户签定的《天然气供用气合同》80份，证明当事人通过格式合同强制非民用气用户接受其实际结算用气量要按用户实际用气量乘以修正系数后的数据结算的依据及事实。

第六组

1. 重庆市计量质量检测研究院走访记录；

2. 重庆市山城燃气设备有限公司走访记录；

证明：当事人单方面制定的燃气修正数值不合法的事实。

第七组

1. 渝中分公司所辖工商户用气量统计表及相关说明；

2. 沙坪坝分公司所辖工商户用气量统计表及相关说明；

3. 南岸分公司所辖工商户用气量统计表及相关统计表；

4. 北碚分公司所辖工商户用气量统计表及相关说明；

5. 供气分公司所辖工商户用气量统计表；

6. 江北分公司所辖工商户用统计表；

7. 渝西分公司所辖工商户用统计表；

证明：当事人从2008年1月至2010年6月期间利用修正系数多收燃气气量的事实。

第八组

1. 对当事人法律事务室主任谭＊询问笔录 1 份（授当事人法定代表人委托）；

2. 对当事人计量管理室主任刘＊询问笔录 2 份；

3. 对当事人财务部副部长胡＊＊询问笔录 1 份；

4. 询问重庆燃气（集团）有限责任公司原计量管理室主任尹＊笔录和尹＊任职文件；

5. 当事人提供的《2010 年带修正量非居民客户收费汇总表》2 份；

6. 重庆市计量质量检测研究院 2014 年 4 月 22 日出具的复函；

7. 当事人 2007 年—2010 年天然气销售收入明细表、合并利润表、合并资产负债表等复印件。

证明：当事人涉本案的相关财务数据。

八、定性与处罚

本局依法于 2014 年 4 月 22 日向当事人送达了《重庆市工商行政管理局行政处罚听证告知书》，依法告知了当事人拟作出行政处罚的事实、理由、依据、处罚内容以及当事人依法享有陈述、申辩或举行听证的权利。当事人在规定期限内未向本局提出陈述、申辩意见，也未要求举行听证。

本局认为，当事人利用其在重庆主城的渝中区、沙坪坝区、南岸区、九龙坡区、大渡口区、北碚区、江北区等七个区域范围内城市天然气供应服务市场中具有的市场支配地位，在向天然气非民用气用户提供销售天然气服务过程中，对采用不带温度压力自动补偿装置的天然气计量仪表的用户，通过格式合同要求用户接受实际结算用气量按用户实际用气量乘以修正系数后的数据结算，其行为违反了《中华人民共和国反垄断法》第十七条第一款第五项"禁止具有市场支配地位的经营者从事下列滥用市场支配地位的行为（五）没有正当理由搭售商品或者在交易时附加不合理的交易条件"的规定。

在本次反垄断调查过程中，当事人具有以下三种情况，符合《中华人民共和国行政处罚法》第二十七条的规定，具有从轻处罚的情节。一、配合执法机构工作，使得调查工作顺利完成；二、2010 年在重庆地区由当事人供气的总户数为 2588152 户，而涉及修正系数的户数为所占比例为 0.6％，其范围相对不广；三、当事人于 2011 年 12 月 1 日向我局提交了《当事人关于计量仪表温度压力修正系数的整改报告》，及时整改并取消修正系数的做法，恢复工商客户计量仪表据实收费，具有主动改正违法行为的情节。

依照《中华人民共和国反垄断法》第四十七条第一款及《中华人民共和国行政处罚法》第二十七条的规定，本局决定对当事人从轻处罚如下：

1. 责令停止违法行为；

2. 处 2010 年度销售收入 1% 的罚款 1793588.55 元。

当事人应自收到处罚决定书之日起十五日内到工商银行（户名：重庆市财政局；开户行：中国工商银行上清寺分理处；账号：3100021709024932270）缴纳罚没款。逾期不缴纳，根据《中华人民共和国行政处罚法》第五十一条（一）项之规定，本局可以每日按罚没款数额的 3% 加处罚款。

当事人如不服本处罚决定，可自收到处罚决定书之日起六十日内，向国家工商行政管理总局申请复议，也可以在三个月内直接向人民法院提起诉讼。

重庆市工商行政管理局

二〇一四年四月二十八日

（本文发布于 2015 年 3 月）

互联网＋天然气销售的注意事项和合规要求

齐　强

目前,随着互联网和快递业兴起的同时,也带来了危险化学品邮寄交叉监管盲区,形成了较大的安全风险,各地也时有毒快递事件发生,管控互联网危化品安全已十分必要。在新形势下,为进一步加强对互联网危险物品信息的管理,规范危险物品从业单位信息发布行为,由公安部牵头,会同国家网信办、工信部、环保部、工商总局、安监总局联合制订的《互联网危险物品信息发布管理规定》(以下简称《规定》)开始执行。此前,福建、南京等省市已经展开专项行动,打击危险物品非法发布信息、买卖、快递等行为。

一、互联网天然气销售企业注意事项

(一)《规定》中规定

危险物品从业单位须在本单位网站网页显著位置标明单位、个人购买相关危险物品应当具备的资质、资格条件。(危险物品:枪支弹药、爆炸物品、剧毒化学品、危险化学品、放射性物品、核材料、管制刀具、弩等。)

1.危化品从业单位是:经安全生产监督管理部门核发《危险化学品安全生产许可证》《危险化学品经营许可证》《危险化学品安全使用许可证》的危险化学品生产、经营、使用单位;

2.危险物品从业单位应当标明:可供查询的互联网信息服务经营许可证编号或者备案编号、从事危险物品活动的合法资质和营业执照等材料。

注:各级公安、网信、工业和信息化、电信主管、环境保护、工商行政管理、安全监管等部门在各自的职责范围内加强并完善了对危险物品从业单位许可、登记备案、信息情况通报和信息发布机制的监管力度,同时加大了管理范围。

(二)《城镇燃气管理条例》规定

《城镇燃气管理条例》第十八条第(四)款规定:燃气经营者不得向未取得燃

气经营许可证的单位或者个人提供用于经营的燃气;同时《规定》中规定:单位、个人购买易爆危险化学品应当具备资质、资格条件。

注:在与其他单位或个人进行天然气销售行为时应加强对对方的资质、资格条件进行核实。相关购买天然气的单位或个人应当持有其中的证件或证明:

(1)安全生产监督管理部门核发的《危险化学品安全生产许可证》;

(2)工业和信息化部核发的《民用爆炸物品生产许可证》;

(3)设区的市级人民政府安全生产监督管理部门核发的《危险化学品经营许可证》;

(4)设区的市级人民政府安全生产监督管理部门核发的《危险化学品安全使用许可证》;

(5)本单位出具的合法用途证明。

二、互联网天然气销售企业的合规要求

(一)发布信息的主体

危险物品从业单位(危险物品生产、经营、使用单位以及相关教学、科研、社会团体、中介机构)。即取得《危险化学品经营许可证》或《危险化学品安全生产许可证》或《危险化学品安全使用许可证》的危险物品从业单位。

无关单位与个人,不得发布各类危险品信息。

任何单位与个人,不得发布危险物品制造方法信息。

(二)两大必须履行手续

1.电信主管部门

(1)申请办理互联网信息服务增值电信业务经营许可;

(2)办理非经营性互联网信息服务备案手续。

2.公安机关(进行网站安全检查)

按照《计算机信息网络国际联网安全保护管理办法》规定,持从事危险物品活动的合法资质材料到所在地县级以上人民政府公安机关接受网站安全检查。

(三)四大必须注意事项

1.在网站主页显著位置标明互联网信息服务经营许可证编号或者备案编号,合法资质与营业执照;

2.在网站显著网页位置标明单位、个人购买相关危险物品应具备的资质、

资格条件；

3.不得在本单位网站发布或者建立连接；

4.不得包含诱导非法购销内容。

(四)责任与义务必须履行

接入服务与网络服务提供商均有责任与义务对发布者资质、信息进行检验、审查。

(五)严重的后果

违法者断网、停机整顿、吊销许可证、取消备案、暂闭或直接关闭网站,并追究法律责任。

(本文发布于 2015 年 12 月)

从天津爆炸事故引发的邻避效应看LPG供应站的安全间距

陈新松

2015年"8·12"天津滨海特大爆炸事故发生以来,全国各个城市例如宁波慈溪、北京海淀、上海长宁、呼和浩特等地,纷纷出现了居民反映液化石油气供应站(以下简称"LPG供应站")距离民宅太近,安全间距不符合规定,要求供应站搬迁的新闻。社会出现这种"邻避效应"①也是人之常情,但这其中涉及的几个法律问题,值得研究探讨。

一、液化石油气是危险化学品吗? 适用危险化学品管理吗?

根据《危险化学品安全管理条例》(2002年1月国务院发布,2011年12月、2013年12月修订)第3条规定:本条例所称危险化学品,是指具有毒害、腐蚀、爆炸、燃烧、助燃等性质,对人体、设施、环境具有危害的剧毒化学品和其他化学品。结合国家安监总局发布的《危险化学品目录(2015版)》,可以确认液化石油气是危险化学品。

由于天津滨海特大爆炸事故的触目惊心,危险化学品的安全间距已通过各宣传媒介深入公众的脑海。浏览近期的各类媒介,也经常可以看到以危险化学品仓库的安全间距来质疑LPG供应站的位置。液化石油气虽然属于危险化学品,但用作燃气时不适用危险化学品管理,理由如下:

(一)《危险化学品安全管理条例》第97条规定:法律、行政法规对燃气的安全管理另有规定的,依照其规定。

---

①邻避效应(Not—In—My—Back—Yard,译为"邻避",意为"不要建在我家后院")指居民或当地单位因担心建设项目(如垃圾场、核电厂、殡仪馆等邻避设施)对身体健康、环境质量和资产价值等带来诸多负面影响,从而激发人们的嫌恶情结,滋生"不要建在我家后院"的心理,及采取的强烈和坚决的、有时高度情绪化的集体反对甚至抗争行为。社会存在邻避效应是人之常情的表现,是理性经济人与非理性社会人纠结的结果,应循理解决,不能简单、粗暴处理,也不能指望一夜之间解决。(摘自百度百科)

（二）《危险化学品经营许可证管理办法》第 2 条规定：民用爆炸物品、放射性物品、核能物质和城镇燃气的经营活动，不适用本办法。

（三）《城镇燃气管理条例》第 2 条规定：本条例所称燃气……包括天然气（含煤层气）、液化石油气和人工煤气等。

由此，我们确认：液化石油气虽然属于危险化学品，但不属于危险化学品管理的范畴，那些按照危险化学品管理要求来质疑 LPG 供应站的安全间距是不合适的。LPG 供应站的安全间距问题应该适用燃气相关法规和国家标准的要求。

二、燃气相关法规和标准对液化石油气供应站的安全间距如何规定？

《城镇燃气管理条例》第 18 条规定：燃气经营者不得有下列行为……在不具备安全条件的场所储存燃气。

《城镇燃气设计规范》（GB50028—2006）第 8 章 8.6 节"瓶装液化石油气供应站"对此做了详细的规定：

（一）瓶装液化石油气供应站应按其气瓶总容积分为三个级别，安全间距有要求的主要是前两个级别。气瓶总容积按实瓶个数和单瓶几何容积的乘积计算。值得注意的是，这里的气瓶计算的是实瓶，也就是装满气的钢瓶。

（二）根据供应站和气瓶总容积的不同得出不同的安全间距（m）：

气瓶总容积（m³） 项目	Ⅰ级站		Ⅱ级站	
	大于 10 小于 等于 20	大于 6 小于 等于 10	大于 3 小于 等于 6	大于 1 小于 等于 3
民用建筑	15	10	8	6
重要公共建筑、一类高层民用建筑	25	20	15	12

三、先有供应站后有居民区的情况下，处置责任主体是谁？

在媒体报道出来几个案例来看，很多都是先有 LPG 供应站，后来随着城市化的快速推进，供应站被陆续崛起的居民小区包围。那么对于这种情况，又该谁来处理呢？

如果是先有供应站而出现安全间距不足的情况，要么是政府规划部门把关不严，要么是建设单位为了利益而罔顾安全风险。

《中华人民共和国消防法》第 19 条规定：生产、储存、经营易燃易爆危险品的场所不得与居住场所设置在同一建筑物内,并应当与居住场所保持安全距离。

《中华人民共和国消防法》第 22 条规定:生产、储存、装卸易燃易爆危险品的工厂、仓库和专用车站、码头的设置,应当符合消防技术标准。易燃易爆气体和液体的充装站、供应站、调压站,应当设置在符合消防安全要求的位置,并符合防火防爆要求。

已经设置的生产、储存、装卸易燃易爆危险品的工厂、仓库和专用车站、码头,易燃易爆气体和液体的充装站、供应站、调压站,不再符合前款规定的,地方人民政府应当组织、协调有关部门、单位限期解决,消除安全隐患。

由此可见,对于先有 LPG 供应站后有居民小区的情况,符合《中华人民共和国消防法》第 22 条第二款的规定,地方政府有责任有义务在限期内解决,消除安全隐患。处理该问题的责任主体是地方政府。

如深圳市清水河油气库,这里在 1993 年发生过"清水河 8·5 大爆炸",导致 15 人死亡,100 多人受伤,被《中国特大事故警示录》收录。其油气库的搬迁问题,20 多年来都未彻底解决(8 月 27 日在天津事故影响下终于被彻底关停),主要还是政府部门的原因。应当由政府部门组织搬迁工作,并由财政承担相关的费用。

(本文发布于 2015 年 9 月)

LNG 移动加液车非法充装法律问题分析

叶　涛　　孟卓琳

一、案情简介

2014 年 3 月,接市民举报,称 S 市 G 区内某混凝土搅拌站内有天然气的加液车给混凝土搅拌车加气,存在安全隐患。S 市质监局执法人员先行检查未发现充装行为,S 市质监局经研究并与公安部门协商,确定了先行摸排移动加液车车辆信息、行驶路线,再行择机查处的方案。借助公安部门的技术监控等措施,初步确定了移动加液车产权单位、车辆号牌、行驶路线及加液行踪等信息。同年 4 月,S 市质监局执法人员会同公安,依照事前制定方案,依法对 S 市 Y 区内的 Y 公共交通有限公司(以下简称"Y 公交公司")进行执法检查。

检查发现,在该公司内,一辆 LNG 移动加液车正在为 Y 公交公司所属的液化天然气(LNG)公交车加注液化天然气。现场查明,该 LNG 移动加液车是在 LNG 低温液体运输车的基础上,将 LNG 加气站的流程及控制系统集成于汽车底盘上,罐内的液化天然气经管路、低温泵、加气枪等设备直接加注到公交车的 LNG 储气瓶中。检查现场执法人员同时分别对移动加液车驾驶员、充装人员及 Y 公交公司的负责人等进行调查,对充装记录、充装结算记录凭证等进行取证,固定证据。因涉嫌安全隐患,执法人员对移动加液车予以查封。

经调查:该移动加液车产权单位为 S 市下属县级市 Z 市的 ZJ 公司。使用单位为 Z 市的 XJ 公司,XJ 公司作为液化天然气的经营企业,以租赁的方式向 ZJ 公司租用该移动加液车,为前述被举报的混凝土搅拌站的混凝土搅拌车(隶属于 H 公司)及 Y 公交公司的 LNG 车辆常态化加注液化天然气。调查查明了违法充装行为的起止时间,违法充装的货值金额、违法所得等情况。

调查中,XJ 公司提出申辩,称其使用移动加液车运行成本巨大,为推动 S 市绿色交通的发展,XJ 公司在经营亏损的情况下仍对 Y 公交公司等单位进行 LNG 保障服务,为环保事业做出贡献。调查终结后,S 市质监局认定 XJ 公司的行为系未经许可擅自从事(车用)气瓶充装活动,违反了《中华人民共和国特种设备安全法》(以下简称《特种设备安全法》)第 49 条第 1 款之规定,并考虑 XJ 公司申辩理由,依据该法第 85 条第 2 款,依法给予 XJ 公司罚款等行政处罚,并移送公安部门追究刑事责任。

二、案件涉及法律问题分析

(一)定性

车用气瓶监管依据的法律规范和技术规范是《特种设备安全法》《气瓶安全监察规程》《气瓶安全监察规定》《车用气瓶安全技术监察规程》等。车用气瓶监管范围涉及到车用气瓶的设计、生产、使用、充装及检验等多个环节。在充装环节,要求车用气瓶充装单位(LNG 加气站)应经许可方可从事充装活动。

《特种设备安全法》第 49 条第 1 款规定:"气瓶充装单位,应当具备下列条件,并经负责特种设备安全监督管理的部门许可,方可从事充装活动……"2013年 9 月 11 日发布的《质检总局特种设备局关于设置卸液泵移动式压力容器等安全监察问题的通知》(质检特函〔2013〕50 号)中规定:"带泵罐车卸液地点必须是取得充装许可的场所或经当地政府及规划、住建、消防、安监等部门批准的区域。"国家能源局 2011 年 11 月 1 日实施的能源行业标准《液化天然气(LNG)汽车加气站设计与施工规范》(NB/1001—2011)6.9.1 中规定:" LNG 移动加注装置宜用于以下场所:a)应急保障;b)加气站维修或故障期;c)其他临时用途"等规定。

综上,从目前的相关法规和技术规范要求来看,移动式加液车只能在取得充装许可证的加气站使用或者其他应急抢修状态下使用。本案中 XJ 公司虽然取得车用气瓶的充装许可证(许可范围限于 S 市下属县级市 Z 市某 LNG 加气站内),其利用移动加液车在 Y 公交公司内(位于 S 市 Y 区,非 XJ 公司充装证载明的充装地址,Y 公交公司内亦无 LNG 加气站)常态化给 LNG 公交车充装液化天然气;XJ 公司以同样充装方式用于 LNG 混凝土搅拌车,违反了前述法律规范和技术规范,应定性为未经许可擅自从事气瓶充装活动,应依据《特种设备安全法》第 85 条第 2 款予以处罚。

(二)法条中"没收气瓶"条款的处理

车用气瓶作为特种设备的一种,多用在公共汽车、客运汽车、出租车、教练车等运输车辆上,具有承压、移动、承载易燃易爆介质的特性,有较大的危险性。

2011年国家标准《液化天然气(LNG)汽车加气站技术规范》的出台,加快了加气站的建设速度,推动了车用气瓶的数量的急剧增加,监管部门压力大增。

《特种设备安全法》第85条中要求"没收违法充装的气瓶",有出于安全防止不符合安全规范要求的气瓶投入使用的考虑。然本案中的公交汽车、客运汽车和重载卡车所用的以LNG为充装介质的低温绝热气瓶,大都在车辆出厂时即安装于车辆之上,作为车辆唯一能源储存系统成为车辆整体不可分割的一部分,尤其是在车用气瓶充装单位和气瓶所有人分离的情况下,执行"没收违法充装的气瓶"的处罚,似乎缺乏法理依据。

《特种设备安全法》延续了国务院行政法规《特种设备安全监察条例》中针对未经许可擅自充装气瓶行为罚则中"没收气瓶"的规定,但未明确对所充装车用气瓶是否没收,倒是质检总局的规章《气瓶安全监察规定》中明确了充装单位除自有产权气瓶外还允许充装车用气瓶,但对于非法充装的车用气瓶是否适用没收,限于立法权限等原因在规章中未做规定。特别是本案中车用气瓶均是经检验合格并且在检验的有效检验期内,将气瓶没收更是悖于常理。

笔者以为,《特种设备安全法》第85条契合了对常规充装液化石油气(LPG)气瓶的充装站的监管要求,因相关技术规范中要求该类充装站要充装自有产权气瓶,对充装站处理时没收其自有产权气瓶符合常理,但以此为基础的立法规定,似乎未考虑到本案中所体现的车用气瓶充装之情形,这尚需在后续的立法修改中加以完善,目前只能通过法律解释手段加以解决。因本案中车用气瓶的产权为Y公交公司以及H公司所有,无法通过处罚XJ公司的违法充装行为剥夺Y公司以及H公司的车用气瓶的所有权,故本案中对车用气瓶无法予以没收,该做法也不能视作对罚则条款的选择性处罚。

(三)违法所得的认定

关于特种设备案件中违法所得的计算,法律法规无明文规定,对"违法所得"的理解,存在较大争议。针对《特种设备安全法》第85条行政处罚案件中"违法所得"的认定,国家质检总局在2014年8月21日《关于〈中华人民共和国特种设备安全法〉"违法所得"计算请示答复意见的函》(质监法函〔2014〕64号,以下简称《复函》)中明确"计算违法所得,可以针对不同的违法事实,将当事人违法所获得的全部财物计为违法所得;或者将违法所获得全部财物扣除成本等应当扣除的部分计为违法所得。对当事人未经许可故意从事依法应当取得许可的活动的违法行为,可以将当事人违法所获得的全部财物计为违法所得。"

《复函》明确了质监系统行政处罚案件中违法所得的计算原则上采取全部财物说或者利润说的惯常做法,对于本案中未经许可擅自充装的违法行为,复函倾向于有条件认为全部财物说。但笔者认为,全部财物说的做法不能有效说服当事人,还可能引起不必要的行政争议。在实践中通常采取利润说,即通常将当事人从事违法行为所获得的利润认定为违法所得,但实践中存在合理成本如何界定的问题,极端情况下不排除当事人将各种成本纳入计算故意造成违法经营的利润为负的情形,行政机关若依此认定则没有违法所得。

笔者认为行政机关采信该种计算方法虽减轻了行政机关对违法所得证据认定的审查责任,避免了不必要的行政争议,但该做法将使"没收违法所得"的规定变成一纸空文,这有悖于法律明确的惩治违法行为的实质法治之精神,造成法律的实施效果会大打折扣。就本案而言,笔者倾向于将进气成本与税金作为合理成本,从货值金额中扣除来作为违法所得,然实践中执法部门对"合理成本"如何界定解释缺乏明确的法律依据,建议有关部门在该类案件的违法所得认定上细化解释,或由质检总局发布指导性案例供基层参考,做到违法所得的计算合法合理。

(四)是否构成非法经营罪的判断

《特种设备安全监察条例》第 80 条针对未经许可擅自从事气瓶充装的行为规定:"触犯刑律的,对负有责任的主管人员和其他直接责任人员依照刑法关于非法经营罪或者其他罪的规定,依法追究刑事责任。"《特种设备安全法》第 85 条针对同样违法行为的处罚条款中未见"触犯刑律的……"相关规定,而是在法律第 98 条中概括性规定为,"构成犯罪的,依法追究刑事责任。"有人据此认为本案中充装行为不构成犯罪。需要指出的是,是否构成犯罪,不能依据刑法中有无"构成犯罪的,依法追究刑事责任"等表述作为判定依据。

针对本案所涉及的非法经营罪,《中华人民共和国刑法》(以下简称《刑法》)第 225 条中规定,"违反国家规定,有下列非法经营行为之一,扰乱市场秩序,情节严重的,处五年以下……(四)其他严重扰乱市场秩序的非法经营行为。"从有关非法经营罪的系列司法解释看,非法经营罪司法解释所列各种行为并未包含本案移动加液车未经许可擅自充装的违法情形。那么问题在于,移动加液车非法充装是否属于《刑法》第 225 条第 4 项兜底条款所述情形。法条第 4 项"其他严重扰乱市场秩序的非法经营行为"本身具有不确定性,但其应与前三项已明确列举的行为具有相同的性质,这是体系解释中的同类解释原则的要求和应有之义。

从《刑法》第 225 条前三项看,非法经营罪中非法经营行为所针对的就是违反我国市场准入法律制度,未经许可擅自经营的行为,这是所有非法经营罪行为的共同本质属性。确定了这个大前提后我们来看本案的法律事实,出于安全考虑及产业布局需要,车用气瓶充装单位应当取得质监部门的行政许可才能从事充装活动,这在法律层面已经明确,应为"国家规定"无疑。

在法条中"情节严重"的判断上,2010 年 5 月 7 日最高人民检察院、公安部出台的《关于公安机关管辖的刑事案件立案追诉标准的规定(二)》第 79 条中针对非法经营案件明确,"违反国家规定,进行非法经营活动,扰乱市场秩序,涉嫌下列情形之一的,应予立案追诉:……"本案中当事人 XJ 公司无论是非法经营数额还是违法所得数额均已大大超过该解释中规定数额。

故笔者认为,基于上述《刑法》第 225 条客观构成要件及司法解释的分析,本案构成非法经营罪是能够成立的。诚然,从有关非法经营罪的司法解释看,非法经营罪兜底条款有逐步扩大的倾向,基于刑法谦抑性,要严格限制适用,这也造成非法经营罪的兜底条款理论上和实践中认定存在争议,实践中行政机关与公安机关对该行为是否构成非法经营罪结论未必一致。根据罪刑法定原则,是否构成犯罪,要由司法机关依据案件情况做具体判断。当然,行政执法机关仅是基于履职风险防范的角度将案件移送,亦无可厚非。

三、案件处理的政策考量

移动加液车非法充装的出现,有加气站建设不合理、审批时间长等多种原因,执法机关办理案件时应全面考虑到 LNG 新能源汽车产业政策因素对违法行为的影响,力求案件办理实现法律效果的同时,达到与社会效果、政治效果的统一。

(一)移动加液现象出现的原因

液化天然气(LNG)作为新一代汽车清洁化替代燃料,具有清洁高效、存储效率高、安全经济、价格低廉等特点而受到人们的青睐,是目前国际公认的最理想的车用替代清洁燃料之一。

笔者认为,移动加液现象出现有如下原因:

一是当前空气污染问题突出,政府在公共交通工具的配置上倾向于节能环保的 LNG 车辆,部分地方政府虽然对 LNG 公交车给予补贴,但未制定交通运

输相关发展规划以有效统筹加气站建设和天然气汽车发展,造成了加气站布局不合理、建站速度滞后,与 LNG 的充装需求脱节;

二是 LNG 充装站的投资建设成本高、建设用地等方面限制较多、审批程序复杂、审批周期长;

三是部分公交公司及 LNG 汽车所有权单位缺乏安全意识,从自身经济利益考虑,出于充装便利,将移动加液车作为常规充装手段弥补加气站的不足,节省时间、降低经济成本。

(二)案件处理要追求法律效果与社会效果的统一

在案件的查处中,因涉及对移动加液装置的查封等行政强制措施,处理不当,将会影响公交公司等 LNG 公交车辆的能源补充,甚至危及公共交通运营秩序。基于此,办案单位 S 市质监局做好应急预案并及时报告政府,取得支持。由政府出面协调 Y 公交公司、交通局、S 市质监局、LNG 供应单位等多个部门,召开会议确定 LNG 供应临时保障措施。办案单位 S 市质监局在查处后及时向政府作专题报告,就车用气瓶安全要求、LNG 加气站布局等事项提出合理建议,供政府决策参考。在实现案件办理法律效果同时,兼顾考虑政府的节能环保政策落实、对公共交通运营的影响等多种因素,通过协调各方利益,达到法律效果与社会效果的统一。

(本文发布于 2015 年 5 月)

第五章

设施产权

管道燃气初装费法律分析

卢建华

一、问题的提出

"管道燃气初装费"是一个争论不休的话题,近年来这一问题一次次被推到风口浪尖。

一是在一些城市取消煤气管网费的形势下,沈阳市逆势而上提高了煤气管网费的收费标准。据粗略统计,该市每年收取煤气管网费的数额近三亿元[①]。湖南省 2014 年《政府工作报告》提出新增天然气用户 15 万户年度目标,以该省管道燃气居民用户平均收费标准 1800 元/户计算,燃气企业今年可收初装费 2.7 亿元。从以上两例推算,每年全国此项收费在百亿元左右。

二是海南省委、省政府 2013 年开展为民办实事项目征集活动,网民们纷纷建议取消管道燃气初装费,但海南省物价局和燃气企业明确表示目前不会取消[②]。

三是山东省邹城市名仕豪庭小区业主就开发商违法收取天然气初装费进行集体维权。业主代表在网上发表公开信,自称"县级城市楼市地震级事件",并呼吁该市近 30 个小区联合行动。公开信称:国家和山东省早已取消与城市基础设施配套费重复征收的水、电、气、热、道路等专项配套费,而邹城市政府红头文件却仍规定征收专项配套费每平方米 70 元(其中供气为每平方米 16 元)。今年以来,邹城市信访局与业主代表进行了多次对话,但仍未达成共识(争议焦点是能否在配套费之外征收供气等专项配套费以及这些费用由谁负担)[③]。

四是福建晋江凯旋国际 11 名业主集体起诉开发商,请求法院确认双方签

[①] 张国强、霍仕明:《沈阳年违法收煤气管网费近三亿红头文件与法相悖》,《法制日报》2008 年 6 月 24 日。

[②] 孙婧:《海口:市民望取消燃气初装费? 燃气公司拒绝》,《国际旅游岛上报》2012 年 12 月 19 日。

[③] 《敬全国人民重大事件》,http://bbs.tianya.cn/post-free-4064165—1.shtml,天涯论坛网,2014 年 2 月 8 日访问。

订的《商品房买卖合同》附件关于"本合同不含管道燃气建设开户费"的约定无效,并判令退还燃气初装费 3000 元。该案被称为"晋江第一起公益集体诉讼案",福建晋贤律师事务所组成公益维权"律师团"免费为业主维权,2013 年 7 月以开发商退还燃气初装费、业主撤诉结案。[①]

五是广东省取消了沿袭 19 年的燃气初装费,但其后茂名又宣布实行两部制气价,对用户收费由原来的燃气初装费 1800 元/户上涨到容量气价 2575 元/户,被认为是"换汤不换药"[②]。此外,长沙、福州、武汉和北京大兴区等地因管道燃气初装费纠纷对簿公堂或投诉到物价部门的事件也时有发生。

鉴于各地"管道燃气初装费"纠纷频发,笔者拟对这一问题进行系统的法律分析,并将问题归纳如下:

1."管道燃气初装费"的法律性质和特点;

2.目前各地的主要收费模式;

3.各收费模式存在的法律问题;

4.依法解决问题的方案。

二、"管道燃气初装费"的法律性质及其特点

"管道燃气初装费"名义上一般认为是管道燃气供应设施的成本,是用户为享受管道燃气开通使用权利而承担的费用[③]。浙江、福建、湖北等地称为"管道燃气初装费"或"燃气管道初装费",湖南称为"管道燃气庭院管网设施建设费"(非居民用户)和"燃气庭院管网和室内管道安装费"(居民用户),海南省称为"入网费"和"入户安装费",广西南宁称为"容量气价和小区工程安装费",沈阳称为"煤气气源和管网建设费"。

"管道燃气初装费"有广义和狭义两种理解:广义上包括燃气企业收取的燃气管网建设费用和地方政府征收的城市基础设施配套费中的燃气管网建设费用;狭义上仅指燃气企业收取的管网建设费用。本文作广义理解,为表述方便,以下将其统称为"燃气初装费"。

---

①陈青松:《凯旋国际开发商退还燃气初装费? 11 名业主撤诉》,《晋江经济报》,2013 年 7 月 3 日。

②林福益:《燃气初装费,此地变了味》,《羊城晚报》2010 年 3 月 11 日。

③江建海,陈桂福:《浅析管道燃气建设配套费的改革》,《城市燃气》2007 年第 7 期,第 32 页。

(一)燃气初装费实质主要指主干管网建设费

根据各地物价部门文件,燃气企业收取的燃气初装费曾经包括气源、主干管网建设费和用户建筑规划红线范围内的庭院管网建设费以及用户计量表具的购买、安装、调试费用等。现行有效的物价部门文件一般不再包括气源费,并规定将庭院管网建设费计入房价(即间接承认庭院管网产权归用户),加之计量表具购买和安装后归用户所有,因此目前燃气初装费中无偿收取的一般只有主干管网建设费。对于将燃气初装费并入城市基础设施配套费征收的省市,从"城市基础设施"字面意思理解,该项收费也仅包括主干管网建设费。

(二)燃气初装费本质上属不平等的行政性强制收费而非普通民事性质的收费

根据平等、自愿、公平等民事法律基本原则,燃气企业不能要求用户支付主干管网建设费,或至少不能一次性提前支付。2002年建设部下发《关于加快市政公用行业市场化进程的意见》(建城〔2002〕272号)后,一些具有特殊背景的企业经过特许经营招投标程序,获取了城市管道燃气的特许经营权,并通过物价部门文件取得了燃气初装费收费权。

现实中,燃气企业均依据行政机关文件强制性收费,不少地方还将这项收费并入城市基础设施配套费征收,这也说明其本质上属行政性收费。

(三)燃气初装费是用于管网建设的集资性收费或行政事业性收费(政府非税收入)

1. 对于燃气企业收费情形,业内人士早已承认管道燃气初装费属集资性收费。2010年6月,武汉市管道煤气公司余姓科长接受记者采访表示:煤气管道没有政府投资,必须收取管网成本建设费,管网建设是"取之于民,用之于民";目前,管网建设每公里要投资200—300万元的费用,这些巨额费用属用户集资性质[1]。海南省发改委2008年11月也表示:截至2008年4月份,海口燃气企业共收取燃气初装费共21428万元,在海口铺设了近600公里的燃气管道[2]。

---

[1]梅礼成:《武汉消费者投诉:煤气管道初装费该不该收》,《中国消费者报》2006年3月18日。

[2]《海南省发改委:难以叫停燃气初装费将继续收费》,http://news.0898.net/2008/11/13/412089.html,人民网,2014年2月8日访问。

有人认为:用户交纳燃气初装费时,燃气企业已将气源和城市燃气管网等设施建好并已成为固定资产,因此燃气初装费不是集资建设款,也不是用于建设管道燃气设施的费用,用户因此不能拥有管道燃气设施的产权[①]。笔者认为这种观点是错误的:

其一,各地物价局文件明确规定燃气初装费包括了主干管网建设费;

其二,随着城市建设规模扩大,各城市燃气管网规模也不断扩大,设施建设从未停止,其主要建设资金来源无疑是源源不断的燃气初装费;

其三,多数燃气企业将业务从省会拓展到地市级和县级城市,这些城市管网建设资金的来源也是燃气初装费;

其四,归还早期管网建设银行贷款也离不开燃气初装费;

其五,一些地方通过立法规定燃气初装费专用于管网建设。如《福州市燃气管理办法》规定燃气初装费应"专项用于城市燃气事业建设"。

2. 对于政府收费情形,根据国家发改委(计委)、财政部有关文件规定,城市基础设施配套费属行政事业性收费或政府非税收入。

(四)燃气初装费是燃气企业通过行政垄断获取超额利润的重要手段

在企业收费模式下,燃气企业收取的主干管网建设费一般超过管网实际工程造价,在当时市场经济尚不够发达、融资手段有限的情况下,燃气初装费解决了管网的建设资金不足问题。然而,随着燃气用户规模的激剧扩张,燃气主干管网的新建规模和建设费用并未相应增加,此时企业所收取的初装费超过新建管网工程造价的部分就构成了超额利润。

同时,物价部门核定的庭院管网建设费收费标准一般也高于小区庭院管网实际工程造价,燃气企业无须实际施工即可通过工程转包获得高额利润。此外,对于收费内容基本相同、建设成本相近的燃气设施,各地初装费收费标准差异很大,从每户 800 元至 5000 元都有,一般为 2000 元至 4000 元,这也说明燃气初装费和管网建设成本没有直接关系[②]。

(五)燃气企业在企业收费模式下往往可以获得更高的利润

与政府收费模式相比,物价部门核定的企业收费不但包括主干管网建设费,

---

①谢文建,江金华:《城市管道燃气初装费的探讨》,《燃气与热力》,2005 年第 5 期,第 64 页。

②同上,第 65 页。

而且包括了庭院管网和用户计量表具的购买、安装、调试费用,其获取利润的途径更多。此外,企业收费标准一般由地方物价部门(包括地市级物价部门)制定,不会受到国家发改委(计委)、财政部有关文件以及行政事业性收费和非税收入方面的地方立法的约束,收费标准较高,政府对资金的使用和管理干预较少。

(六)目前燃气初装费一般由用户间接负担(已建成房屋加装管道燃气的除外)

近年来,一些地方宣布修改甚至废止燃气初装费收费文件,新闻媒体也多次报道停止征收燃气初装费的消息。然而绝大多数宣布停止收费的地方仅仅是调整了费用承担方式,即将初装费计入房价,由用户间接负担。对于已建成房屋加装管道燃气的,多数省市仍规定费用由用户直接承担。

三、目前各地燃气初装费的主要收费模式

经认真分析和研究,笔者认为目前各地燃气初装费的主要收费模式可分为三类:

(一)燃气企业普通收费模式,即燃气企业以回收管网建设成本名义收费

目前海南省、河北省、湖南省、湖北省等地采取这一模式,针对居民用户和非居民用户制定不同的收费政策。

在海南,"管道燃气初装费"由"入网费"和"入户安装费"组成。其中,入网费包括城市干、支管道至庭院埋地管道的所有工程、设备及安装费用;入户安装费包括设计监理、施工劳务、材料设备等成本费用及合理工程利润。如《海南省物价局关于万宁市管道天然气销售价格及有关问题的通知》(琼价管〔2013〕8号)规定:入网费居民用户1200元/户,工商业用户按其设计日用气量600元/立方米,机关及公益事业单位按其设计日用气量450元/立方米。入户安装费按海南省有关建设施工当期定额标准规定编制工程预算,经双方书面协议执行。

湖南省情况类似,根据《湖南省物价局关于规范我省非居民用户管道燃气庭院管网设施建设费的通知》(湘价消〔2008〕80号)规定,非居民用户收费包括主干管网设施建设费和入户工程管网设施建设费。其中:主干管网设施建设费按日最高用气量全省统一规范为工业用户每立方米200元,非营业性用户每立方米260元,营业性用户每立方米340元。根据《湖南省物价局关于规范居民

用户燃气庭院管网和室内管道安装费的通知》(湘价商〔2009〕91号)规定,居民用户收费包括庭院管网设施建设费以及计量表具购买、安装、调试费等,最高收费标准限定为1800元/户并计入房价。

(二)燃气企业"两部制气价"收费模式,即燃气企业收取"容量气价"和"小区工程安装费"等

早在2006年12月,广东省物价局就出台了《广东省物价局关于规范我省管道燃气价格管理的通知》(粤价〔2006〕297号),取消了燃气初装费,但同时规定各地可以根据当地的实际情况采用容量气价和计量气价相结合的两部制气价。随后的2008年6月,佛山市顺德区人民政府印发了《管道燃气两部制气价实施方案》(顺府办发〔2008〕64号),规定实施两部制气价,由管道燃气特许经营企业收取"容量气价"和"户内初始配套费"。

该文件规定:两部制气价由容量气价和计量气价两个部分组成。其中:容量气价用于对燃气企业投入固定资产成本的补偿,包括市政管网、生产性用房折旧费等;计量气价用于对燃气企业运营成本(期间费用)的补偿,包括气源价、市政管网和生产性用房以外的固定资产折旧费、经营费用、利润、税金等,即用户每月按计量基价和实际用量计付的燃气费。

2010年2月,佛山市顺德区人民政府新修订的《方案》规定:顺德区容量气价民用为1392元/户,民用之外由燃气企业按广东省规定的工程造价计算方式与用户商定;户内初始配套费为使用普通计量表的950元/户、使用IC卡智能计量表的1150元/户;容量气价和户内初始配套费两项收费合计2400元左右。

在广西南宁,根据《广西壮族自治区物价局关于西二线广西支线南宁中燃城市燃气发展有限公司管道天然气销售价格问题的批复》(桂价格函〔2013〕154号)的规定,从2013年6月1日起,南宁市管道天然气销售价格实行容量气价和计量气价两部制气价管理,其中容量气价为800元/户,小区工程安装费为1500元/户。新建设小区由南宁中燃城市燃气发展有限公司向开发商收取,计入开发建设成本。

(三)将燃气初装费并入城市基础设施配套费征收,采取这一模式的有北京、河南、福建、山东、陕西、大连等省市

早在1986年,国务院就批准北京市征收"四源"建设费(自来水、煤气、供热厂、污水处理厂建设费),并用这笔资金安排"四源"设施建设。经国务院批准的

《北京市人民政府关于在规划市区内征收城市基础设施"四源"建设费的暂行规定》(京政发〔1986〕131号)第6条规定:"建设单位缴纳'四源'建设费后,北京市有关市政部门应当在项目竣工时根据交费范围和协议提供相应的设施,但从城市市政干管接到建筑工程的支管仍由建设单位投资建设。"

2002年,北京市发展计划委出台《北京市征收城市基础设施建设费暂行办法》(京计投资字〔2002〕1792号),规定城市近郊区(包括东城、西城、崇文、宣武、朝阳、海淀、丰台、石景山区)内的建设项目,除特殊情形外,城市基础设施建设费征收标准为住宅160元/平方米、非住宅200元/平方米。

在河南省,2007年河南省第十届人民代表大会常务委员会批准的《郑州市燃气管理条例》(第二次修正)规定:从2007年10月1日起,取消燃气初装费,将其并入城市建设配套费征收。随后出台的《郑州市城市基础设施配套费征收管理办法》(郑政文〔2007〕170号)规定,城市配套费的征收标准按建设项目的建筑面积计征,每平方米170元;原市政公用设施配套费、市政公用设施增容费、城市绿化费及暖气、天然气入网费停止征收。

与郑州市类似,《大连市人民政府关于改革城市基础设施配套费征收管理办法的通知》(大政发〔2004〕83号)规定:将煤气气源增容费、供热设施建设集资、中小学校舍建设费等9项收费合并为城市基础设施配套费,按建筑面积每平方米200元征收。

四、各收费模式存在的法律问题

(一)燃气企业普通收费模式

此类收费一般包括:

(1)主干管网建设费;

(2)用户建筑规划红线范围内的管网建设费用,一般称为"庭院管网建设费";

(3)部分地方的收费还包括计量表具的购买、安装和调试等费用。

上述费用一般由燃气企业向开发商直接收取。其中,多数地方规定将新建房屋的燃气初装费计入房价。此类收费模式存在的法律问题较多,归纳起来,主要表现为以下几方面:

1. 违反了《中华人民共和国价格法》和省级政府定价目录

(1)燃气初装费从未列入政府定价目录,物价部门对其定价超越了法定职权。目前,我国政府定价目录包括中央和省两级。《中华人民共和国价格法》第19条第1款规定:"政府指导价、政府定价的定价权限和具体适用范围,以中央的和地方的定价目录为依据。"第3款规定:"省、自治区、直辖市人民政府以下各级地方人民政府不得制定定价目录。"燃气初装费从未列入中央或省的定价目录,因此各级物价部门无权制定政府指导价或政府定价。早在2006年4月,广东省物价局有关负责人在接受记者采访时表示:该局从来没有批准任何单位和任何个人以燃气初装费的名义收取任何费用,而且《广东省定价目录》中也不存在所谓的"管道燃气初装费"这个收费项目。当时广东各地收取的3000至5000元初装费都是各地物价局自定的①。2008年6月,沈阳市物价局物价审批管理办公室副主任栾仕和接受记者采访时也表示:自2003年《辽宁省定价目录》实行后,再向购房者收取煤气管网费就违法了②。

(2)燃气初装费包括材料款(商品)和劳务(服务),具有工程款性质,与单纯的商品或服务价格有着明显的区别,物价部门对其定价违反了《中华人民共和国价格法》有关规定,该法第18条规定:"政府定价的对象限于商品或服务价格。"此外,湖南、山东、江苏、陕西等多数省市建设工程造价管理方面的地方立法规定:建设工程造价属《中华人民共和国合同法》范围,不属政府定价范围,应由建设单位和承包单位通过合同协商约定。如《湖南省建设工程造价管理办法》(省人民政府令第192号)第5条规定:"建设工程造价中的建筑安装工程费用、设备及工器具购置费、勘察设计费、工程监理费、中介机构咨询费等,由建设单位和承包单位在合同中约定。"

(3)燃气计量表和燃烧器具等商品价格属市场调节价,未纳入政府定价目录,物价部门无权定价。

(4)即使物价部门未超越职权,其在未举行听证会情况下制定燃气初装费收费政策和收费标准属程序违法。《中华人民共和国价格法》第23条规定:"制定关系群众切身利益的公用事业价格、公益性服务价格、自然垄断经营的商品价格等政府指导价、政府定价,应当建立听证会制度。"《政府制定价格听证办法》(国家发改委令第2号)第3条规定:"制定关系群众切身利益的公用事业价

---

① 商祺、王海军:《燃气初装费必须退还》,《南方都市报》2006年4月12日。
② 张国强、霍仕明:《沈阳年违法收煤气管网费近三亿红头文件与法相悖》,《法制日报》2008年6月24日。

格、公益性服务价格和自然垄断经营的商品价格等政府指导价、政府定价,应当实行定价听证。"初装费政策在法律上没有依据,出于担心公众反对的考虑,各地物价部门在政策出台过程中大多未举行听证会。

2. 违反《中华人民共和国建筑法》《中华人民共和国反垄断法》等法律、法规

此类收费方式同时也违反了《中华人民共和国建筑法》第16条、《中华人民共和国反垄断法》第17条以及国家计委、财政部《关于全面整顿住房建设收费取消部分收费项目的通知》(计价格〔2001〕585号)第5条的规定。

国家计委、财政部《关于全面整顿住房建设收费取消部分收费项目的通知》第5条规定:"规范垄断企业价格行为。对住房开发建设过程中,经营燃气、自来水、电力、电话、有线或光缆电视(简称'两管三线')等垄断企业的价格行为进行全面整顿。'两管三线'安装工程要打破垄断,引入竞争,由房地产开发企业向社会公开招标,自主选择有相应资质的企业承担安装工程;所需设备材料由承担安装工程的单位自主或委托中介组织采购。省级价格主管部门应加强对'两管三线'材料费、安装工程费等相关价格的管理,规范垄断企业价格行为。严厉查处垄断企业强制推销商品和服务及强制收费的价格违法行为。"《中华人民共和国建筑法》第16条规定:"建筑工程发包与承包的招标投标活动,应当遵循公开、公正、平等竞争的原则,择优选择承包单位。建筑工程的招标投标,本法没有规定的,适用有关招标投标法律的规定。"《中华人民共和国反垄断法》第17条规定:"禁止具有市场支配地位的经营者从事下列滥用市场支配地位的行为……(四)没有正当理由,限定交易相对人只能与其进行交易或者只能与其指定的经营者进行交易;(五)没有正当理由搭售商品,或者在交易时附加其他不合理的交易条件……"原建设部《城市燃气管理办法》第9条规定:"住宅小区内的燃气工程施工可以由负责小区施工的具有相应资质的单位承担。"根据前述相关规定,建筑规划红线范围内的庭院管网建设应由建设方或者用户依法自主选择施工单位。目前,多数地方的物价部门规定由燃气企业强制收取庭院管网建设费以及计量表具的购买和安装费用,剥夺了建设方或者用户依法自主选择施工单位、自主选择购买计量表具的权利。

3. 违反了《中华人民共和国物权法》等法律、法规

物价部门在没有任何上位法律依据的情况下以红头文件规定用户承担主干管网建设费,违反了《中华人民共和国物权法》第39条和《国务院关于加强法治政府建设的意见》(国发〔2010〕33号)第9条的规定。

(1)如前所述,在企业收费模式下,管道燃气初装费属用户集资性质。根据"谁投资、谁所有"的原则,用户应当依法拥有或者部分拥有包括主干管网在内的燃气设施的所有权。《中华人民共和国物权法》第39条规定:"所有权人对自己的不动产或者动产,依法享有占有、使用、收益和处分的权利。"但事实上各地用户对包括主干管网在内的燃气设施从未享有占有、使用、收益和处分的权利,燃气企业也从未支付包括主干管网在内的燃气设施的使用费或进行收益"分红"。

(2)根据《国务院关于加强法治政府建设的意见》第9条规定:"各类规范性文件不得设定行政许可、行政处罚、行政强制等事项,不得违法增加公民、法人和其他组织的义务。"地方物价部门在没有法律依据的情况下,用红头文件规定用户承担主干管网建设费,属违法"增加公民、法人和其他组织义务"。

4.违反了《中华人民共和国合同法》和《中华人民共和国消费者权益保护法》有关规定

《中华人民共和国合同法》第39条规定:采用格式条款订立合同的,提供格式条款的一方应当遵循公平原则确定当事人之间的权利和义务。《中华人民共和国消费者权益保护法》第10条规定:消费者享有公平交易的权利;消费者在购买商品或者接受服务时,有权获得价格合理等公平交易条件,有权拒绝经营者的强制交易行为。燃气供应是天然垄断的行业,管道燃气初装费,特别是其中的主干管网建设费是燃气企业单方面要求消费者承担的,消费者只能接受,否则只能选择不安装,这显然是强加给消费者的"霸王条款"。此外,在市场经济条件下,商家提供给用户的应该是可以消费的成品,而不是让消费者替商家承担制造成品的任务。

(二)"两部制气价"收费模式

此类收费模式与普通收费模式的实质基本相同。其中"容量气价"基本相当于主干管网建设费,"户内初始配套费"或"小区工程安装费"相当于庭院管网建设费,且这两项之和与一些地方燃气初装费数额也大致相当,可谓"换汤不换药"。因此,两种收费模式法律性质上没有根本区别,存在的法律问题也基本相同。

(三)纳入城市基础设施建设配套费的收费模式

此类收费模式下收取的费用属行政事业性收费或政府非税收入,国家在收费项目设立、收费标准制定和资金收支管理方面都有着严格规定,地方政府的操作空间相对较小。

1.此类收费项目设立、标准审批和资金管理方面的规定。

根据国务院《关于加强预算外资金管理的决定》(国发〔1996〕29号)规定:行政事业性收费严格执行中央、省两级审批的管理制度。财政部《关于加强政府非税收入管理的通知》(财综〔2004〕53号)规定:严禁各地区、各部门越权审批行政事业性收费和政府性基金项目、扩大征收范围、提高征收标准,禁止以行政事业性收费的名义变相批准征收政府性基金,严禁未经财政部和省、自治区、直辖市财政部门会同同级价格主管部门批准擅自将行政事业性收费转为经营服务性收费或者将行政事业性收费作为经营服务性收费进行审批,不得将国家明令取消的行政事业性收费、政府性基金转为经营服务性收费继续收取;政府非税收入纳入财政预算,实行"收支两条线"管理。国家发改委、财政部《行政事业性收费标准管理暂行办法》(发改价格〔2006〕532号)第4条规定:收费标准实行中央和省两级审批制度,国务院和省、自治区、直辖市人民政府的价格、财政部门按照规定权限审批收费标准。《财政票据管理办法》(财政部令第70号)对财政票据的领购与发放、使用与保管作了严格规定。此外,各省出台的《行政事业性收费条例》《非税收入条例》对行政事业性收费项目的设立、收费标准审批和资金管理也作了严格规定。

2.此类收费存在的法律问题。

总体上,此类收费模式比第一、二类收费模式相对规范,但现实中也存在不少问题:

(1)在国家层面我国尚未就城市基础设施配套费进行立法或制定规范性文件。有关费用征管方面的规定仅散见于国务院和国家发改委(计委)、财政部的几个文件中,导致各地纳入配套费的项目和收费标准差别较大,收费标准一般为每平方米160元到200元。

(2)一些地市级政府甚至县级政府超越职权制定配套费政策和收费标准。2006年4月,福州市正祥滨江假日小区业主向福建省人大十届三次会议递交《关于取缔福州新建小区管道燃气初装费的建议》,认为该市燃气初装费不合法:福州市收取燃气初装费的依据是地方立法《福州市燃气管理办法》的相关规定,属地方设定的行政事业性收费项目(使用行政事业性收费票据),但是该收费标准未按规定报省级财政、物价部门审批并报国家发改委、财政部备案①。

---

① 张文章:《管道燃气初装费该不该收》,《中国消费者报》2006年4月19日。

(3)有些地方配套费尚未全部整合并由专门机构统一征收。国家计委、财政部《关于全面整顿住房建设收费取消部分收费项目的通知》(计价格〔2001〕585号)第3条规定:"凡在《国家计委、财政部关于取消部分建设项目收费进一步加强建设项目收费管理的通知》(计价费〔1996〕2922号)颁布前,已按规定的审批权限批准征收城市基础设施配套费及其他专项配套费的,由省级财政、价格主管部门对各类专项配套费进行整顿,将其统一归并为城市基础设施配套费;取消与城市基础设施配套费重复收取的水、电、气、热、道路以及其他各种名目的专项配套费。统一归并后的城市基础设施配套费,由省级价格、财政部门根据近年来公用事业价格改革和调整情况,按照从严控制、逐步核减的原则重新核定收费标准。凡是未按规定审批权限批准征收的城市基础设施配套费或其他各类专项配套费,以及计价费〔1996〕2922号文件颁布后,地方各级人民政府或有关部门出台的城市基础设施配套费或其他专项配套费,一律取消。"然而,目前一些地方在配套费之外另单独收取燃气等专项配套费,导致开发商转移负担,在房价外重复向用户收费。如山东邹城市人民政府红头文件规定征收专项配套费每平方米70元,引发了群体性事件。

(4)有些地方随意减免配套费。如重庆市配套费减免已成为地方政府招商引资的一个法宝,这种情况往往会形成恶性竞争①。

值得指出的是,在征收城市建设配套费模式下,政府一般只负责燃气主干管网的建设费用,因庭院管网建设费用负担问题而产生的争议仍时有发生。

五、解决问题的对策

如前所述,企业收费模式存在较多法律问题,应当尽快停止执行。目前完全取消燃气初装费条件尚不成熟,解决燃气初装费问题较为现实的途径是将初装费并入地方政府城市基础设施配套费征收并完善相关征管制度;燃气企业新建主干管网设施的,由政府按工程造价给予相应补偿,也可将主干管网作为城市基础设施的一部分由市政部门通过招投标程序选择具有资质的企业施工(工程款均从配套费开支);在主干管网设施建设基本饱和、补偿金每年支出较少的地方逐步取消本项收费,并将有关成本和费用计入气价。

---

① 吴婷婷:《城市配套费盼立法规范》,《公民导刊》2007年第11期,第25页。

(一)企业收费模式不符合我国相关法律制度和法律体系

1.在我国实行城市基础设施配套费制度的大背景下,国外实行两部制气价的经验不能成为我国选择性与国际接轨、复制两部制气价政策的理由。

有人认为,美国、日本、韩国都经历从收取初装费到降低初装费、到通过管道燃气服务的合理定价取代初装费和回收成本的过程,其中美国采用的是"两部制定价方式",日本主要采用成本加成,韩国则采取安装费加月基本费用及合理定价模式,并建议对于气化率超过70%以上的城市逐步实施两部制气价定价模式①。笔者认为,与一些西方国家不同,我国自20世纪80至90年代就逐步形成了完整的城市基础设施配套费征收制度,涵盖了水、电、气、热等城市基础配套设施建设的各方面,该制度短期内不可能取消,目前在配套费之外收取容量费气价可能会导致用户重复负担主干管网建设费用,因此国外实行两部制气价的经验不能成为我国与国际价格接轨、复制两部制气价政策的理由。

2.企业收费两种模式缺乏国家层面的顶层法律制度设计,收费的违法性和混乱无法避免。

(1)各地收费项目和收费标准差别很大,很多省级甚至市县级物价部门在未举行听证会的情况下滥用职权随意设定收费项目和标准,收费一般作为经营性、服务性收费由企业自主支配,导致资金管理混乱甚至被侵占、挪用。

(2)虽然主干管网建设资金主要来源为初装费,但燃气企业多为民营企业或民营控股企业,目前难以理清交纳了初装费的用户是否可以获得主干管网产权。

3.城市基础设施配套费模式已有完整成熟的征收制度。

(1)我国早在20世纪90年代就已经形成了成熟的配套费征收制度,国家计委(发改委)、财政部和地方政府陆续出台了配套费征收政策以及配套费管理制度,在征收范围、标准、程序以及资金的使用和管理方面作出了较为严密的规定。

(2)燃气管网设施建设与水电设施、道路等的建设基本类似,将燃气初装费并入配套费可以借鉴水电设施、道路建设等配套费征管的成熟做法和经验。

(3)将燃气管网设施建设排除在配套费征收制度体系之外单独创设燃气企

---

①王晋:《关于管道燃气初装费与价格机制问题的探讨》,《城市燃气》2007年第4期,第27页。

业收费制度,既无必要又容易导致燃气企业利用物价等行政机关权力进行寻租,进而形成行政垄断和腐败。

(4)在燃气企业建设主干管网的情况下,地方政府按规定拨付相应补偿资金后可按投入资金的比例依法获得主干管网的相应产权,并由国有资产管理部门或燃气企业中的国有股东代替行使相关权益。

(5)在政府取得主干管网产权的情况下,可以引入其他燃气企业竞争经营,破除行业垄断。

(6)北京、河南、福建、山东、陕西等地在实行政府配套费征收模式方面已积累了不少成功经验。

4. 目前我国尚不具备完全取消燃气初装费的条件。

近年来,国家投入巨资建设西气东输、川气出川等项目,下游配套的城市管道燃气项目也因此飞速发展。目前,各地燃气经营企业主要是民营或民营参股企业,在政府尚不能提供全部城市主干管网建设这种准公共物品的情况下,如果完全取消燃气初装费,则企业通过市场手段可能无力负担管网建设的巨额费用。另一方面,如果将管网建设成本全部摊入气价,则气价会出现大幅度上涨,削弱管道燃气对于瓶装 LPG 的价格优势并导致用户放弃使用,管道燃气的发展可能会出现倒退,对"两型社会"建设造成不利影响[①]。

(二)规范完善城市基础设施配套费征管政策的设想

1. 由国务院制定行政法规或由国家发改委、财政部联合制定配套费征管方面的专门规范性文件。主要内容应包括:明确征收机构、征收对象、纳入的项目、使用范围以及减免条件和程序;各城市征收标准必须由省级物价、财政部门依法举行听证会后联合制定和公布;配套费严格实行非税收入"收支两条线"管理。

2. 严格配套费的开支和使用。无论是燃气企业新建主干管网,还是市政部门通过招投标程序选择具有资质的施工企业建设主干管网,均应从严核定和拨付工程款。

3. 明晰主干管网的产权。燃气配套费对燃气企业的投入,形成的固定资产应归城市全民所有;政府对燃气企业的产权控制是通过其企业产权所有者身份

[①] 江建海、陈桂福:《浅析管道燃气建设配套费的改革》,《城市燃气》2007 年第 7 期,第 32 页。

实现的,这就导致了燃气企业产权结构的变化。因此,在明确使用配套费建设的管网设施的产权全民所有的同时,由国有资产管理部门或燃气企业中的国有股东行使相关权益。无论是原来的燃气企业还是新加入的燃气企业,均可依法使用这些管网设施并支付相应的使用费,并负责使用过程中管网设施的维修。

4.打破燃气企业对用户建筑规划红线范围内庭院管网建设的垄断。废止各地物价部门关于统一由燃气企业按相关标准强制性收取庭院管网建设费的规定,引入市场竞争机制,降低工程款,凡具有相关资质的企业均可通过招投标程序参与建设施工,工程款由双方通过合同约定并计入房价。

5.在条件成熟的地方逐步取消本项收费。坚持信息公开制度,每年年终依法公开配套费财务情况包括燃气配套费的收支情况,在主干管网设施建设基本饱和、补偿金每年支出较少的地方取消本项收费,并将有关成本和费用计入气价。

(本文发布于 2015 年 12 月)

燃气行业特种设备法律法规、标准规范检索

伍荣璋　彭知军

　　根据笔者整理以下是我国燃气行业特种设备法律法规体系,包括法律、行政法规、部门规章、安全技术规范(安全规范)和相关标准:

序	类别	颁布部门	名称	文号/标准号	颁布日期	实施日期
1	法律	全国人民代表大会常务委员会	中华人民共和国安全生产法	2002 年 6 月 29 日,中华人民共和国主席令第 70 号	2014 年 8 月 31 日第十二届全国人民代表大会常务委员会第十次会议通过全国人民代表大会常务委员会关于修改《中华人民共和国安全生产法》的决定	2014 年 12 月 1 日
2	法律	全国人民代表大会常务委员会	中华人民共和国特种设备安全法	2013 年 6 月 29 日,中华人民共和国主席令第 4 号	2013 年 6 月 29 日十二届全国人民代表大会常务委员会第三次会议通过	2014 年 1 月 1 日
3	法律	全国人民代表大会常务委员会	中华人民共和国行政许可法	2003 年 8 月 27 日,中华人民共和国主席令第 7 号	2003 年 8 月 27 日经十届全国人大常委会第四次会议通过	2004 年 7 月 1 日
4	法律	全国人民代表大会常务委员会	中华人民共和国产品质量法	1993 年 2 月 22 日,中华人民共和国主席令第 33 号	2000 年 7 月 8 日第九届全国人民代表大会常务委员会第十六次会议《关于修改〈中华人民共和国产品质量法〉的决定》	2000 年 9 月 1 日
5	法律	全国人民代表大会常务委员会	中华人民共和国节约能源法	1997 年 11 月 1 日中华人民共和国主席令第 90 号	2007 年 10 月 28 日,十届全国人大常委会审议并通过修订了《中华人民共和国节约能源法》	2008 年 4 月 1 日

（续表）

序	类别	颁布部门	名称	文号/标准号	颁布日期	实施日期
6	法律	全国人民代表大会常务委员会	中华人民共和国行政处罚法	2009 年 8 月 27 日中华人民共和国主席令第 18 号	2009 年 8 月 27 日第十一届全国人民代表大会常务委员会第十次会议通过	2009 年 8 月 27 日
7	法律	全国人民代表大会常务委员会	中华人民共和国突发事件应对法	中华人民共和国主席令第 69 号	2007 年 8 月 30 日第十届全国人民代表大会常务委员会第二十九次会议通过	2007 年 11 月 1 日
8	法律	全国人民代表大会常务委员会	中华人民共和国进出口商品检验法	1989 年 2 月 21 日国家主席第 14 号令	2013 年 6 月 29 日第十二届全国人民代表大会常务委员会第三次会议通过)修订	2013 年 6 月 29 日
9	/	国家质量监督检验检疫总局	特种设备特大事故应急预案	国质检特（2005)206 号	2005 年 6 月 30 日	2005 年 6 月 30 日
10	/	国务院	国家安全生产事故灾难应急预案	/	2006 年 1 月 22 日	2006 年 1 月 22 日
11	法规	国务院	国家突发公共事件总体应急预案	2005 年 1 月 26 日,国务院第 79 次常务会议	2006 年 1 月 8 日	2006 年 1 月 8 日
12	法规	国务院	安全生产事故报告和调查处理条例	国务院令第 493 号	2007 年 4 月 9 日	2007 年 6 月 1 日
13	法规	国务院	特种设备安全监察条例	国务院令第 549 号	2009 年 1 月 14 日	2009 年 5 月 1 日
14	部门规章	国家质量监督检验检疫总局	特种设备作业人员监督管理办法	国家质量监督检验检疫总局第 140 号令	2011 年 5 月 3 日	2011 年 7 月 1 日
15	部门规章	国家质量监督检验检疫总局	特种设备事故报告和调查处理规定	国家质量监督检验检疫总局第 115 号令	2009 年 7 月 3 日	2009 年 7 月 3 日

（续表）

序	类别	颁布部门	名称	文号/标准号	颁布日期	实施日期
16	部门规章	国家质量监督检验检疫总局	气瓶安全监察规定	国家质量监督检验检疫总局第46号令	2003年4月24日	2003年6月1日
17	部门规章	国家质量监督检验检疫总局	特种设备质量监督与安全监察规定	国家质量监督检验检疫总局第13号令	2000年6月29日	2000年10月1日
18	安全规范	国家质量监督检验检疫总局	锅炉使用管理规则	TSG G5004—2014	2014年9月5日	2015年1月1日
19	安全规范	国家质量监督检验检疫总局	气瓶安全技术监察规程	TSG R0006—2014	2014年9月5日	2015年1月1日
20	安全规范	国家质量监督检验检疫总局	压力容器使用管理规则	TSG R5002—2013	2013年1月16日	2013年5月13日
21	安全规范	国家质量监督检验检疫总局	压力容器定期检验规则	TSG R7001—2013	2013年1月16日	2013年5月13日
22	安全规范	国家质量监督检验检疫总局	压力管道元件制造监督检验规则	TSG D7001—2013	2013年1月16日	2013年5月13日
23	安全规范	国家质量监督检验检疫总局	特种设备作业人员考核规则	TSG Z6001—2013	2013年1月16日	2013年5月13日
24	安全规范	国家质量监督检验检疫总局	特种设备无损检测人员考核规则	TSG Z8001—2013	2013年1月16日	2013年5月13日
25	安全规范	国家质量监督检验检疫总局	特种设备检验人员考核规则	TSG Z8002—2013	2013年1月16日	2013年5月13日
26	安全规范	国家质量监督检验检疫总局	移动式压力容器安全技术监察规程	TSG R0005—2011	2011年11月15日	2012年6月1日
27	安全规范	国家质量监督检验检疫总局	移动式压力容器充装许可规则	TSG R4002—2011	2011年5月10日	2011年10月18日

（续表）

序	类别	颁布部门	名称	文号/标准号	颁布日期	实施日期
28	安全规范	国家质量监督检验检疫总局	压力容器安全管理人员和操作人员考核大纲	TSG R6001—2011	2011 年 5 月 10 日	2011 年 10 月 18 日
29	安全规范	国家质量监督检验检疫总局	特种设备型式试验机构核准规则	TSG Z7004—2011	2011 年 5 月 10 日	2011 年 10 月 18 日
30	安全规范	国家质量监督检验检疫总局	气瓶制造监督检验规则	TSG R7003—2011	2011 年 5 月 10 日	2011 年 10 月 18 日
31	安全规范	国家质量监督检验检疫总局	爆破片装置安全技术监察规程	TSG ZF003—2011	2011 年 5 月 10 日	2011 年 10 月 18 日
32	安全规范	国家质量监督检验检疫总局	特种设备焊接操作人员考核细则	TSG Z6002—2010	2010 年 3 月 4 日	2011 年 3 月 14 日
33	安全规范	国家质量监督检验检疫总局	固定式压力容器安全技术监察规程	TSG R0004—2009	2009 年 8 月 31 日	2011 年 3 月 14 日
34	安全规范	国家质量监督检验检疫总局	压力管道定期检验规则－长输（油气）管道	TSG D7004—2010	2010 年 8 月 30 日	2010 年 10 月 27 日
35	安全规范	国家质量监督检验检疫总局	压力管道定期检验规则－公用管道	TSG D7004—2010	2010 年 8 月 30 日	2010 年 10 月 27 日
36	安全规范	国家质量监督检验检疫总局	压力管道元件制造许可规则	TSG D2001—2006	2006 年 10 月 27 日	2007 年 2 月 13 日
37	安全规范	国家质量监督检验检疫总局	压力管道使用登记管理规则	TSG D5001—2009	2009 年 8 月 31 日	2010 年 6 月 8 日
38	安全规范	国家质量监督检验检疫总局	特种设备信息化工作管理规则	TSG Z0002—2009	2009 年 8 月 31 日	2010 年 6 月 8 日

（续表）

序	类别	颁布部门	名称	文号/标准号	颁布日期	实施日期
39	安全规范	国家质量监督检验检疫总局	特种设备事故调查处理导则	TSG Z0006—2009	2009年8月31日	2010年6月8日
40	安全规范	国家质量监督检验检疫总局	特种设备安全技术规范制造程序导则	TSG Z0001—2009	2009年8月31日	2010年6月8日
41	安全规范	国家质量监督检验检疫总局	气瓶附件安全技术监察规程	TSG RF001—2009	2009年8月31日	2010年6月8日
42	安全规范	国家质量监督检验检疫总局	固定式压力容器安全技术监察规程	TSG R0004—2009	2009年8月31日	2010年6月8日
43	安全规范	国家质量监督检验检疫总局	气瓶型式试验规则	TSG R7002—2009	2009年5月8日	2009年8月24日
44	安全规范	国家质量监督检验检疫总局	车用气瓶安全技术监察规程	TSG R0009—2009	2009年5月8日	2009年8月24日
45	安全规范	国家质量监督检验检疫总局	压力管道安装许可规则	TSG D3001—2009	2009年5月8日	2009年8月24日
46	安全规范	国家质量监督检验检疫总局	压力管道安全技术监察规程－工业管道	TSG D0001—2009	2009年5月8日	2009年8月24日
47	安全规范	国家质量监督检验检疫总局	压力管道元件型式试验规则	TSG D7002—2006	2006年10月27日	2008年6月27日
48	安全规范	国家质量监督检验检疫总局	压力容器安全管理人员和操作人员考核大纲	TSG R6001—2011	2011年5月10日	2011年10月18日
49	安全规范	国家质量监督检验检疫总局	压力容器压力管道设计许可规则	TSG R1001—2008	2008年1月8日	2008年6月26日

（续表）

序	类别	颁布部门	名称	文号/标准号	颁布日期	实施日期
50	安全规范	国家质量监督检验检疫总局	燃油（气）燃烧器安全技术规则	TSG ZB001—2008	2008年1月8日	2008年6月26日
51	安全规范	国家质量监督检验检疫总局	燃油（气）燃烧器型式试验规则	TSG ZB002—2008	2008年1月8日	2008年6月26日
52	安全规范	国家质量监督检验检疫总局	简单压力容器安全技术监察规程	TSG R0003—2007	2007年1月24日	2007年12月6日
53	安全规范	国家质量监督检验检疫总局	压力管道元件制造监督检验规则〔埋弧焊钢管与聚乙烯管	TSG D7001—2005	2005年11月18日	2006年10月26日
54	安全规范	国家质量监督检验检疫总局	气瓶充装人员考核大纲	TSG R6004—2006	2006年4月19日	2006年10月26日
55	安全规范	国家质量监督检验检疫总局	压力容器压力管道带压密封作业人员考核大纲	TSG R6003—2006	2006年4月19日	2006年10月26日
56	安全规范	国家质量监督检验检疫总局	气瓶使用登记管理规则	TSG R5001—2005	2005年9月16日	2006年10月26日
57	安全规范	国家质量监督检验检疫总局	气瓶充装许可规则	TSG R4001—2006	2006年6月21日	2006年10月26日
58	安全规范	国家质量监督检验检疫总局	压力容器安装改造维修许可规则	TSG R3001—2006	2006年6月21日	2006年10月26日
59	安全规范	国家质量监督检验检疫总局	气瓶设计文件鉴定规则	TSG R1003—2006	2006年6月21日	2006年10月26日
60	安全规范	国家质量监督检验检疫总局	超高压容器安全技术监察规程	TSG R0002—2005	2005年11月8日	2006年10月26日

（续表）

序	类别	颁布部门	名称	文号/标准号	颁布日期	实施日期
61	安全规范	国家质量监督检验检疫总局	非金属压力容器安全技术监察规程	TSG R0001—2004	2004年6月28日	2006年10月26日
62	安全规范	国家质量监督检验检疫总局	燃气用聚乙烯管道焊接技术规则	TSG D2002—2006	2006年10月27日	2007年2月13日
63	安全规范	国家质量监督检验检疫总局	压力管道元件制造许可规则	TSG D2001—2006	2006年10月27日	2007年2月13日
64	安全规范	国家质量监督检验检疫总局	安全阀安全技术监察规程	TSG ZF001—2006	2009年5月27日	2009年8月1日
65	安全规范	国家质量监督检验检疫总局	安全阀维修人员考核大纲	TSG ZF002—2005	2005年11月8日	2006年10月26日
66	标准	质检总局、国家标准化管理委员会	液化石油气瓶阀	GB7512—2006	2006年7月19日	2007年2月1日
67	标准	质检总局、国家标准化管理委员会	液化石油气钢瓶	GB5842—2006	2006年7月19日	2007年2月1日
68	标准	发改委	液化气体运输车	GBT 19905—2005	2005年9月14日	2006年4月1日
69	标准	发改委	压缩机用安全阀	JBT 6441—2008	2008年2月1日	2008年7月1日
70	标准	交通部	压缩天然气汽车维护、检测技术规范	JTT 512—2004	2004年4月16日	2004年7月15日
71	标准	质检总局、国家标准化管理委员会	车用压缩天然气瓶阀	GB 17926—2009	2009年6月25日	2010年10月1日

（续表）

序	类别	颁布部门	名称	文号/标准号	颁布日期	实施日期
72	标准	质检总局、国家标准化管理委员会	安全阀一般要求	GBT 12241—2005	2005年2月1日	2005年8月1日
73	标准	住建部、质检总局	锅炉房设计规范	GB50041—2008	2008年2月3日	2008年8月1日
74	标准	住建部、质检总局	压缩空气站设计规范	GB50029—2014	2014年1月9日	2014年8月1日
75	标准	质检总局、国家标准化管理委员会	压力容器第1部分：通用要求	GB 150.1—2011	2011年11月21日	2012年3月1日
76	标准	质检总局、国家标准化管理委员会	压力容器第2部分：材料	GB 150.2—2011	2011年11月21日	2012年3月1日
77	标准	质检总局、国家标准化管理委员会	压力容器第3部分：设计	GB 150.3—2011	2011年11月21日	2012年3月1日
78	标准	质检总局、国家标准化管理委员会	压力容器第4部分：制造、检验和验收	GB 150.4—2011	2011年11月21日	2012年3月1日
79	标准	质检总局、国家标准化管理委员会	低温绝热压力容器	GBT 18442—2011	2011年11月21日	2012年5月1日

（本文发布于2015年8月）

建筑规划红线内燃气管道与设施产权现状、归属困境及解决对策研究

刘 鑫

一、红线内燃气管道与设施的产权现状

建筑规划红线内的燃气管道与设施也可分为两部分:红线内至表前阀的燃气管道与设施是共用部分,表前阀至燃具的燃气管道与设施是私用部分。如果说共用部分的燃气管道与设施可以划归为共有,那么私用部分的燃气管道与设施就应该是完全私有的。

(一)投资建设

红线内的燃气管道与设施一般都是由用户出资,专业承建商或燃气企业负责建设,其产权、使用权如果按"谁投资、谁受益"似乎该归用户。成片开发的新建小区,由开发商负责投资建设商品房及其附属的共用设施、设备,其中包括居住小区内共用的和户内私用的燃气管道与设施。用户在购置商品房时,其支付的房款中已经包含燃气管道与设施的建设费用,最终仍然是由用户支付小区燃气管道与设施的建设费,这是目前红线内燃气管道与设施投资建设的现状。

(二)使用与受益

如果认为用户因使用燃气而受益,那么用户自然是红线内的燃气管道与设施的受益方。但从另一个角度看,燃气企业通过红线内的燃气管道与设施来销售燃气获得利润,因此燃气企业也是红线内燃气管道与设施的使用方与受益方。

(三)运行与维护

红线内的燃气管道与设施的产权现状虽有争议,但管道与设施的运行维护由燃气企业来负责是个不争的事实。

二、产权归属对用户和燃气企业的影响

(一)产权归用户所有

红线内的燃气管道与设施的产权归用户所有,这是目前较为普遍的观点。对用户的直接影响是出资建设。如果说是用户出资建设的"因",决定了产权归其所有的"果",那么用户站在消费者的角度提出:我们只是想消费燃气这种能源产品,并不想为销售商建立销售产品的渠道,即不想投资建设并拥有这部分管道与设施的产权。垄断性燃气企业最可能的答复是,你拥有这部分管道与设施的产权,所以你要出钱建设。问题的实质是先确定了产权归属用户,然后以此为理由要求用户出资。产权归属用户,燃气企业无偿使用这部分管道与设施销售燃气并获得利润,这是燃气企业最想得到的。

(二)产权归燃气企业所有

这是一种假设,假设的基础在于市场中,建设厂房、设施、销售渠道的企业是投资方也是产权拥有方,同时也是受益方;消费者不是投资方,消费者花钱购买的只是最终消费品——燃气,产品价格中应包含企业的投资回收和正常利润。

但如果红线内的燃气管道与设施的产权归燃气企业所有,对企业而言将出现两个方面的问题:一是燃气企业面临巨额的红线内燃气设施的投资,企业资金压力过大;二是燃气企业的资产规模急剧膨胀,造成企业运营成本增加,财务状况恶化。

红线内的燃气管道与设施的产权归燃气企业所有,对用户的影响是前期不必出资建设,但燃气价格将会提高,因为这部分管道与设施的投资要在燃气销售价格中体现。

(三)用户的利益点

用户的利益点是使用燃气,投资红线内的燃气管道与设施,成为燃气管道与设施的产权人实属无奈。

(四)燃气企业的利益点

从燃气企业考虑,销售燃气获得利润是企业的经营目标,红线内的燃气管道与设施产权将会成为企业的负担。

三、相关法律法规

(一)《中华人民共和国物权法》的规定

红线内至表前阀的燃气管道与设施是居住小区的共用设施,这应无异议。《中华人民共和国物权法》第七十二条规定:"建筑区划内的其他公共场所、公用设施和物业服务用房,属于业主共有。"从这一条上理解,红线内燃气管道与设施共用部分的产权归属应为用户。

(二)《物业管理条例》的规定

国务院颁布的《物业管理条例》第二十七条明确规定:"业主依法享有的物业共用部位、共用设施设备的所有权或者使用权,建设单位不得擅自处分。"红线内的燃气管道与设施作为共用设施设备,业主拥有产权与使用权,建设单位(其实也应包括其他单位和个人)不得擅自处分。

(三)建设部有关规章的规定

原建设部颁布的《住宅共用部位共用设施设备维修基金管理办法》第三条规定:"共用设施设备是指住宅小区或单幢住宅内,建设费用已分摊进入住房销售价格的共用的上下水管道、落水管、水箱、加压水泵、电梯、天线、供电线路、照明、锅炉、暖气线路、煤气线路、消防设施、绿地、道路、路灯、沟渠、池、井、非经营性车场车库、公益性文体设施和共用设施设备使用的房屋等。"在这里,燃气线路(规章中的"煤气线路")被明确为小区内的共用设施设备,并可启用维修基金来维护维修的。

(四)法律法规的出发点及分析

法律法规的出发点都是保护大多数人的利益。《中华人民共和国物权法》《物业管理条例》和《住宅共用部位共用设施设备维修基金管理办法》也是这样,试图保护业主的利益,所以将住宅小区内的共用设施设备的产权(建设费用已摊入销售价格)规定为全体业主所有。

建设费用没有摊入销售价格的情况该怎样处理,法律法规没有涉及,因为这种情况极少。燃气企业的垄断力量决定了在利益博弈中,燃气企业有更多话语权。开发商不会为此去与燃气企业较劲。一是因为他们的主要业务是房产开发与销售,二是因为他们可以将这部分成本转嫁到用户身上。购买房产的用户处于弱势地位,而且往往也不会去较劲,认为几千元的燃气管道安装费相比大宗房款是个小数目。

四、产权困境

(一)困境一:投资方与受益方不对称

"谁投资、谁受益"是一条基本原则。目前,红线内的燃气管道与设施基本由用户投资,但受益的既包括用户也包括燃气企业。用户使用管道实现了消费,燃气企业也使用管道实现了销售。因此,从这个意义上说,燃气企业获得了额外收益。

(二)困境二:所有权与运行维护责任脱离

红线内的燃气管道与设施的产权若归用户所有,既然是用户的财产,那么其运行维护、抢险抢修责任自然也应该责无旁贷由用户负责。但实际上都是燃气企业在担负这部分燃气管道与设施的运行维护、抢险抢修责任,这就导致了所有权与责任的脱离。

另一方面,如果燃气企业以后需要在该居住区的燃气管道上接管,为邻近的小区接通燃气,用户作为产权方阻止或收费,燃气企业就处于被动地位了。再者,若干年后,如果该部分燃气管道与设施需要更换,应该由产权所有方出资还是由运行维护方出资,这更成为一个不可避免的问题。

(三)困境三:法律法规出发点与实际结果相悖

法律法规的出发点是保护大多数人的利益,这一点毋庸置疑。因此,《中华人民共和国物权法》将小区内共用设施的产权划归为业主共有。《住宅共用部位共用设施设备维修基金管理办法》直接将燃气线路明确为共用设施设备,意思是如果需要维护维修,可以动用住房维修基金。这样一来,红线内燃气管道与设施的产权法定为用户所有,本想维护用户的利益,却加重了用户的负担,与法律出发点相悖。

(四)困境四:燃气计量装置的产权困境

燃气表是燃气企业销售燃气的计量装置,准确与否燃气企业最关心。如果燃气表不准确,需要校正或更换,用户不着急,燃气企业将受损失。一般情况下,燃气企业会出资,免费为用户更换燃气表,以避免日积月累长期损失。但更换后的燃气表的产权归属又是一个问题。

五、解决对策研究

(一)产权归政府所有

参照市政燃气管道由市政配套费来承担的办法,红线内共用部分的燃气管道与设施也由市政燃气配套费来承担是一种选择。因为红线外的燃气管道与设施为市政公用设施,具有公用性;而红线内的燃气管道与设施为小区用户共有,具有共有性。那么由用户多交一部分城市燃气配套费,可以将红线内的燃气管道与设施产权参照市政燃气管道与设施的产权来运作。但还是存在问题,配套费形成的资产因归政府所有,这就造成了原先企业与用户的产权问题转换为政府与企业的产权问题。

(二)产权归用户所有

按照《中华人民共和国物权法》及相关法规的规定,红线内燃气管道与设施可划归为居住小区的共用设施,产权归用户所有(共有或私有),如果需要维修,可动用房屋维修基金。由此,该部分燃气管道与设施的产权就清晰了。但附加两个前提:一是燃气企业与用户间需有明确的资产使用约定,体现用户对资产的所有权和燃气企业的使用权;二是燃气计量问题,在通常的消费中,一般都是由销售方提供计量,因此应将计量装置另行约定。

(三)产权归燃气企业所有

红线内的燃气管道与设施由燃气企业投资建设,产权归燃气企业所有,在燃气销售定价时增加该部分成本。因产权归燃气企业,燃气企业理所当然应该负责该部分燃气管道与设施的运行维护、抢修抢险。这样,红线内的燃气管道与设施的产权归属就清晰了。但这存在两方面的问题:一是与现行的法律法规规定的居住小区内共用设施的产权归业主共有的规定相悖;二是由于燃气定价权不在企业,红线内的投资很难得到补偿,因此会加大燃气企业的负担。对于前者,法律法规做调整不是一件简单的事情,需要一个漫长的过程;对于后者,需要政府对燃气销售定价进行合理确定,激励燃气企业主动投资,或者燃气企业发展到一定程度,实现销售与输配的分离。

(文章发表于 2009 年 8 月)

建筑规划红线内燃气管道与设施的
产权归属和运维责任

程秀丽

在燃气企业并购业务过程中或者在燃气企业拓展客户发展业务的过程中,乃至有些工商行政管理机关进行监督检查的过程中,经常会提出这样一个问题:建筑规划红线内燃气管道与设施归燃气企业还是归业主共有? 如果归业主共有,有无相应的法律依据? 运行维护责任由谁来承担?

一、建筑规划红线内的燃气管道与设施

建筑规划红线内的燃气管道与设施可分为两部分:红线内至表前阀的燃气管道与设施是业主共有部分,表前阀至燃器具的燃气管道与设施是业主私有部分。

(一)红线内至表前阀的燃气管道与设施属业主共有

1.《中华人民共和国物权法》的相关规定

红线内至表前阀的燃气管道与设施是居住小区的共用设施,《中华人民共和国物权法》第七十二条规定:"建筑区划内的其他公共场所、公用设施和物业服务用房,属于业主共有。"从这一条上理解,红线内燃气管道与设施共用部分的产权归属应为业主共有。

2.《物业管理条例》的相关规定

国务院颁布的《物业管理条例》第二十七条明确规定:"业主依法享有的物业共用部位、共用设施设备的所有权或者使用权,建设单位不得擅自处分。"红线内的燃气管道与设施作为共用设施设备,业主拥有产权与使用权,建设单位(其实也应包括其他单位和个人)不得擅自处分。

3. 建设部有关规章的规定

建设部颁布的《住宅共用部位共用设施设备维修基金管理办法》第三条规定:"共用设施设备是指住宅小区或单幢住宅内,建设费用已分摊进入住房销售

价格的共用的上下水管道、落水管、水箱、加压水泵、电梯、天线、供电线路、照明、锅炉、暖气线路、煤气线路、消防设施、绿地、道路、路灯、沟渠、池、井、非经营性车场车库、公益性文体设施和共用设施设备使用的房屋等。"在这里,燃气线路(规章中的"煤气线路")被明确为小区内的共用设施设备,并可启用维修基金来维护维修的。

(二)表前阀至燃器具的燃气管道与设施及燃气计量表属业主私有

根据《中华人民共和国物权法》第六十四条规定:"私人对其合法的收入、房屋、生活用品、生产工具、原材料等不动产和动产享有所有权。"第七十条规定:"业主对建筑物内的住宅、经营性用房等专有部分享有所有权,对专有部分以外的共有部分享有共有和共同管理的权利"。表前阀至燃器具的燃气管道与设施及燃气计量表在业主专有区间内并由业主投资,按照"谁投资谁所有"的原则,应该完全由业主私有。

二、红线内至表前阀的燃气管道与设施即业主共有部分的运营维护、抢险抢修责任由燃气公司承担

(一)《城镇燃气管理条例》第十九条规定

管道燃气经营者对其供气范围内的市政燃气设施、建筑区划内业主专有部分以外的燃气设施,承担运行、维护、抢修和更新改造的责任。

管道燃气经营者应当按照供气、用气合同的约定,对单位燃气用户的燃气设施承担相应的管理责任。

(二)《住宅共用部位共用设施设备维修基金管理办法》的规定

其直接将燃气线路明确为共用设施设备,意思是如果需要维护维修,可以动用住房维修基金。

（本文发布于 2015 年 7 月）

第六章

窃气爆炸

打击盗窃燃气行为的立法化探索与实践

汪庭瑶

近十几年以来,各地盗窃燃气行为时有发生,甚至相当"猖獗",不仅给燃气企业造成巨大经济损失,严重危害燃气供用气安全。

现阶段我国处于转型期,社会管理存在薄弱环节,相关法律规定滞后。鉴于盗窃燃气犯罪成本低廉,燃气设施在大多数时间由实际使用人控制,使用燃气的群体大,仿效的影响也大,少数掌握一些燃气技术的不法分子,肆意教唆、传授犯罪方法,部分地区群众表现迷茫,蔓延成风就不足为奇了。

盗窃燃气有经营性用户,更多的是居民用户,以赢利为目的用于经营性的盗窃数额更大,对社会危害性也更为严重。燃气企业查处盗窃燃气行为,一般以协商方式予以补收或补偿,然而,单纯依靠民事协商方法解决有着许多弊端,长期以来燃气企业显得被动,也很无奈。燃气企业、相关管理部门及社会各界舆论,呼吁刑事法律的介入就成为了必然。

一、盗窃燃气的现状及社会危害性

(一)盗窃燃气违法收益高,技术含量却一般,具体表现手段:改装、损坏燃气计量表;私自开挖并镶接地下燃气管网;开旁通,绕越法定计量表等。

(二)上海地区,近几年来,因盗窃燃气造成群体性燃气中毒死亡事故多起。

1.2010年1月11日,上海市徐汇区,桂林东街某号,因房屋租赁客户擅自打开燃气支管管塞,私接燃气,使用早已停止销售的烟道式热水器,在没有申请燃气开通手续、无燃气计量表、无燃气收费账单情况下,盗用燃气,造成三位租赁房客因天然气废气中毒死亡事故。

2.2012年2月7日,上海市奉贤区,奉城镇邮电路某号,房屋租赁客户破坏燃气计量装置,以赢利为目的,盗用天然气用于养殖热带鱼,用煤气红外取暖炉加热,因使用气源错误,燃烧中大量释放"一氧化碳",造成五人中毒死亡。

(三)2008年—2012年五年时间,上海燃气(集团)有限公司下属三家销售

公司,查处"不诚信用气或盗窃燃气"户数 137,948 户;补收金额合计人民币
115,402,178 元。

毋庸讳言,燃气企业查实补收的盗窃燃气数额,仅是冰山一角,以此类推,各地同期应当有数亿元之巨。

二、探索刑事立法化的道路

(一)盗窃燃气的猖獗行为引起社会广泛的关注,为防止法律规定形同虚设,损害法律权威,各地乃至全国人大代表纷纷提案,呼吁刑事立法。

2010 年 3 月,十一届全国人大会议上,王荣华、林荫茂等十五位全国人大代表联名提案,呼吁对盗窃电力、燃气行为在刑法上定为"行为罪"。

(二)上海市判决盗窃燃气"第一案"。

2009 年 11 月 13 日,杨浦区人民法院公开审理,判决靳家云、林青荣"欣梦酒家"盗窃燃气案,为上海市盗窃燃气受刑事处罚第一案。具有标杆性的"第一案",拉开了以刑事法律规制盗窃燃气违法行为的帷幕,在上海具有深远的影响。

(三)2009 年 12 年 19 日,上海市人民检察院 2009 年第 10 期《检察委员会通报》,以"正确认定盗用燃气案件的犯罪数额"为题,进行通报,为上海市打击盗窃燃气犯罪行为,制定法律专项规定的"雏形"。

(四)2010 年年初,由上海燃气(集团)有限公司属下上海燃气市北销售有限公司与上海市普陀区人民检察院联合课题调研小组共同完成《盗窃燃气行为的法律适用与立法化研究》课题。该课题研究,历时十个月,十次修改,共 4 万余字,直接推动了上海市公、检、法、司四机关"多部门联合规定"的制定。

三、各地"多部门联合规定"的制定

(一) 2002 年天津市在全国率先出台由公、检、法、司等部门联合制定《关于办理盗窃燃气违法犯罪案件若干问题的意见》,2004 年 8 月间又进行了修订。

(二)2009 年 5 月,黑龙江省出台了《黑龙江省关于办理盗窃燃气违法犯罪案件适用法律问题的若干规定》。

(三)2011 年 5 月,郑州市出台了《郑州市打击破坏燃气设施及盗窃燃气违法犯罪行为的若干规定》。

(四)2011 年 12 月,上海市制定了《关于办理盗窃燃气及相关案件法律适用

的若干规定》。

上述文件在业内通称为"多部门联合规定"。各地相关"规定"的制定,在当地扼制盗窃燃气违法行为起到震慑作用,为司法机关办理相关案件适用法律"统一思想,统一标准、准确适用",在实践中起到积极的指导作用。

四、中国城市燃气协会的作用

(一)《燃气设施保护与打击盗窃燃气行为》研讨会

自2011年7月,中国城市燃气协会(以下简称"中燃协")首次在银川召开《燃气设施保护与打击盗窃燃气行为》研讨会,至2013年底,在两年多时间,先后举办类似专题研讨会达六次之多。"中燃协"充分运用协会平台的亲和力、号召力,召集全国各大燃气企业,燃气行政管理部门的代表,相互学习,相互交流,为探索立法化进程,起到极大的推动作用,影响之大,传播之深远,功德无量。

(二)"海口倡议"

2012年11月21日至22日,"中燃协"在海口举办《盗窃燃气行为的法律适用与立法化研究》研讨班,各地到会代表纷纷恳请由"中燃协"牵头,进行专项立法化课题调研,制定了"海口倡议",为推动打击盗窃燃气制定专项法律规定留下深刻的影响。

五、两高"司法解释"的出台

(一)2013年春节后,最高人民法院就《关于办理盗窃刑事案件适用法律若干问题的解释》向各地高级法院"征询意见",上海法院就征求意见稿第四条"盗窃的数额",要求增加相关"燃气"部分,并将该意见及时反馈给最高人民法院。

(二)2013年4月4日,最高人民法院、最高人民检察院《关于办理盗窃刑事案件适用法律若干问题的解释》(以下简称"《法释》〔2013〕8号")正式实施,完善了对盗窃公用事业电力、燃气、自来水的认定方法,对燃气企业而言,在刑事法律规定中有了新突破,其实际意义非同小可。

(三)《法释》〔2013〕8号规定盗窃"电力、燃气、自来水"数额适用推算的方法。其中第四条第(三)款规定:

盗窃电力、燃气、自来水等财物,盗窃数量能够查实的,按照查实的数量计算盗窃数额;

盗窃数量无法查实的,以盗窃前六个月月均正常用量减去盗窃后计量仪表显示的月均用量推算盗窃数额;

盗窃前正常使用不足六个月的,按照正常使用期间的月均用量减去盗窃后计量仪表显示的月均用量推算盗窃数额。

该条规定在司法实践中存有一点争议。笔者认为,现阶段为了维护社会公共产品合法利益,所采取的必要措施,在实施中将进一步得到完善。

(四)案例:某餐饮公司盗窃燃气案件

经查:该餐饮公司自去年11月初开张营业,同年11月、12月,月平均使用燃气费3万元;自今年1月起至5月涉及盗窃燃气行为,每月使用燃气费为1万元,故初步认定该餐饮公司盗窃燃气为10万元。

六、盗窃燃气的司法实践与刑法入罪

(一)典型案例

2013年9月17日,〔2013〕海刑初字第1455号判决,北京市海淀区人民法院适时依据《法释》〔2013〕8号,以推算方式认定被告人房某实施的三起盗窃燃气案件涉案196万余元。判处有期徒刑十二年,剥夺政治权利三年,罚金人民币20万元,并向被告人房某追缴人民币196万余元。

(二)盗窃燃气计算方式

根据上海市人民检察院2009年第10期《检察委员会通报》,确立了盗窃燃气数额的计算和认证规则:

犯罪金额＝设备总流量×营业小时×营业天数×燃气单价

(三)盗窃燃气行为的入罪

盗窃燃气违法行为,以非法侵占财产为目的同时,又不同程度的触犯了其他多项罪名,根据重罪吸收轻罪原则,在司法实践中大致有"三类罪名"入罪处罚;

第一类,《中华人民共和国刑法》第264条,以"盗窃罪"入罪;

第二类,《中华人民共和国刑法》第118条、119条,以"破坏易燃易爆罪"入罪;

第三类,《中华人民共和国刑法》第295条,以"传授犯罪方法罪"入罪;

比如:2009年6月,南京市下关区人民法院因周某某、朱某某,盗用天然气用于浴室经营,以"破坏易燃易爆罪"判刑。

比如:2012年8月,南京市玄武区人民法院因陈建平、宋某某、陈某某,盗窃天然气用于酒店经营,以"破坏易燃易爆罪"判刑。

比如:2010年,上海市普陀区人民法院因何雪国等七人,分别通过帮助居民改装表具、传授给他人盗窃自来水、电力、燃气的犯罪方法,以"传授犯罪方法罪"判刑。

根据上海市公、检、法、司四机关联合制定《关于办理盗窃燃气及相关案件法律适用的若干规定》所归纳,盗窃燃气触犯刑事法律有"五大类、九宗罪",比如,"敲诈勒索罪""职务侵占罪""贪污罪"等,具体案件有待司法实践中加以认定。目前,上海市已有二十多起因盗窃燃气判刑的案例。

七、结语

盗窃燃气对燃气企业和社会公共安全造成极大的危害,依法治理,需要全社会的支持和帮助,几年来,燃气行业寻求以刑事法律进行规制,走过一段艰难探索的道路。

回顾历程下列事件具有代表意义:一是各地司法机关制定"多部门联合规定";二是一大批盗窃燃气案件得到刑事判决;三是两高"司法解释"对盗窃燃气适用法律的规定。目前,各地严重盗窃燃气行为得到扼制,良好的供用气关系正在逐步完善。

打击与教育并举,执行宽严相济司法政策,是各地燃气企业行之有效的办法。

在办理具体盗窃燃气的案件中,针对过去"计算盗窃燃气数额难"的难题,在实践中有了突破,大量生效的判决,为后继办理同类案件提供了借鉴和参照。

综上,必须明确,打击盗窃燃气违法行为是燃气企业的"责任",是分内的事情,更是在一个历史阶段中燃气企业和相关行政管理部门不可推卸的"责任"。

为了确保燃气供用气安全和燃气企业合法利益不受侵占,亟需进一步完善相关刑事法律、行政法规、行业规定;相关工作任重而道远,需要加倍努力。

(本文发布于2015年1月)

盗窃燃气数额的计算方法及相关案例

汪庭瑶

燃气是城市公用事业重要的组成部分,与人民生活息息相关,而燃气的物理形态又是"稍纵即逝",即看不见摸不着又客观存在。

现阶段,部分地区盗窃燃气行为猖獗,在办理相关案件中,如何准确无误计算出被盗窃这部分的燃气数量,关系重大;盗窃是数额犯,盗窃数额是衡量犯罪嫌疑人是否构成犯罪,罪重罪轻,重罪重判,轻罪轻判的刑罚重要尺度。

多年来,如何客观、公正、合理计算出盗窃燃气的具体数额,在司法实践中因为缺乏相应科学实用的计算方法,在一个很长的时间段里困扰着燃气行业打击盗窃燃气行为的进程,干扰司法机关处罚力度,挑战法律的权威。

本文笔者以参加办理的案例为研究题材,将计算方式归纳为"三种计算方法",挑选四起相关联的典型案例做一解析。

一、法律责任和计算方法的分类

(一)燃气企业的法律责任

随着相关法律规定及最高人民法院、最高人民检察院《关于办理盗窃刑事案件适用法律若干问题的解释》(法释〔2013〕8 号)自 2013 年 4 月 4 日起正式实施。近年来,各地大量盗窃燃气案件得到审判,许多典型案例的办理积累了宝贵经验,缺乏科学实用计算方法的这道难题,逐渐迎刃而解。

(二)两高司法解释

2013 年 4 月 4 日,"两高司法解释"法释〔2013〕8 号[①]实施 ,现摘录如下:

"**第四条** 盗窃的数额,按照下列方法认定:

(一)被盗财物有有效价格证明的,根据有效价格证明认定;无有效价格证

[①]最高人民法院、最高人民检察院《关于办理盗窃刑事案件适用法律若干问题的解释》法释〔2013〕8 号,自 2013 年 4 月 4 日起正式实施。

明,或者根据价格证明认定盗窃数额明显不合理的,应当按照有关规定委托估价机构估价;"

首先,上述司法解释明确,盗窃数额需要"有效价格证明"或者"委托估价机构估价",对确定盗窃燃气的金额,一般由司法机关委托估价机构估价。

其二,燃气企业是管道燃气的经营者和管理者,又是被侵占财物的所有权人,在司法实践中是受害单位。然而,燃气有别于普通商品,有其特殊性,提供科学的计算方法,准确计算出被盗窃燃气的数量,燃气企业无须推诿,责无旁贷,是相关案件的第一责任人。

(三)盗窃燃气数量计算方法的分类

根据几年来办理的相关案件,经过司法实践,初步分类如下。

第一种:普通计算法;

第二种:特殊计算法:

1.计量表失效率计算法;

2.供气管管道截面积之比计算法;

第三种:法定推算计算法。

二、普通计算法

(一)普通计算法

顾名思义,在办理盗窃燃气案件中为最早采用,使用最多,最为普遍,应用广泛,具有通用性与适用性强的特点,有一定惩罚性,系目前计算盗窃燃气数额的基本方法。

(二)计算依据:

1.上海燃气(集团)有限公司备案文件规定,沪燃集〔2008〕79号文件

计算公式:在线设备额定流量×小时×天数×燃气单价+停止、恢复供气费用等

2.上海市人民检察院(2009年第10期)《检察委员会通报》

即:犯罪金额=设备总流量×营业小时×营业天数×燃气单价

(三)案例介绍

"乐添浴室"盗窃燃气一案金额的计算

2011年2月25日,燃气公司查处杨浦区"乐添浴室"私接"旁通"盗用燃气

一案。

1. 盗窃燃气行为

经查,"乐添浴室"经营者马某自 2010 年 4 月开始以节约经营成本为名,擅自在燃气计量表进气管上非法安装"三通"接口,连接浴室锅炉进气管道,盗用人工煤气用于浴室经营。

2. 盗窃燃气时间

(1)2010 年 4 月 1 日至 5 月 31 日,盗窃燃气计 61 天。

(2)2010 年 6 月 1 日至 10 月 31 日停业。

(3)2010 年 11 月 1 日至 12 月 31 日,盗窃燃气计 61 天。

3. 燃气流量测试

2011 年 3 月 3 日,燃气监测检验部门分别对两只燃气热水锅炉在线流量测试:

(1)庆东牌燃气热水锅炉燃气在线小时流量(15.02m³)

(2)弘道牌燃气热水锅炉燃气在线小时流量(4.86m³)

合计:15.02m³+4.86m³=19.88m³

4. 同期燃气价格

根据同期燃气价格文件规定:

(1)4 月 1 日至 5 月 31 日为低谷时段:3.30 元/m³

(2)11 月 1 日至 12 月 31 日为高峰时段:3.99 元/m³

5. 盗窃燃气金额

犯罪金额=设备总流量×营业小时×营业天数×燃气单价-已付燃气费

(1)19.88m³×6 小时×61 天×3.30 元/m³=24,011 元

(2)19.88m³×6 小时×61 天×3.99 元/m³=29,031 元

(1)+(2) = 53 042 元-6 700 元(已付燃气费)=46,342 元

同期,区价格认证中心出具《价格鉴定结论书》,确认该案盗窃燃气金额为46,342 元。

6. 法律判决

2011 年 9 月 20 日,法院以〔2011〕杨刑初字第 663 号刑事判决书判决,被告人冯某以非法占有为目的,秘密窃取公共财物,数额巨大,其行为已构成盗窃罪。判决被告人冯某犯盗窃罪,判处有期徒刑三年,缓刑三年,罚金人民币五千元。

三、特殊计算法

(一)特殊计算法

在办理盗窃燃气案件中,计算盗窃数额的方法与普通计算法有着明显的差异,系结合案件实际及相关公式加以计算,在特定条件下比普通计算法更具有科学性,更为准确还原事情真实原貌的计算方法。

(二)计算方法

1.计量表失效率计算法

2.供气管管道截面积之比计算法

(三)案例介绍(计量表失效率计算法)

"真光路拉面馆"盗窃燃气一案金额的计算

1.盗窃燃气行为

2013 年 7 月 18 日,燃气公司在真光路某"拉面馆"巡查中发现该用户损坏燃气计量表,盗窃燃气。

经查:该用户使用 IC 卡,双管 J6 立方米燃气计量表,系在燃气计量表内出口处打了一个大约直径 0.6 厘米的洞,在燃气使用中少计量或不计量。

2.盗窃燃气时间

案件审理中,犯罪嫌疑人邓某供认:自 2011 年 1 月 18 日,开始使用燃气之初就损坏燃气计量表盗窃燃气。

3.燃气流量测试

2013 年 7 月 23 日,公安机关委托上海市燃气安全和装备质量监督检验站现场在线测试:

(1)原始安装的燃气计量表(盗用计量表)小时燃气流量 $1.4548 m^3$。

(2)新安装的燃气计量表(校正用表)小时燃气流量 $3.541 m^3$。

测试显示:原始安装的燃气流量表的显示流量为实际流量的 41.17%。

4.同期 IC 卡充值统计

经查:自 2011 年 1 月 18 日至 2013 年 7 月 4 日,该用户 IC 卡燃气计量表充值金额为 26,590 元。

5.盗窃燃气金额

(1)根据在线测试:流失的燃气流量为 100%-41.17%= 58.83%

（2）受损燃气计量表送煤气表具检测部门检测与在线测试数据相符

（3）计算公式

设：损失燃气费用费为 X 元

$$X/26590＝58.83\%/(100\%－58.83\%)$$

$$X＝58.83\%/(100\%－58.83\%)×26590$$

$$X＝37,995 元$$

故：本案盗窃燃气金额为 37,995 元。

同期，区价格认证中心出具《价格鉴定结论意见书》确认该案盗窃燃气金额为 37,995 元。

6.法院判决

2013 年 10 月 18 日，〔2013〕普刑初字第 819 号刑事判决书，判决邓某犯盗窃罪，判处有期徒刑一年，缓刑一年，并处罚金人民币五千元。

本案采用计量表失效率计算法，相对普通计算法，更为科学和准确地还原事情的原貌，得到司法机关的认可，被告人也表示了心服口服。鉴于被告人全额退赔盗窃的燃气费，并且认罪悔罪，法院做了从轻判决，达到法律威慑与教育并举的目的。

（四）案例介绍（供气管管道截面积之比计算法）

"中心厨房"盗窃燃气一案金额的计算

1.案情经过

2010 年 9 月 3 日，燃气公司派员至某公司"中心厨房"，按照规定例行调换燃气计量表，在关闭燃气表前总开关之后，厨房燃气设备仍然供气。

（1）现场勘察：在燃气计量表后的隔墙内，发现从地下燃气管网有一根口径 32mm 的"旁通"管线绕过燃气计量表，在 100mm 口径燃气供气管上打洞并镶接，以少计量的手段盗窃燃气。

（2）经查：2005 年 8 月 29 日，"中心厨房"申请新装煤气，在安装施工期间，经办人员经不住燃气施工人员的游说，以节省燃气费为由，一念之差贪图小利，以极小的价钱进行非法交易，从而盗窃燃气。

2.燃气流量测试

（1）根据 2010 年 11 月 11 日，上海市燃气安全和装备质量监督检验站对该用户现场流量测试，测试分为两个阶段：

第一阶段：将燃气流量表前阀门与"旁通"同时全部开启，测定燃气流量表每小时流量为:60.42m³。

第二阶段:将"旁通"管道拆除,燃气流量表前阀门全部开启,测定燃气流量表每小时流量为 73.62m³。

经计算,"旁通"流量为 73.62m³－60.42m³＝13.20m³。

(2)根据记录,该用户于 2005 年 10 月 25 日新装,至 2010 年 9 月 3 日,期间无调换燃气计量表记录,累计使用 58 个月。根据该"中心厨房"实际使用情况,每日使用燃气为 8 小时。

根据该用户从始初 0 度表开始计量,截止于 2010 年 8 月 4 日最后一次抄表计量,共消费燃气 142,355 立方米,根据历年不同时间段,不同价格的计算为240,646.65 元。

3.两种计算方法

第 1 种计算方法(基本计算法)

补收依据:上海市人民检察院 2009 年第十号"通报"规定

即:犯罪金额＝设备总流量×营业小时×营业天数×燃气单价

$13.20m³×8$ 小时×(58 个月)×1.80 元＝330,792.2 元

以燃气设备测试流量计算的金额－已付燃气费＝应付金额

330 792.2 元－240 646.65 元＝ 90,145.55 元

应付金额为人民币 90,145.55 元

第 2 种计算方法(供气管管道截面积之比计算法)

该用户共消费燃气 142,355 立方米,根据历年不同时间段,不同价格的计算为 240,646.65 元。

计算公式如下:240646.65/60.42＝X/13.2

X＝ 52,574 元

经计算为人民币 52,574 元。

4.处理结果

最终,根据本案查明的证据,警方采纳了第 2 种计算方法,确认盗窃燃气金额 52 574 元。公安机关对相关责任人做行政拘留处罚。

该燃气用户在付清燃气费之后,2011 年 9 月 2 日,上海市燃气管理处以〔2011〕第 0011 号行政处罚决定书,对该公司实施行政处罚。

四、法定推算法

(一)法定推算法

依据法律专项规定,在盗窃数额无法查实的,根据盗窃前正常燃气平均用量减去盗窃期间燃气平均用量,进行盗窃数额的推算,具有法律权威性,为燃气属于公共产品的特殊性所决定的法定推算法。

(二)法律规定

两高司法解释〔2013〕法释 8 号(摘录)

第四条 盗窃的数额,按照下列方法认定:

"盗窃电力、燃气、自来水等财物,盗窃数量能够查实的,按照查实的数量计算盗窃数额;盗窃数量无法查实的,以盗窃前六个月月均正常用量减去盗窃后计量仪表显示的月均用量推算盗窃数额;盗窃前正常使用不足六个月的,按照正常使用期间的月均用量减去盗窃后计量仪表显示的月均用量推算盗窃数额。"

(三)案例介绍"苏州面馆"盗窃燃气一案金额的计算

1. 盗窃燃气行为

2012 年 10 月 20 日,燃气公司在巡查中发现苏州面馆,私挖地下燃气管开"旁通"盗用燃气。

案件审理中该面馆经营者王某,如数作了交待,且有认罪悔罪表现,但是如何准确计算本案盗窃燃气的数量,鉴于各方对计算方法的方法不一致,影响了案件的审理。

2012 年 11 月 1 日,公安机关委托上海市燃气安全和装备质量监督检验站对该用户现场燃气流量测试。

2. 参照成功判例

本案参照了北京市成功判决的经验。2013 年 9 月 17 日,海淀区人民法院〔2013〕海刑初字第 1455 号判决,依据《最高人民法院、最高人民检察院关于办理盗窃刑事案件适用法律若干问题的解释》以推算方式认定被告人房某实施的三起盗窃燃气案件。[①]

---

①2013 年 9 月 17 日,海淀区人民法院(2013)海刑初字第 1455 号,以推算方式认定被告人房某盗窃燃气 196 万余一案。

3.法定推算法

(1)盗窃前六个月平均每日燃气消费量

经查,该面馆盗窃后六个月燃气消费总量为40,343立方米,平均每日燃气消耗量为224.12立方米。

(2)盗窃期间平均每日燃气消费量

据被告人王某供述,自2012年8月中旬开始盗窃燃气,同年10月20日被查获,且在十日之内,自行拆除盗窃燃气的旁通管道(2012年8月20日至10月19日,按61天计算)。

鉴于盗窃燃气时间跨越了三个月,当月的用气量,有下个月定时抄表计费,故采集期限为2012年9月至11月(三个月)用气量8,486立方米(除以92天)平均每日燃气消耗量为92.24立方米。

8,486立方米÷92天=92.24立方米

(3)盗窃燃气金额

盗窃后6个月(平均每日消费量)-盗窃期间(平均每日消费量)×燃气单价×盗窃天数=盗窃燃气金额

(同期燃气单价每立方米为2.05元)

222.89立方米-92.24立方米×2.05元×61天=16,337.78元

4.司法机关委托区价格认证中心出具《价格鉴定结论意见书》,确认该案盗窃燃气金额为16,337.78元

本案审理,对确定盗窃燃气金额采用了法定推算计算法。

法定推算相比普通计算而言,可以比较准确的还原事情真相;有比较高的法律效力和法律依据;在一个相对固定的框架内来计算盗窃金额,有利于被告人。

本案统一各方面的意见,采纳了法定推算计算方法,推算金额得到检察机关的认可。鉴于被告人积极退赃,认罪悔罪,法院依法从轻判决。

2014年4月2日,〔2014〕普刑初字第336号刑事判决书,判决王某犯盗窃罪,判处有期徒刑十个月,缓刑一年,并处罚金人民币三千元。

五、探索与实践

(一)普通计算法、特殊计算法、法定推算法的特点及适用

1.普通计算法

来源于城市公用事业的行业规定,嗣后,在司法实践中被广泛地采用,为基

本的计算方式,具有一定的法律地位,适用性强,带有惩罚性。

2. 特殊计算法

在案件的应用中要受到具体条件限制,一般需要公式计算,可以最大化的还原其真实性,为此,各方的争议比较小,也有利于被告人。

3. 法定推算法

来源于城市公用事业的行业规定,在具体案件中需要有可参照推算的前置条件。

"两高司法解释"采纳了民事法律范畴中的一般盖然性,突破了刑事法律高度盖然性的限制,为立法中的创新之举。

(二)普通计算法、特殊计算法、法定推算法相互关系

一方面,特殊计算法优于普通计算法,系基于特殊计算法更为真实、完整、还原事实的真相。

目前特殊计算法仅有计量表失效率和供气管管道截面积之比这两种,这是远远不够的,有待在司法实践中进一步检验和完善,同时需要在实践中去发现,在创新中去发展。

另一方面,法定推算法系"两高司法解释"的规定,具有较高的法律地位。普通计算法是基础,特殊计算法和法定推算法均是在普通计算法中所派生出来,是更为符合实际的新型计算方法。

(三)盗窃燃气数额计算方法的适用与发展趋势

从发展的眼光看,创新是主旋律,是发展的方向。

现阶段对普通计算法、特殊计算法、推算计算法的选择和应用,需要根据具体案情而定,依据有利于被告人的原则,实事求是,不偏不倚,还原事情的事实原貌。在实际应用中,逐步减少普通计算法,丰富特殊计算法,准确用好推算计算法是发展的总趋势。

制定和采纳计算盗窃燃气数额的计算方法,是刑法规制盗窃燃气违法行为的重要利器,该项工作仍然在初始阶段,为此,不必拘泥于形式,方法上需要不断创新,在创新中得到提升和发展。

六、结语

在办理盗窃燃气案件中选择科学使人信服的计算方法,并且符合案情的实

际,对燃气企业、燃气行政管理部门和司法机关而言,是一项全新的工作和挑战,燃气行业更是责无旁贷。

科学理论来源于实践,实践又丰富了理论,理论再指导实践,相互作用,相互提高。

笔者以上肤浅的解析和理论探索,目的是抛砖引玉,恳请和业内同仁共同探讨,错误之处请批评指正。

(本文发布于 2015 年 1 月)

一只老鼠引发的燃气爆炸

——被告方燃气公司无责代理词

李金地

【案情介绍】

2012 年 4 月 5 日 12 时左右,某县富源新城 4 栋 503 户厨房内接热水口燃气软管道被老鼠咬破,造成燃气泄漏,因遇到引爆能源引发燃气爆炸造成火灾,最终造成三人不同程度受伤及屋内财产烧损。

该县政府安全生产委员会、建设局及消防大队联合调查认定该事故是一起由于燃气泄漏引发爆炸的意外事故。伤者经过两年的治疗康复,于 2014 年 4 月 1 日,以健康纠纷及财产损失(共四起案件)向人民法院起诉,要求燃气公司承担高度危险作业责任,赔偿经济损失共 83 多万元。

该案焦点是燃气系易燃、易爆危险品,具有高度危险性,经营燃气的企业是否属于高度危险作业,如果是则因原告对爆炸事故的发生没有故意情节,燃气公司负有特殊安全保障责任,因其未排除安全隐患、违反规定,存在过错,按照《民法通则》第 123 条的规定,即使是意外事故也应当对原告的各项损失承担赔偿责任(高度危险作业责任);如果不是则本案应按照一般侵权案件适用过错责任原则,因原告不能举证证明燃气公司存在过错,燃气公司不应当承担法律责任。本代理词对此焦点进行了很好的解答,代理观点得到法官的认可,取得较好效果。经一审法院开庭审理和调解,燃气公司支付赔偿金共 15 万元结案。此案对燃气行业具有一定的借鉴意义,特与同行们分享。

【被告方燃气公司代理词】

尊敬的审判长、审判员:

今天参加这样的庭审活动,大家的心情都非常沉重,一起由燃气泄漏引发的爆炸事故,造成原告一家常住人口四人中有三人被大火不同程度烧伤,其中一人 38%重度烧伤,柒级伤残,一人 8%中度烧伤,拾级伤残,一人 7%中度烧伤,给受伤者身心造成了严重伤害,尤其是受伤者之一许某某事故发生时年仅 1

岁 9 个月,让一个幼小的身心经受了生命难以承受之重,并造成原告家庭经济损失几十万元。

这一切都是由于这起事故、这场大火和引起大火的燃气,当然还有那只可恶的、万恶不赦的老鼠,尤其是可能与这起事故相关联的人,包括原告、被告,当然也可能包括政府有关管理部门。出了这样的事故,对受害者一家来说是极其不幸的,如果有人应该为此承担法律责任,受害者理应得到应有的司法救济。今天法庭的责任就是区分相关人员各自的责任,裁判负有责任的人员承担应负的义务。由于引起这场事故的物质是燃气,直接进行破坏活动导致事故发生的动物是那只当场死去的老鼠,因此,作为本案被告一方 XX 燃气有限公司的诉讼代理人,下面,我们围绕燃气、老鼠、人(包括原告和被告)发表代理词,阐述燃气、老鼠在这起事故是所扮演的角色,阐述原告、被告在本案中的法律责任,以及应当承担的法律义务。希望能得到原告方的理解和接受,希望能得法庭的充分考虑和采纳。

一、关于燃气、城镇管道燃气和燃气企业

本案的焦点之一是燃气系易燃、易爆危险品,具有高度危险性,经营燃气的企业是否属于高度危险作业,如果是则因原告对爆炸事故的发生没有故意情节,燃气公司负有特殊安全保障责任,因其未排除安全隐患、违反规定,存在过错,按照《民法通则》第 123 条的规定,应当对原告的各项损失承担赔偿责任(高度危险作业责任);如果不是则本案应按照一般侵权案件适用过错责任原则,因原告不能举证证明燃气公司存在过错,因此燃气公司不应当承担法律责任。

对于这个问题的答案和理由,在答辩状和前面的法庭调查中,本代理人已经从法理上说了很多,这里不再重复,这里着重要说的是从前面的阐述中可以看出,虽然燃气属于易燃易爆气体,存在一定的危险性,但人类利用它烧水做饭正是利用它的易燃特性,至于它易爆的性格,人类已经能完全掌握燃气发生爆炸的规律,通过控制它不让其泄露,万一发生意外泄露时,通过引导它自然扩散,不让它积聚形成爆炸性气体并碰到明火来避免发生爆炸,从而达到运用它来造福于人类的目的。我省城市燃气事业发展十多年的实践也证明,只要做到了这两点,就完全可以避免爆炸事故的发生,让燃气真正完完全全造福于人民。如果仅仅因为燃气系易燃、易爆危险品,具有一定的危险性,就简单地得出结论经营燃气的企业就是属于高度危险作业,那么就会得出这样的一个奇怪的

结论：

广大市民把燃气引进家里就是把定时炸弹引进家里，在燃气企业工作的人员随时都处在高度危险之中，这显然也是与客观事实不符的。如果非要说高度危险作业，唯一可能出现的一种情况：那就是当发生燃气泄露事故后，燃气企业的工作人员和消防队员们冒着生命危险冲进事故现场，抢修燃气设备，排除事故隐患，但这种情况已经超出燃气企业日常供气服务的范围，属于抢险救灾的范畴了。

综上所述，原告把经营燃气的企业正常的供气服务行为视作从事高度危险作业是错误的，本案不应当适用《民法通则》第123条之规定，而应当按照一般侵权责任归责原则处理，原告的诉请适用法律是错误的。

面对燃气爆炸给原告带来的巨大伤害，我们完全有理由憎恨和讨厌燃气以及提供燃气供气服务的企业，但燃气和燃气企业本身又是无辜的，燃气仍然是广大市民日常生活中无可替代的洁净、经济、安全、方便的能源，燃气企业为市民提供供气服务，给市民带来的是便利和生活质量的提高，不可能是也决不会是危险，我们不能也不应该因此让他们承担不该由他们承担的责任。

二、关于老鼠和人（即原告和被告）在事故中的角色和责任

对于原告家中发生的这起爆炸事故，事故发生后县人民政府安全生产委员会办公室、建设局及消防大队组织了联合调查、勘验，联合调查报告认定该事故是一起由于燃气泄漏引发爆炸的意外事故，原因系503住户在燃气软管周边放置红薯等鼠类喜欢的食物，导致老鼠在食用红薯后将厨房内接热水器燃气软管咬破，造成燃气泄漏。

住户在闻到燃气味道后，虽然对燃气灶进行检查，但未对燃气管道进行检查，也未采取相应措施进行防范处理比如开启窗户进行通风等，最终导致事故发生。也就是说，如果不是因为老鼠咬破软管这个意外事件发生，就不会引发燃气泄漏；在发现燃气泄漏后，如果503住户安全意识、安全知识全面一些，只要按照相关规定正确处置，比如开启窗户进行通风，或立即退出到房屋外，然后打电话报警，由燃气公司工作人员前来处置，就能够控制和有效预防事故的发生。

由此看来，本案的罪魁祸首毫无疑问是那只咬破软管的老鼠，但那只老鼠已经在事故中被烧死了，而且对于动物应该如何追究法律责任，我国还没有这

样的法律,因此,要说承担责任,也只能是我们人类自己,在本案中,正是原告自己在发现燃气泄漏后,虽然对燃气灶进行检查,但未对燃气管道进行检查,也未采取相应措施进行防范处理比如开启窗户进行通风等,最终导致事故发生,所以,要为此承担责任的只能是原告自己。至于原告自身安全意识、安全知识不全面,导致面对燃气泄漏处置不当的问题,原告作为成年人,对使用燃气必须了解和知道安全常识应当知道却不知道,其造成的后果也只能由自己承担。

对于燃气企业在本案中应当承担怎么样的责任,这也是本案争议的一个焦点,原告方认为,我方作为燃气企业疏于管理,在用户使用管道燃气之前没有对用户普及管道燃气的安全知识和防范应急措施,致使燃气泄漏时原告家人无法及时采取有效的处置措施,因此,应负70%的事故责任。在法庭调查中,我方已经向法庭出示了证据,证明我方在签订供用气合同和点火时,已经向原告发放了《用户手册》,向原告宣传了安全用气常识和用气须知,平时的抄表单和收费凭证上也印有安全用气常识,对安全知识进行广泛宣传,在宣传上我方尽到法律法规规定的义务,对此,我方无须承担法律责任。下面,本代理人就这个问题再作两点进一步阐述:

(一)法律法规规定燃气企业有向用户发放安全用气手册,宣传安全使用常识,指导用户安全使用燃气的义务。这种义务是一种有限义务,而不是一种无限的义务。有限的义务和无限的义务的区别就在于有限的义务只要求燃气企业只要有向用户发放安全用气手册,宣传安全使用常识,指导用户安全使用燃气就可以了,无限的义务则除了必须向用户发放安全用气手册,宣传安全使用常识,指导用户安全使用燃气外,还要让用户完全掌握安全使用常识,正确使用燃气,如果用户没掌握安全作用常识,燃气企业就没尽到该义务。

如果要求燃气企业承担这种义务是一种无限的义务,那么,燃气企业就有必要对用户进行组织学习并进行考试过关,这是不实际的也是行不通的。因此,原告方以自己家人没有安全用气知识,导致处置燃气泄漏失当,致使事故发生为由,证明燃气企业没有切实履行安全用气常识宣传义务,并要求燃气企业承担责任,这是没有法律依据的。

(二)在不清楚实际用气者发生变化的情况下,燃气企业履行向用户宣传安全用气常识的法定义务的对象只能是与之签订供用气合同的燃气设施所有人,即在供用气合同上签字的用气方503户业主曾某某。本案中,实际用气人为吴某、蔡某某,作为房屋及屋内燃气设施的所有人曾某某具有向实际居住和用气人转达宣传安全用气规范和常识的法律义务。原告方由于不具安全用气知识，导致处置燃气泄漏失当，致使事故发生，应该问问曾某某自己尽到了宣传的义务了没有，在把属于自己的燃气设施转交原告使用时有没有把自己所知道的燃气安全常识教给原告并把从燃气企业那里领来用气手册交给原告学习阅读。

三、关于入户安全检查问题

按照法律法规规定，燃气企业对居民用户的燃气设施安全检查每年至少一次。在法庭调查中，我方已经向法庭出示了证据，证明我方在 2012 年 2 月 14 日对原告居住的富源新城小区 4 幢燃气管道设施例进行了例行安全检查，当时 503 房业主不在家，有一位老太太在家，由于老太太不识字，没有签字确认。从证据上看，虽然这次例行安全检查存在一些瑕疵，但这也并不能构成我方应当承担法律责任的理由。其具体理由如下：

（一）法律法规规定燃气企业有对居民用户的燃气设施安全检查每年至少一次的义务，正如前面所述，这种义务是一种有限义务，虽然这次入户检查的程序是不完整的，但在这之后另外安排再次进行入户检查，也并不影响这个义务的实际履行。而且居民用户的燃气设施是否安全并不能完全依靠燃气企业每年至少一次的入户检查来保证。

（二）发生燃气泄漏的直接原因是事故发生当天软管被老鼠咬破，不是用户燃气设施业已存在泄露现象多日，燃气企业却在一年内未入户检查一次或虽入户检查了但应该发现却没发现燃气泄漏问题，本案燃气泄漏与燃气企业履行入户检查义务情况不存在直接的因果关系。

综上所述，原告的诉讼请求适用法律错误，我方在本案中没有过错行为，不应承担原告人身损害和财产损害赔偿的责任，请法庭依法驳回原告的诉讼请求。

最后，鉴于本案的实际情况，本代理人愿意借此机会谈一谈与本案无关但通过本案大家可能感兴趣的几个问题的看法：

1. 关于软管的安全性问题。由于本案发生燃气泄漏的直接原因是软管被老鼠咬破，因此，大家可能对用于输送燃气的软管的安全性产生怀疑。事实上，按照与燃气相关的现行国家标准，只要是合格的燃气专用塑胶软管，都是允许使用的。由于被老鼠咬的可能性毕竟属于极少数，因此，国家标准里并没有把是否会被老鼠咬破作为考虑因素，而且市场上也有防鼠咬的不锈钢制的软管供用户使用,但由于价格相对比软管贵,因此,也不可能强制用户使用,作为燃气企业也只能是向用户推荐使用。由于价格相差较大,燃气企业在向用户推荐时经常不被理解,对燃气泄漏能发出警报的报警器也是这种情况,希望通过这个案件,广大市民能根据自己家庭情况和经济能力,选用不锈钢软管和报警装置,花钱为家人买份平安。

2.本代理人在今天的法庭上充分分析和论述了我方在本案中不应承担法律责任的事实和理由,但这并不等于说我们燃气企业工作都做得很好了,今天的法庭调查也暴露了我们燃气企业实际工作的许多不足,虽然这些不足并不构成我们应该承担法律责任的理由,但我们应该在今后工作中切实加以改进,以我们的百分努力换来用户的一分安全,是我们燃气企业的追求和社会责任。

3.虽然我们认为按照事实和法律,原告方不应该起诉我方,向我方要求损害赔偿,但我方对原告的诉讼行为表示理解。本代理人代表被告方 XX 燃气有限公司愿意在此再次表态,作为一个企业公民,我方愿意同社会各界一道,为原告提供力所能及的人道主义帮助。

希望通过本次诉讼后,原告方能尽快回归正常生活轨道,也祝福原告方早日战胜伤病和困难,在未来的日子里生活幸福安康!

【法律条文】

《中华人民共和国民法通则》

第一百零六条:公民、法人违反合同或者不履行其他义务的,应当承担民事责任。

公民、法人由于过错侵害国家的、集体的财产,侵害他人财产、人身的,应当承担民事责任。

没有过错,但法律规定应当承担民事责任的,应当承担民事责任。

第一百二十三条:从事高空、高压、易燃、易爆、剧毒、放射性、高速运输工具等对周围环境有高度危险的作业造成他人损害的,应当承担民事责任;如果能够证明损害是由受害人故意造成的,不承担民事责任。

(本文发布于 2016 年 2 月)

八大典型燃气爆炸事故案例法律责任分析

宋启华

天然气清洁高效,其推广使用,给市民带来了极大的方便。但因燃气管网遍布城市地下区域,管道伸入到居民家中,居民又是直接操作者使用者,燃气安全问题就成了涉及每个人的问题。近来浏览分析了发生在全国各地的多起燃气爆炸事故后,感觉燃气爆炸后产生人员财产损失的危害性触目惊心、对社会影响性是不可小觑的,事故善后难度很大。这也再一次警醒我们,无论是政府、燃气经营企业、还是居民用户都应格外重视燃气安全,提高燃气安全责任意识,避免事故的发生。下面,就全国各地曾发生的燃气事故案例,浅谈一下发生燃气事故后的法律责任及应如何避免事故发生。

【案例一】

2012 年 8 月 18 日上午 9 时左右,郑州市某公寓住宅楼发生燃气爆炸,爆炸引起火灾,造成 7 人受伤,其中 4 人伤势严重。记者在现场看到,该楼层共计 20 多户,爆炸导致一半左右住户家的防盗门严重变形,两部电梯门也被扭曲,楼道玻璃碎裂,天花板破损露出管线。爆炸的 1017 房间的阳台一片狼藉,推拉门、阳台玻璃、窗框等都飞了出去,楼下的南关街马路上到处是飞落的玻璃窗框等杂物。飞落的玻璃等杂物还砸伤两名大人和一个小孩,三人也被送往郑州市第一人民医院救治。郑州华润燃气股份有限公司查爆炸原因初步查明是因为软管脱落造成的天然气泄露。华润燃气工作人员说,该住户使用的燃气软管较长,中间违规使用了一个三通接头,而且该住户的厨房是敞开式的,没有按规定封闭。

该案例的法律责任是:

因用户违规使用胶管接头,造成事故,一切损失由该用户负责。

为避免该类事故发生,用户应掌握的安全使用常识:胶管使用一般不宜超过 2 米,连接处用卡箍卡牢,为防止老化、龟裂或破损,最好两年更换一次。清理灶具时,要防止胶管脱落,避免出现打弯、受压现象,并注意使用时不要距离炉面过近,造成火焰烧烤而加剧老化。禁止将胶管穿墙、门窗及地面使用或将胶管包起来以及连接多个接头,这样在泄漏时都不易发现而造成安全事故。使用燃气的房间不能住人。

【案例二】

2012年7月27日重庆奉节县一居民家发生天然气意外泄漏事故,发生事故的居民家中所有家具和电器都被烧毁,窗户的玻璃已被震烂。爆炸造成一家6人烧伤,最终一人抢救无效死亡。据网上报道爆炸是由于天然气管道与输气软管之间存在缝隙,导致天然气泄漏引发的。在该户家中,发现新买的燃气灶具,是个三无产品。该户的燃气管道,是由两根软管接起来的,一根软管不够长,中间还用一根硬塑料管连了起来,还使用了胶水来粘接,这是非常危险的做法,连接的塑料管是硬的,天然气完全可能因连接处泄漏出来。也许是用户点了火,也许只是开了某一种电器的开关,就引起了天然气爆炸,随后的火焰扩散,屋内东西全部烧毁。

该事故的法律责任是:

根据《城镇燃气管理条例》第三十二条,燃气燃烧器具生产单位、销售单位应当设立或者委托设立售后服务站点,配备经考核合格的燃气燃烧器具安装、维修人员,负责售后的安装、维修服务。燃气燃烧器具的安装、维修,应当符合国家有关标准。正规厂家都是包安装的,不会让用户自己来接天然气管子,但因为这个灶具是三无产品,用户自己安装,才为这次事故埋下了重大隐患。灶具生产、销售单位违法生产、销售不合格燃气具应承担主要责任。

为避免该类事故,用户应遵循:1.不要买三无灶具,接的管子要用专用管道。2.不要对家里的天然气管私拉乱接。3.厨房一定要通风。4.更重要的是用户一定要到正规商店购买具有 QS 生产合格标志的灶具,在安装时请售后的有资质的专业队伍进行安装。

【案例三】

王女士花了1700元在浙江省玉环一商场购买了一台燃气灶,安装完毕后,当天中午,她开启燃气灶做饭,没想到没多久就发生了爆炸。而王女士由于刚好站在燃气灶旁,受到波及,王女士面部、左上肢、双下肢烧伤面积约为4%。此外,王女士家的窗户、灶台以及楼下住户的窗顶均遭到不同程度的损坏。经玉环县消保委和销售方、厂方相关负责人前往现场查看。据厂方技术人员判断,此次爆炸主要是厂方安装人员为了贪图方便,把新的原配螺丝与旧的螺帽一起搭配使用,导致煤气与燃气灶接口紧密度不够而造成的。

该事故法律责任:

经玉环县消保委工作人员调解,厂方赔偿王女士医疗费、后续养护费、误工费、交通费、护理费等费用 7362 元,以及王女士楼下住户窗顶的修理费用。

该类事故的预防:广大消费者,要到正规、大型的商场里购买燃气灶,并选择由生产规模较大的厂家生产的、带有安全保护装置的燃气灶;消费者在使用燃气灶前要先闻有无刺激性气味,听有无漏气声音,确定一切正常后再点火;使用中,消费者要经常观察火焰状态,及时发现因沸水、刮风等原因引起的熄火、刺鼻焦糊味、漏气味以及不正常燃烧的声音,发现问题要立刻关闭气源,检查原因维修后使用。若是出现漏气应开窗通风,不要开抽油烟机、排风扇等电器,防止火星引燃燃气。消费者还要定期清洁自家燃气灶的火孔,并对燃气灶、胶管等的气密性进行检查,以减少安全隐患。

【案例四】

某小区 3 楼一住户发生剧烈爆炸,将该房间西侧山墙整整一片炸飞,相邻的 2 楼和 4 楼楼板震裂,阳台尽毁。在爆炸现场,被爆炸崩飞的塑钢窗骨架飞到了近 200 米外空地上,以 8 号楼为中心,半径 50 米内的地面上到处是散落的玻璃碎碴。相邻的六座居民楼近一半的窗户玻璃都被震碎,距离 8 号楼 3 楼最近的一个车库门被冲击波"打"得向内凹陷,卡住车库门的螺丝被震成两截。发生爆炸房子是刚刚买下,目前正在装修,可能由于燃气管路改造出错,导致燃气泄漏,有人说这单元其他邻居两天前就闻到有煤气味,一直想联系这家房主,让其回来看看。房主回家察看燃气时,接电话导致爆炸;还有人说是因为房主开灯导致闪爆。

该案件的法律责任:

根据《城镇燃气管理条例》第二十八条燃气用户及相关单位和个人不得有下列行为:(一)擅自操作公用燃气阀门;(二)将燃气管道作为负重支架或者接地引线;(三)安装、使用不符合气源要求的燃气燃烧器具;(四)擅自安装、改装、拆除户内燃气设施和燃气计量装置。如果该用户私自改动燃气管线造成爆炸,一切损失由该用户负责赔偿。

为避免该类事故的出现:用户在使用燃气中首先要重视安全,考虑安全性,其次是美观。如果要安装、改装、拆除户内燃气设施的,应当按照国家有关工程建设标准实施作业。用户不要私自改动燃气管线,如需改线,按照当地燃气供应企业的要求,申请由具备燃气施工资质的专业队伍进行改线,验收合格后,投入使用。

【案例五】

2011 年 8 月 6 日下午 5 时 30 分许,长沙一男子疑因情感纠纷,引爆自家天然气,导致至少 7 人受伤。据小区物业工作人员介绍,当日下午 4 时左右,小区物业人员在常规巡楼时,发现该住户有燃气泄漏现象,随后通知了该户业主,这家女业主电话中说家中有人要自杀!获悉此情况后,物业保安、公安消防及燃气公司人员第一时间赶赴现场实施救援。在营救过程中,屋内人员起初将门反锁,未让救援人员进入。随后他突然打开家门,引爆自家天然气,导致事故发生。事故造成现场至少 7 人受伤,受伤者为公安、消防、燃气公司人员和物业保安等。

该事故的法律责任:

因事故是人为故意释放燃气,引燃造成爆炸,并造成他人受伤,该事主不但要承担全部医疗、财产损失,还要承担相应的刑事责任。近年来,国内部分地方曾发生利用天然气自杀事件,当事人以危害公共安全罪被判处刑事责任。

如 2009 年,北京一名 28 岁女子砍断天然气管线自杀导致爆炸,造成前去营救的 14 人烧伤,被朝阳法院以危险方法危害公共安全罪判处有期徒刑 11 年。今年 7 月 14 日,北京一女子开天然气自杀未遂,造成整栋楼居民疏散,天然气泄漏浓度已达到爆炸极限,被控涉嫌危害公共安全罪。

为避免该类事故发生,市民一旦发现家里或者楼道、小区内天然气泄漏,赶快打开窗户通风,切断电源,更不能打手机,到安全地方第一时间和消防、燃气公司联系。《城镇燃气管理条例》第七条规定,县级以上人民政府有关部门应当建立健全燃气安全监督管理制度,宣传普及燃气法律、法规和安全知识,提高全民的燃气安全意识。要通过宣传,让居民知晓燃气爆炸的危害性,擅自利用燃气设施危害到其他人的安全和利益,是要承担刑事责任的。

【案例六】

南京市新街口汉中路一工地内,挖掘机作业时不慎将地下煤气管道挖断,大量煤气顿时向外喷出,民警迅速将汉中路由西向东,经过事发工地附近的半幅路面实施了封锁警戒,半小时后险情排除,交通恢复顺畅。

该事故的主要法律责任:

根据《城镇燃气管理条例》第三十四条:在燃气设施保护范围内,有关单位从事敷设管道、打桩、顶进、挖掘、钻探等可能影响燃气设施安全活动的,应当与燃气经营者共同制定燃气设施保护方案,并采取相应的安全保护措施。第五十条规定:违反本条例规定,在燃气设施保护范围内擅自从事上述活动的,由燃气管理部门责令停止违法行为,限期恢复原状或者采取其他补救措施,对单位处 5 万元以上 10 万元以下罚款,对个人处 5000 元以上 5 万元以下罚款;造成损失的,依法承担赔偿责任;构成犯罪的,依法追究刑事责任。

幸运的是该事故没有造成人员财产损失,如果有的话,施工方没有按照规定应申请燃气经营者制订保护方案,私自施工影响燃气设施安全,造成损失,施工方承担全部责任。造成人员伤亡的,根据法律规定,还要追究刑事责任。

消除该类事故的主要注意事项:在燃气设施保护范围内,有关单位从事敷设管道、打桩、顶进、挖掘、钻探等可能影响燃气设施安全活动的,应当与燃气经营者共同制定燃气设施保护方案,并采取相应的安全保护措施;燃气经营者应当按照国家有关工程建设标准和安全生产管理的规定,设置燃气设施防腐、绝缘、防雷、降压、隔离等保护装置和安全警示标志,定期进行巡查、检测、维修和维护,确保燃气设施的安全运行。

【案例七】

某男在早上散步过程中,地下天然气爆炸造成死亡。头一天晚上 11 点就知道该区域有天然气泄漏,燃气公司已经提前通知了附近居民。

该事故的法律责任:

该地段天然气泄漏,供气公司方在前一天晚上已经通知了附近居民,但该男子仍然从那个地段走过,自身也存在一定过错,应承担部分责任。虽然供气方提前通知,但采取的防护措施不到位,没有及时抢修,没有消除安全隐患,是造成事故的主要责任,燃气公司方对损害后果承担主要赔偿责任。

避免该类事故发生,应提高居民防范意识,根据《城镇燃气管理条例》第四十条:任何单位和个人发现燃气安全事故或者燃气安全事故隐患等情况,应当立即告知燃气经营者,或者向燃气管理部门、公安机关消防机构等有关部门和单位报告。燃气公司应对燃气管线加强巡查和检查,发现泄漏及时维修和抢修,在抢修中做好警戒和防范,确保居民安全。

【案例八】

某业主将自家房屋出租,考虑到房子出租,又不是自己使用,对已经出现故障的灶具既没进行更换,也没告知租房户。租房户搬进后,打火做饭,造成燃气爆炸、受伤。

该案例的法律责任：

事故是由于房屋的出租人提供了不合格的燃气灶具，并且没有事先告知租房户，因此该房屋的所有人对事故的发生存在过错，应承担事故相应的赔偿责任；租房户，作为完全民事行为人，应在使用前，对灶具进行检查，也应承担相应责任。

为避免该类事故的发生，结合当前房屋出租比较普遍，建议房屋所有权人在租房过程中，如果提供燃气具，一定要确保完好；租房人在使用前，要对设施进行仔细的检查。

（本文发布于 2015 年 9 月）

第七章

其他实务

燃气安全法律法规分析与评价①

黄志丰

一、从一起燃气事故的判决说起，厨房燃气爆炸一死三伤，法院判燃气公司担责 30%

因使用的嵌入式燃气灶连接软管的弯管接头松动，导致燃气泄漏并引发爆炸，酿成住户刘某一家四口一死三伤的惨剧。事后，刘某将燃气公司告上法庭。法院判定原、被告分别承担 70% 和 30% 的责任。

事故的经过是这样的，刘某、毛某夫妻育有二子刘某福、刘某腾。2015 年 4 月 11 日中午，刘某在家中使用嵌入式燃气灶做饭，所用燃气灶打火困难，经四五次操作才打火成功。下午，刘某再次使用该燃气灶具做饭，在尝试五六次仍未打火成功后，刘某更换了电池继续打火。期间刘某虽闻到臭味，但仍继续打火，瞬间发生爆炸。事故造成刘某、毛某、刘某腾受伤，刘某福当场死亡，房屋受损。三人共支付医疗费 13 万余元。刘某等三人则以管道燃气公司没有尽到合理安全告知义务为由，将其诉至法院，要求赔偿各项经济损失72 余万元。

法院审理案件后认为，本案中，刘某在燃气使用中出现多次打火不成、长时间闻到液化石油臭气等异常现象后，不但没有采取安全处置措施，反而继续强行打火，以致引发爆炸事故，是事故发生的直接原因，应承担主要责任；而被告作为管道燃气经营企业，在燃气经营许可到期后未取得新的经营许可情况下，继续从事管道燃气经营业务，且没有建立燃气用户档案，没有对用户尽到合理必要的安全检查、安全使用教育及指导义务，严重违反了《山东省燃气管理条例》等相关规定，其过错行为与本次事故的发生存在一定因果关联，是事故发生的间接原因，应当承担相应的赔偿责任。最终法院结合原被告的过错程度，确

---

① 本文首发于深圳市中瑞智管理策划公司微信公众号。作者为该司资深咨询专家。

定刘某负本次事故 70% 的责任、被告承担 30% 的赔偿责任,燃气公司赔偿刘某各项损失共计 21 万余元。

从这起判决可以看出,燃气公司对中华人民共和国住房和城乡建设部颁布,2014 年 11 月 19 日生效的《燃气经营许可管理办法》未及时收集、辨识和评价,导致经营许可过期的违法情况出现;同时对《山东省燃气管理条例》第二十条,对用户安全用气进行定期检查,在操作上存在提供相关安全检查、安全教育记录不全的执行不符合。从而可以看出主动收集、辨识和评价燃气安全相关法律法规是非常重要,也非常必要的。

二、燃气公司安全法律法规方面存在哪些问题?

很多燃气公司管理人员经常把守法说在口里,但需要准守哪些法律法规说不全,主要是知道《中华人民共和国安全生产法》《城镇燃气管理条例》等几部主要的法律法规及国家、行业标准规范。所以容易导致制度中与法律法规的不一致,行为上与法律法规不吻合,另外以下几个方面问题也常在燃气公司出现:

1. 管理人员对安全法律法规不重视,只有在出现违法处罚后才了解相关法律法规要求。

2. 没有系统地收集整理需要遵守的安全法律法规,常常出现公司保留的法律法规已作废或不是最新版本。

3. 缺乏从制度、行为上对合规性的评价。不清楚公司存在哪些与法律法规要求不一致的情况,甚至是严重的违法情况。

4. 在安全培训年度计划中,缺乏安全法律法规相关的内容。

三、燃气公司需要收集哪些安全法律法规?

作为一家燃气公司,应该收集哪些法律法规呢?根据《立法法》的规定,法律体系框架主要分为三层[1]:

第一层为法律,由全国人大通过。如 2014 年 8 月 31 日第十二届全国人民代表大会常务委员会第十次会议通过全国人民代表大会常务委员会关于修改《中华人民共和国安全生产法》的决定,自 2014 年 12 月 1 日起施行的《中华人

---

[1] 李林:《关于立法权限划分的理论与实践》,《法学研究》1998 年第 5 期。

民共和国安全生产法》;

第二层为行政法规,行政法规分为国务院行政法规和地方性法规,由国务院通过的是国务院行政法规,如2010年10月19日国务院第129次常务会议通过,自2011年3月1日起施行《城镇燃气管理条例》;由地方人大常委会通过的是地方性法规如2014年5月28日浙江省第十二届人民代表大会常务委员会第十次会议审议通过的《浙江省燃气管理条例》;

第三层为规章,规章分为国务院部门规章和地方政府规章,由国务院组成部门以部长令形式发布的是国务院部门规章,如2015年7月30日国家安全生产监督管理总局局长办公会议审议通过,2015年8月4日实施的国家安全生产监督管理总局令第84号,《油气罐区防火防爆十条规定》;由地方政府以政府令形式发布是地方政府规章。地方性法规和地方政府规章由有立法权的地方人大和地方政府发布。如浙江省人民政府第102次常务会议审议通过,自2013年3月1日起施行《浙江省生产安全事故报告和调查处理规定》。

另外,国家颁布的非推荐性标准也是需要遵守的,如:中华人民共和国国家标准2012年9号文公告,由全国天然气标准化技术委员会归口、中国西南油气田公司天然气研究院和CPE西南分公司负责起草的强制性国家标准2012年5月发布,2012年9月1日实施GB 17820—2012《天然气》。

四、如何进行安全法律法规收集?

安全法律法规收集主要通过政府部门相关网站,如:国家安全生产监督总局网站 www.chinasafety.gov.cn/newpage/flfg/flfg.htm 下属的法律法规专栏;专业的微信公众号,如"天然气与法律";以及从事燃气安全管理专业的咨询公司。只要不断关注燃气行业法律法规动态,每个月通过以上渠道进行燃气安全法律法规动态更新,基本能获取到最新的法律法规。

在企业内部,对收集安全法律法规的分工也非常重要,让专业的人收集专业的法律法规是一种比较好的做法,一般可以将安全法律法规分为综合、消防、事故、员工权益、防护用品、安全标志、交通类、工程、高危作业、用电、培训、燃气行业设计、危化品、设备、检测、防雷、职业健康、客服、应急管理、技术类等20余类。以下为笔者整理的2010年以来生效的128部法律法规,供参考。

表1 安全法律法规索引

类别	序	名称	发布号/标准号	发布单位	生效日期
1.综合类	1	中华人民共和国安全生产法	主席令第13号	全国人民代表大会常务委员会	2014年12月21日
	2	燃气经营许可管理办法	建城〔2014〕167号	中华人民共和国住房和城乡建设部	2014年11月19日
	3	安全生产许可证条例	国务院令第397号	中华人民共和国国务院	2014年7月29日
	4	中华人民共和国劳动合同法	主席令第65号	全国人民代表大会常务委员会	2013年7月1日
	5	企业安全生产费用提取和使用管理办法	财企[2012]16号	中华人民共和国财政部、国家安全监管总局	2012年2月14日
	6	中华人民共和国刑法	主席令第83号	全国人民代表大会常务委员会	2011年5月1日
	7	城镇燃气管理条例	国务院令第583号	中华人民共和国国务院	2011年3月1日
	8	建设项目安全设施"三同时"监督管理暂行办法	总局令第36号文	国家安全生产监督管理总局	2011年2月1日
	9	工伤保险条例	国务院令第586号	中华人民共和国国务院	2011年1月1日
	10	工伤认定办法	人力资源和社会保障部令第8号	中华人民共和国人力资源和社会保障部	2011年1月1日
2.消防类	1	建筑设计防火规范	GB 50016—2014	中华人民共和国建设部/国家质量监督检验检疫总局	2015年5月1日
	2	仓储场所消防安全管理通则	GA 1131—2014	中华人民共和国公安部	2014年3月1日
	3	汽车加油加气站设计与施工规范	GB 50156—2012	中华人民共和国住房和城乡建设部/国家质量监督检验检疫总局	2013年3月1日
	4	消防产品现场检查判定规则	GA 588—2012	中华人民共和国公安部	2013年1月1日

类别	序	名称	发布号/标准号	发布单位	生效日期
3.事故类	1	《生产安全事故报告和调查处理条例》罚款处罚暂行规定	总局令第 77 号	国家安全生产监督管理总局	2015 年 5 月 1 日
	2	火灾事故调查规定	公安部令第 121 号	中华人民共和国公安部	2012 年 11 月 1 日
4.员工权益类	1	女职工劳动保护特别规定	国务院令第 619 号	中华人民共和国国务院	2012 年 4 月 28 日
5.防护用品类	1	用人单位劳动防护用品管理规范	安监总厅安健〔2015〕124 号	安全监管总局办公厅	2015 年 12 月 29 日
	2	鞋类 整鞋试验方法 感官质量	GB/T 3903.5—2011	中华人民共和国国家质量监督检验检疫总局/中国国家标准化管理委员会	2012 年 2 月 1 日
	3	摩托车乘员头盔	GB 811—2010	中华人民共和国国家质量监督检验检疫总局/中国国家标准化管理委员会	2011 年 5 月 1 日
6.安全标志类	1	消防安全标志 第 1 部分:标志	GB 13495.1—2015	中华人民共和国国家质量监督检验检疫总局/中国国家标准化管理委员会	2015 年 8 月 1 日
	2	图形符号 安全色和安全标志 第 1 部分安全标志和安全标记的设计原则	GB/T 2893.1—2013	中华人民共和国国家质量监督检验检疫总局/中国国家标准化管理委员会	2013 年 11 月 30 日
	3	城镇燃气标志标准	CJJ/T 153—2010	中华人民共和国住房和城乡建设部	2011 年 8 月 1 日
7.交通类	1	道路危险货物运输管理规定	交通运输部令 2013 年第 2 号	中华人民共和国交通运输部	2013 年 7 月 1 日
	2	中华人民共和国道路交通安全法	主席令第 47 号	全国人民代表大会常务委员会	2011 年 5 月 1 日

（续表）

类别	序	名称	发布号/标准号	发布单位	生效日期
8.工程类	1	建筑业企业资质管理规定	住房和城乡建设部令第22号	住房和城乡建设部	2015年3月1日
	2	中华人民共和国安全生产法	主席令第13号	全国人民代表大会常务委员会	2014年12月21日
	3	建筑工程施工许可管理办法	住房和城乡建设部令第18号	住房和城乡建设部	2014年10月25日
	4	中华人民共和国建筑法	主席令第46号	全国人民代表大会常务委员会	2011年7月1日
	5	中华人民共和国石油天然气管道保护法	主席令第30号	全国人民代表大会常务委员会	2010年10月1日
	6	房屋建筑和市政基础设施工程质量监督管理规定	住房和城乡建设部令第5号	住房和城乡建设部	2010年9月1日
9.高危作业类	1	化学品生产单位特殊作业安全规范	GB 30871—2014	中华人民共和国国家质量监督检验检疫总局/中国国家标准化管理委员会	2015年6月1日
	2	生产区域动火作业安全规范	HG 30010—2013	中华人民共和国工业和信息化部	2014年7月1日
	3	生产区域受限空间作业安全规范	HG 30011—2013	中华人民共和国工业和信息化部	2014年7月1日
	4	生产区域动土作业安全规范	HG 30016—2013	中华人民共和国工业和信息化部	2014年7月1日
	5	工贸企业有限空间作业安全管理与监督暂行规定	总局令第59号	国家安全生产监督管理总局	2013年7月1日
	6	化学品生产单位动火作业安全规范	AQ 3022—2008	国家安全生产监督管理总局	2010年8月10日
10.用电类	1	建设工程施工现场供用电安全规范	GB 50194—2014	中华人民共和国住房和城乡建设部	2015年1月1日
	2	爆炸危险环境电力装置设计规范	GB 50058—2014	中华人民共和国住房和城乡建设部/国家质量监督检验检疫总局	2014年10月1日
	3	低压配电设计规范	GB 50054—2011	中华人民共和国住房和城乡建设部	2012年6月1日

189

类别	序	名称	发布号/标准号	发布单位	生效日期
11. 培训类	1	燃气经营企业从业人员专业培训考核管理办法	建城〔2014〕167号	中华人民共和国住房和城乡建设部	2014年11月19日
	2	生产经营单位安全培训规定	总局令第63号	国家安全生产监督管理总局	2013年8月19日
	3	特种设备作业人员考核规则	TSG Z6001—2013	国家质量监督检验检疫总局	2013年6月1日
	4	安全生产培训管理办法	总局令第44号	国家安全生产监督管理总局	2012年3月1日
	5	特种作业人员安全技术培训考核管理规定	总局令第30号	国家安全生产监督管理总局	2010年7月1日
12. 燃气行业设计类	1	液化天然气接收站工程设计规范	GB 51156—2015	中华人民共和国住房和城乡建设部	2016年6月1日
	2	城镇燃气规划规范	GB/T 51098—2015	中华人民共和国住房和城乡建设部	2015年11月1日
	3	输气管道工程设计规范	GB 50251—2015	中华人民共和国住房和城乡建设部	2015年10月1日
	4	建筑设计防火规范	GB50016—2014	中华人民共和国住房和城乡建设部/国家质量监督检验检疫总局	2015年5月1日
	5	油气长输管道工程施工及验收规范	GB 50369—2014	中华人民共和国住房和城乡建设部/国家质量监督检验检疫总局	2015年3月1日
	6	城镇燃气埋地钢质管道腐蚀控制技术规程	CJJ 95—2013	中华人民共和国住房和城乡建设部	2014年6月1日
	7	家用燃气燃烧器具安装及验收规程	CJJ 12—2013	中华人民共和国住房和城乡建设部	2014年2月1日
	8	汽车加油加气站设计与施工规范	GB 50156—2012	中华人民共和国住房和城乡建设部/国家质量监督检验检疫总局	2013年3月1日

类别	序	名称	发布号/标准号	发布单位	生效日期
12.燃气行业设计类	9	石油天然气金属管道焊接工艺评定	SY/T 0452—2012	国家能源局	2012年12月1日
	10	城镇燃气调压器	GB 27790—2011	中华人民共和国国家质量监督检验检疫总局/中国国家标准化管理委员会	2012年11月1日
	11	石油天然气工业管线输送用钢管	GB/T 9711—2011	中华人民共和国国家质量监督检验检疫总局/中国国家标准化管理委员会	2012年6月1日
	12	现场设备、工业管道焊接工程施工质量验收规范	GB 50683—2011	中华人民共和国住房和城乡建设部/国家质量监督检验检疫总局	2012年5月1日
	13	膜式燃气表	GB/T 6968—2011	中华人民共和国国家质量监督检验检疫总局/中国国家标准化管理委员会	2012年5月1日
	14	工业金属管道工程施工规范	GB 50235—2010	中华人民共和国住房和城乡建设部/国家质量监督检验检疫总局	2011年6月1日
	15	家用燃气报警器及传感器	CJ/T 347—2010	中华人民共和国住房和城乡建设部	2011年1月1日
	16	钢制对焊管件	SY/T 0510—2010	国家能源局	2010年12月15日
	17	石油天然气站内工艺管道工程施工规范	GB 50540—2009	中华人民共和国住房和城乡建设部/国家质量监督检验检疫总局	2010年6月1日

类别	序	名称	发布号/ 标准号	发布单位	生效日期
13.危化品类	1	油气罐区防火防爆十条规定	总局令第84号	国家安全生产监督管理总局	2015年8月4日
	2	国家安全监管总局关于废止和修改危险化学品等领域七部规章的决定	总局令第79号	国家安全生产监督管理总局	2015年7月1日
	3	危险化学品目录（2015年版）	2015年第5号文	安全监管总局/工业和信息化部/公安部/环境保护部/交通运输部/农业部/国家卫生计生委/质检总局/铁路局/民航局	2015年5月1日
	4	危险化学品安全管理条例	国务院令第645号	中华人民共和国国务院	2013年12月7日
	5	危险化学品经营许可证管理办法	总局令第55号	国家安全生产监督管理总局	2012年9月1日
	6	危险化学品建设项目安全监督管理办法	总局令第45号	国家安全生产监督管理总局	2012年4月1日
	7	危险化学品重大危险源监督管理暂行规定	总局令第40号	国家安全生产监督管理总局	2011年12月1日
	8	危险化学品生产企业安全生产许可证实施办法	总局令第41号	国家安全生产监督管理总局	2011年12月1日
	9	关于公布首批重点监管的危化品名的通知	安监总管三〔2011〕95号	国家安全监管总局	2011年6月25日
	10	危险化学品生产许可证实施细则（2）	(X)XK13—010	国家质量监督检验检疫总局	2011年1月19日
	11	化学品分类和危险性公示_通则	GB13690—2009	中华人民共和国国家质量监督检验检疫总局/中国国家标准化管理委员会	2010年5月1日

（续表）

类别	序	名称	发布号/标准号	发布单位	生效日期
14.设备类	1	特种设备目录	质检总局2014年底114号	国家质量监督检验检疫总局	2014年11月3日
	2	中华人民共和国特种设备安全法	主席令第4号文	全国人民代表大会常务委员会	2014年1月1日
	3	特种设备作业人员监督管理办法	质监总局令第140号	国家质量监督检验检疫总局	2011年7月1日
15.检测类	1	天然气的组成分析气相色谱法	GB/T 13610—2014	中华人民共和国国家质量监督检验检疫总局/中国国家标准化管理委员会	2015年5月1日
	2	天然气发热量密度 相对密度和沃泊指数的计算方法	GB/T 11062—2014	中华人民共和国国家质量监督检验检疫总局/中国国家标准化管理委员会	2015年5月1日
	3	天然气水露点的测定 冷却镜面凝析湿度计法	GB/T 17283—2014	中华人民共和国国家质量监督检验检疫总局/中国国家标准化管理委员会	2015年5月1日
	4	中华人民共和国计量法	主席令第26号	全国人民代表大会常务委员会	2014年3月1日
	5	压力容器定期检验规则	TSG R7001—2013	中华人民共和国国家质量监督检验检疫总局	2013年7月1日
	6	压缩天然气加气机检定规程	JJG 996—2012	中华人民共和国国家质量监督检验检疫总局	2013年6月3日
	7	移动式压力容器充装许可规则	TSG_R4002—2011	中华人民共和国国家质量监督检验检疫总局	2011年5月10日
	8	天然气含硫化合物的测定 第4部分:用氧化微库仑法测定总硫含量	GB/T 11060.4—2010	中华人民共和国国家质量监督检验检疫总局/中国国家标准化管理委员会	2010年12月1日
	9	压力管道定期检验规则	TSG D7004—2010	中华人民共和国国家量监督检验检疫总局颁布	2010年11月1日

193

（续表）

类别	序	名称	发布号/标准号	发布单位	生效日期
16.防雷类	1	防雷减灾管理办法	中国气象局第24号令	中国气象局	2013年6月1日
	2	防雷装置设计审核和竣工验收规定	中国气象局第21号令	中国气象局	2011年9月1日
	3	气象灾害防御条例	国务院令第570号	中华人民共和国国务院	2010年4月1日
17.职业健康类	1	加强用人单位职业卫生培训工作的通知	安监总厅安健〔2015〕121号	国家安全监管总局办公厅	2015年12月21日
	2	职业病危害因素分类目录	国卫疾控发〔2015〕92号	国家卫生计生委/人力资源社会保障部/安全监管总局/全国总工会	2015年11月17日
	3	职业健康检查管理办法	卫计委令第5号	国家卫生和计划生育委员会	2015年5月1日
	4	用人单位职业病危害防治八条规定	安监总局76号令	国家安全生产监督管理总局	2015年3月24日
	5	用人单位职业病危害因素定期检测管理规范	安监总厅安健〔2015〕16号	国家安全生产监督管理总局	2015年2月28日
	6	用人单位职业病危害告知与警示标识管理规范	安监总厅安健〔2014〕111号	国家安全监管总局办公厅	2014年11月13日
	7	职业健康监护技术规范	GBZ 188—2014	国家卫生和计划生育委员会	2014年10月1日
	8	职业卫生档案管理规范	安监总厅安健〔2013〕171号	国家安全监管总局办公厅	2013年12月31日
	9	职业病分类和目录	国卫疾控发〔2013〕48号	国家卫生计生委/人力资源社会保障部/安全监管总局/全国总工会	2013年12月23日
	10	工作场所职业病危害作业分级 第4部分:噪声	GBZ/T 229.4—2012	中华人民共和国卫生部	2012年12月1日

（续表）

类别	序	名称	发布号/标准号	发布单位	生效日期
17.职业健康类	11	防暑降温措施管理办法	安监总安健〔2012〕89号	国家安全生产监督管理总局、卫生部、人力资源和社会保障部、中华全国总工会	2012年6月9日
	12	工作场所职业卫生监督管理规定	安监总局47号令	国家安全生产监督管理总局	2012年6月1日
	13	职业病危害项目申报办法	安监总局48号令	国家安全生产监督管理总局	2012年6月1日
	14	用人单位职业健康监护监督管理办法	安监总局49号令	国家安全生产监督管理总局	2012年6月1日
	15	建设项目职业卫生"三同时"监督管理暂行办法	安监总局51号令	国家安全生产监督管理总局	2012年6月1日
	16	职业健康安全管理体系实施指南	GBT28002—2011	中华人民共和国国家质量监督检验检疫总局/中国国家标准化管理委员会	2012年2月1日
	17	中华人民共和国职业病防治法	主席令第52号	全国人民代表大会常务委员会	2011年12月31日
	18	工作场所职业病危害作业分级 第3部分:高温	GBZ/T 229.3—2010	中华人民共和国卫生部	2010年10月1日
	19	工业企业设计卫生标准	GBZ 1—2010	中华人民共和国卫生部	2010年8月1日
18.客服类	1	家用燃气燃烧器具安装及验收规程	CJJ 12—2013	中华人民共和国住房和城乡建设部	2014年2月1日
	2	燃气服务导则	GB/T 28885—2012	中华人民共和国国家质量监督检验检疫总局/中国国家标准化管理委员会	2013年6月1日

（续表）

类别	序	名称	发布号/标准号	发布单位	生效日期
19.应急管理类	1	企业安全生产应急管理九条规定	总局令第74号	国家安全生产监督管理总局	2015年2月28日
	2	生产经营单位生产安全事故应急预案编制导则	GB/T 29639—2013	中华人民共和国国家质量监督检验检疫总局/中国国家标准化管理委员会	2013年10月1日
	3	中央企业应急管理暂行办法	第31号	国务院国有资产监督管理委员会	2013年2月28日
	4	生产安全事故应急演练指南	AQ/T 9007—2011	国家安全生产监督管理总局	2011年9月1日
	5	国家安全生产应急救援指挥中心关于切实做好中央企业应急预案工作的通知	应指信息〔2011〕14号	国家安全生产应急救援指挥中心信息管理部	2011年5月9日
20.技术类	1	城市综合管廊工程技术规范	GB 50838—2015	中华人民共和国住房和城乡建设部/中华人民共和国国家质量监督检验检疫总局	2015年6月1日
	2	《移动式压力容器安全技术监察规程》行业标准第1号修改单	TSG R0005—2011/XG1—2014	中华人民共和国国家质量监督检验检疫总局	2015年4月1日
	3	燃气汽车专用装置的安装要求	GB 19239—2013	中华人民共和国国家质量监督检验检疫总局/中国国家标准化管理委员会	2014年7月1日
	4	民用建筑燃气安全技术条件	GB 29550—2013	中华人民共和国国家质量监督检验检疫总局/中国国家标准化管理委员会	2014年5月1日
	5	燃气燃烧器具安全技术条件	GB 16914—2012	中华人民共和国国家质量监督检验检疫总局/中国国家标准化管理委员会	2013年11月1日

（续表）

类别	序	名称	发布号/标准号	发布单位	生效日期
20.技术类	6	天然气	GB17820—2012	中华人民共和国国家质量监督检验检疫总局/中国国家标准化管理委员会	2012年9月1日
	7	移动式压力容器安全技术监察规程	TSG R0005—2011	中华人民共和国国家质量监督检验检疫总局	2012年6月1日
	8	城镇燃气报警控制系统技术规程	CJJ/T 146—2011	中华人民共和国住房和城乡建设部	2011年12月1日
	9	城镇燃气加臭技术规程	CJJ/T 148—2010	中华人民共和国住房和城乡建设部	2011年8月1日
	10	燃气采暖热水炉	GB 25034—2010	中华人民共和国国家质量监督检验检疫总局/中国国家标准化管理委员会	2011年7月1日
	11	燃气用具连接用不锈钢波纹软管	CJ/T 197—2010	中华人民共和国住房和城乡建设部	2010年12月1日
	12	国家电气设备安全技术规范	GB 19517—2009	中华人民共和国国家质量监督检验检疫总局/中国国家标准化管理委员会	2010年10月1日
	13	燃气汽车改装技术要求 第1部分：压缩天然气汽车	GB/T 18437.1—2009	中华人民共和国国家质量监督检验检疫总局/中国国家标准化管理委员会	2010年1月1日
21.食品安全类	1	餐饮服务食品安全监督管理办法	卫生部令第71号	中华人民共和国卫生部	2010年5月1日

五、如何进行安全法律法规评价？

收集了安全法律法规，只是做到了规避安全法律法规风险的第一步[1]，如果不结合企业管理现状进行分析和评价，企业违法的风险依然存在。评价的方法

---

[1] 曹帅，张谭梦：《浅谈城市燃气安全与风险对策措施》，《河南科技》2014年第9期。

主要包括：

1.根据不同专业类型进行分工,做到专业对口,评价针对性强。

2.识别与公司相关的法律法规条款。

3.结合企业管理制度,评价制度方面与安全法律法规的不符合情况。

4.结合企业安全管理的现场和员工的行为,评价执行方面与安全法律法规的不符合情况。

5.对不符合情况进行汇总统计。

在评价过程中尤其是对不符合情况要进行详细描述。

表2 法律法规合规性评价记录(案例)

法律法规名称	法规条款	公司相关职能部门	评价结果	不符合描述	相关支持文件与资料	评价人	评价日期
城镇燃气管理条例	第三章 燃气经营与服务 第十七条 燃气经营者应当向燃气用户持续、稳定、安全供应符合国家质量标准的燃气,指导燃气用户安全用气、节约用气,并对燃气设施定期进行安全检查。	生产部、安全部、技术部以及各分公司	符合	—	公司气质检测、安全巡检、服务热线、客户服务等有关资料	张山	2016/3/28
	第二十条 管道燃气经营者因施工、检修等原因需要临时调整供气量或者暂停供气的,应当将作业时间和影响区域提前48小时予以公告或者书面通知燃气用户,并按照有关规定及时恢复正常供气;因突发事件影响供气的,应当采取紧急措施并及时通知燃气用户。	生产部、供气、管网	不符合符合	目前公司做到提前36小时通知,未做到提前48小时通知	停复气制度	张山	2016/3/28

六、安全法律法规评价结果如何应用？

评价的不符合项是安全管理制度、日常安全检查、年度安全投入的管理重点，需要针对不符合项分析原因，明确改善措施，制定专项管理方案，定人、定时间、定资源，从而达到规避安全法律法规风险的目的。

表3　安全法律法规不符合项管控方案（案例）

法律法规名称	不符合描述描述	不符合原因分析	实施方案	主要负责部门及负责人	费用预算	完成期限	相关输出文件
城镇燃气管理条例	第二十条　管道燃气经营者因施工、检修等原因需要临时调整供气量或者暂停供气的，应当将作业时间和影响区域提前48小时予以公告或者书面通知燃气用户，公司制度规定为36小时，属于不符合。	原有制度为2005年制定，从操作方面认为36小时比较合适，未及时更新	1.购买《城镇燃气管理条例》50册，并在内部发放	安全部	200元	2016年5月5日前	《发放记录》
			2.组织对《城镇燃气管理条例》进行学习	安全部、供气、运行、客服	—	2016年5月10日前	《培训记录》
			3.修订公司《停复气制度》，并组织学习	安全部、供气、运行、客服	—	2016年6月20日前	《停复气制度》《培训记录》

安全法律法规的分析和评价是一个系统、持续的过程，每一个安全管理人员只要知道自己在法律法规中需要承担什么职责，才能采取符合要求的行为，并保留与法律法规要求一致的记录，希望通过合规性评价，每一个管理人员都不会在发生事故时躺着中枪。

市政公用事业中的联合体法律问题[①]

杨小辉

联合体投标是指两个或两个以上法人或其他组织组成一个临时的联合体组织,以一个投标人的身份参与投标的行为。随着我国经济和科学技术的发展,专业划分越来越细,建设项目越来越复杂,完全由一个单位独自完成整个大型项目变得越来越困难,通过组建联合体的方式承揽项目已被广泛应用于工程建设领域。例如,大型的市政公用事业 BOT(Build－Operate－Transfer)项目,一般都由多家实力雄厚的公司组成一个联合体的方式参与竞标。

采用联合体投标,不仅可以使投标各方在资质、优势方面互补,减少风险,而且在很多项目上可以享受标价优惠(包括世界银行和亚洲开发银行提供的贷款项目中规定,与当地公司组成的联营体可享受 7.5％的标价优惠)。

本文就招投标过程中,联合体成员的法律性质及资质要求、联合体的特征及法律性质、联合体内外部责任承担,以及实践中创新的联合招投标等主要问题加以分析,以帮助读者对联合体有更清晰的认识。

一、联合体成员的法律性质及资质要求

1.自然人能否作为联合体的组成成员?

关于投标联合体成员的法律性质,《中华人民共和国招标投标法》(以下简称《招投标法》)第三十一条第一款规定:"两个以上法人或其他组织可以组成一个联合体,以一个投标人的身份共同投标。"《中华人民共和国政府采购法》(以下简称《政府采购法》)第二十四条第一款规定:"两个以上自然人、法人或其他组织可以组成一个联合体,以一个供应商的身份共同参加政府采购。"从以上两个规定可以看出,法人和其他组织可以作为联合体的成员共同参加到工程建设项目当中来,而有争议的是,自然人是否有权作为联合体的组成人员。

[①] 本文首发于济邦咨询公司网站。

在制定《招标投标法》时，国家对于自然人作为单独投标人时的资格作了限制性的规定，一般情况下，自然人不能作为投标人参与到招标投标项目中，只有在科技项目的招标中，自然人方可作为投标人参与投标。大型的市政基础设施工程，一般都是复杂的建设工程项目，而且项目建成后往往还涉及项目设施的运营，这些项目对于投标人的要求都是比较高的。

因此，笔者认为，对于市政基础设施建设项目一般不允许自然人作为联合体的组成成员参与投标，除非国家在法律中明确做出许可。

2. 联合体成员的资质要求

关于联合体组成成员的资质要求，一般情况下是招标人对投标人或者是潜在的投标人进行资格审查时，在财务实力、技术实力、管理能力等方面做的特殊要求。

《招标投标法》第三十一条第二款规定："联合体各方均应当具备承担招标项目的相应能力，国家有规定或者招标文件对投资人资格条件有规定的，联合体各方均应当具备规定的相应资格条件。由同一专业的单位组成的联合体，按照资质等级较低的单位确定资质等级。"《政府采购法》中对于联合体成员并没有做出特别的规定，也即对于联合体成员的资格要求与作为单独供应商的要求是完全相同的。

对于前述《招标投标法》中规定的联合体各方所具备的承担项目的相应能力是指，完成招标项目所需要的技术、资金、运营管理等方面的能力，联合体各方只需满足在联合体协议中约定的各自所承揽的部分所应具备的能力，而非完成全部项目的能力。同时，为了防止资质等级较低的一方利用资质等级较高的一方的名义取得中标人资格，造成中标后不能保证建设工程项目质量的情况的发生，《招标投标法》特规定，对于由同一专业的单位组成的联合体，按照资质等级较低的单位确定资质等级。因此，投资人在考虑是否组建联合体以及与谁组建联合体参与项目投标时，应当慎重考虑对方的等级资质情况，真正达到强强联合的目的。

二、联合体的特征及法律性质

1. 联合体的特征

对《招标投标法》《政府采购法》等法律法规中关于联合体的规定进行分析，

可以看出联合体具有以下法律特征：

(1)主体的有条件性。如前文所述，《招标投标法》规定联合体各方均应具备承担招标项目的相应能力，国家有关规定或者招标文件中对投标人资格条件有规定的，联合体各方均应当具备规定的相应资格条件。对于参与组建联合体的各个成员，必须具备承担项目相应的能力，满足法律法规或者招标文件的要求。因此，联合体的成立必须满足一定的条件。

(2)组成的自主性。《招标投标法》第三十一条第四款规定："招标人不得强制投标人组成联合体共同投标。"《招标投标法》及《政府采购法》的法律法规赋予了投标人组建联合体参与项目投标的权利。但是，是否组建联合体以及与谁组建联合体参与项目投标则由投标人根据自愿原则自行决定。

(3)组织的临时性。联合体招投标一般都适用于规模比较大或者结构比较复杂的项目，招标项目经过开标、评标及定标的程序后，如果联合体未中标，则自招标人公布中标结果时联合体即行解散。如果经评标联合体中标的，则联合体各成员按照联合体协议的约定，负责完成协议中约定的工作并承担相应的法律责任。对于经营性的市政公用基础设施项目，联合体中标后，一般需要由联合体成员出资另行成立项目公司，由项目公司负责完成项目工程建设和后期的运营。并且，在投标过程中若联合体违反法律或招标文件的规定，联合体成员应承担相应的法律责任。所以，联合体只是一个临时性的组织，而不具有法人资格。

2.联合体的法律性质

对投标联合体法律性质的认定，对于认识投标联合体的法律地位，联合体及联合体成员的权利和义务、违约责任的承担与分配等都是极其重要的，但是，我国法律对于联合体的法律性质并没有作明确的规定。现今很多观点认为联合体实质上是合伙，对于联合体有关问题可以依照法律对于合伙的有关规定来认定。以下就联合体与合伙加以分析，以明确联合体的法律性质。

联合体是由两个或两个以上的法人或其他组织共同组成的非法人组织，联合体各方通过签订联合体协议约定各自的责任，共同对招标人承担责任。从前文对联合体法律特征分析来看，联合体与民法中的合伙组织以及联合体协议与合伙协议具有很大的相似性。因此，很多观点认为联合体实质上是合伙的一种。

笔者认为，对于联合体，不应当认为是一种合伙，其理由主要有以下几点：

首先，对于合伙，我国《中华人民共和国民法通则》及《中华人民共和国合伙企业法》里都有相关的规定，从以上两个法律的规定看，我国对于合伙的规定既包括了契约的性质，又强调合伙各方共同经营的组织行为，也即合伙是两个或两个以上的民事主体订立合伙协议，共同出资、共同经营、共享收益、共担风险，对合伙债务共同承担无限连带责任的营利性组织。尽管就有限合伙企业来说，有限合伙人并不必须参与合伙企业的经营管理，但是，有限合伙企业仍强调对于合伙企业的共同经营与管理以及享有合伙企业收益的分享。而联合体主要是契约的性质，通过协议约定各自应当完成的工作，一般不涉及共同出资、共同经营、共享收益，即联合体一般不具有组织体的行为。联合体的组建目的主要是为了在投标过程中利用联合体成员之间的优势，以利于在投标中中标，而并不是为了共同经营的目的而组建的。

其次，从法律性质上来看，合伙是除了法人和自然人之外的第三类民事主体，具有很强的独立性。合伙可以由自己的名号，独立的资产，可以以自己的名义在一定业务范围内参加民商事法律关系，并且在民商事法律关系中享有法律权利和承担法律义务。而联合体则并不是一个独立的主体，联合体中标后，并不能以联合体的身份与招标人签订合同，只能由联合体成员各方共同与招标人签订合同。并且，在合同实施过程中，联合体也不能以自己的名义对外参加业务，享受权利和承担义务。

最后，从拥有的财产和责任承担方面看，合伙是由合伙人共同出资以及在合伙经营过程中积累的财产作为物质基础和前提开展业务并享有权利和承担义务。合伙成立以后，合伙人投入合伙企业的财产不再属于合伙人个人所拥有，其投入合伙企业的财产与合伙经营过程中所取得的财产共同构成合伙企业的财产，属于全体合伙人共同所有，具有相对的独立性。而联合体的组建，并不以联合体各方共同出资为前提，联合体各组成成员按照协议以自己所拥有的财产开展业务享有权利并承担责任。因此，联合体本身并不具有财产，也不能独立承担责任，联合体的责任最终必须由各联合体组成成员来承担。对于合伙企业的债务，因为合伙企业有自己独立的财产，所以说先以合伙企业的财产来清偿，合伙企业的财产不足以清偿合伙企业的债务时，合伙人再以自己的财产对合伙企业债权人清偿。也就是这种情况下合伙企业是第一顺序债务人，合伙人是第二顺序合伙人。联合体因为没有自己独立的财产，也就无所谓第一顺序债务人，对外承担责任时，联合体的成员直接以各自的财产承担连带责任。

综上,联合体作为一种组织,不属于我国民事法律中的法人或合伙。它是为了实现一定特殊目的而成立的临时性的非法人性质的组织,它成立的基础是联合体成员之间的契约,通过该契约,在联合体成员之间实现分工与合作。联合体不是一个独立主体,因此就不能单独承担责任。

三、联合体的内部关系和责任

联合体各方应当签订共同投标协议,明确约定各方应当承担的工作和责任,并将共同投标协议连同投标文件一并提交招标人。联合体中标者,联合体各方应当共同与招标人签订合同,就中标项目向招标人承担连带责任。因此,共同投标协议签订的依据,主要是《招标投标法》和《中华人民共和国合同法》,联合体成员之间的关系可以看作是以共同投标协议为基础的合同关系。联合体成员之间的关系主要表现在中标后对招标人承担的连带责任上,包括以下两种情况:

1. 联合体在接到中标通知书后为与招标人签订书面合同,除不可抗力外,联合体放弃中标项目的,其已经提交的投标保证金不予退还,给招标人造成的损失超过投标保证金额的,还应当对超过部分予以赔偿;未提交投标保证金的,联合体各方对招标人的损失承担连带赔偿责任。

2. 中标的联合体除不可抗力外,不履行与招标人签订的合同的,履约保证金不予以退还,给招标人造成的损失超过履约保证金数额的,还应当对超过部分予以赔偿;没有提交履约保证金的,联合体各方应当对招标人的损失承担连带责任。

四、联合体外部责任关系

《招标投标法》第三十一条第三款规定:"联合体中标的,联合体各方应当共同与招标人签订合同,就中标项目向招标人承担连带责任。"也即在签订合同时联合体各方均应参加合同的订立,并在合同上签字盖章。

在对外责任上,联合体的任何一方均有义务履行招标人提出的债权要求,而不能以内部联合体协议的约定来对抗招标人。联合体与合伙相类似的法律特征决定了联合体各方对招标人就招标项目应当承担连带责任,这有利于督促联合体各方按照联合体协议的约定完成自己的工作职责,又要互相监督协议,以确保整体项目合格。对于招标人而言,一旦招标项目出现应由联合体承担的责任问题,招标人可以选择要求联合体中任何一方或多方承担全部或部分责任,从而有利于招标项目的整体推进和完成。

五、实践中的创新模式

众所周知,大型、复杂的市政公用事业特许经营项目,往往都需要由多家实力雄厚的投资人组建联合体,以联合体的形式参与到项目的招投标中来,以实现强强联合并最终夺标。

但是,联合体通过投标夺取此类项目后,在联合体不具有相应施工等级资质的情况下,又必须通过招标的模式选定项目施工方。因此,对于时间紧迫的项目来说,往往会因为较繁琐而严格的招投标程序而耽误项目进度。

实践中,对于市政公用事业特许经营项目,有些地方政府要求项目的投标人也应当具有相应的施工等级资质,或者在投资人不具有相应的施工等级资质的情况下,投资人须与合适的施工方联合参与项目的投标,也即通过一次招标程序既选定了项目的投资人,又选定了项目的施工方。在投资人和施工方都选定以后,则由项目的投资人分别与招标人和施工方签订特许经营协议和施工合同,并且要求投资人对项目施工方因项目施工而引起的有关责任承担连带责任。

就如笔者所说,实践中采取上述联合招投标的形式,主要目的是为了争取项目进度,但这种做法是否具有合法和合理性呢?

对于市政公用事业特许经营项目的招标,通常做法是项目的投资人通过招投标获取项目的特许经营权以后,再由投资人通过招标的方式选定施工方;或项目的投资人本身即具有相关施工资质或者投资人与具有施工资质的企业或其他组织组建联合体参与项目的投标,在联合体中标后,由联合体各方与招标人共同签署特许经营协议。对于特许经营项目跳过二次招标选定施工方而通过一次招标同时确定项目投资人和施工方的做法虽然未得到法律的明确认可,但是通过该种方法选定的投资人和施工方,与通过二次招标的方式选定的施工方相比并没有实质上的区别。

《招标投标法》规定,对由同一专业的单位组成的联合体的资质认定,是按照资质等级较低的单位确定资质等级,对于非同一专业的单位组成的联合体,则按照各自的等级资质分别加以认定。

通过一次招投标的方式选定的投资人和施工方,都必须满足项目的有关要求,只是把投资人后期的工作提前完成而已。市政公用事业特许经营项目,项目的建设期只占特许经营期非常短的一段时间(或者很多项目的特许经营期是从项目运营开始计算),而项目的施工方在整个期间内的义务,通常仅仅包括项目的建设期以及其后的很短一段时间,若要求由项目的投资人与施工方共同与招标人签订特许经营协议并不具有合理性。

《招标投标法》规定联合体中标后联合体各方应与招标人共同签订协议,而前述提到的联合招投标仅由投资人与招标人签订特许经营协议并对施工方的施工承担连带责任。从特许经营项目的实际情况出发,该做法对于联合招投标更具有适用性,因为采取该做法,可以避免前文所述的项目施工方必须受整个特许经营期的束缚,同时也可以赋予在运营上更具优势的项目投资人更大的主动性。

六、小结

联合体参加投标,可以填补单个企业资源或技术缺口,提高企业竞争力,分散、降低企业经营风险,也有利于项目整体质量水平和效益水平的提高。

但是,在招标人决定是否接受联合体投标或投标人,是否以联合体形式投标之前,应当明确联合体的法律性质、内部各方权利、义务及责任的分担形式,以及对外法律责任。只有对这些重要的问题界定清楚后,才能发挥出联合体投标的真正优势并顺利完成项目。

(本文发布于2015年2月)

天然气加气站建设用地的法律分析

逯 尧

伴随着"气化"战略的逐步推开,各地的天然气加气站建设也如火如荼,那么在天然气加气站建设中涉及的土地问题也日益凸显。顾问单位在天然气加气站建设中遇到的用地问题引起了笔者的注意。在此,笔者从现行法律法规入手,通过分析天然气加气站建设用地现状,提出几点防范风险的建议。

一、天然气加气站建设用地的有关规定

我国现行法律法规主要从两个方面对土地的使用进行规范和调整。首先是从土地使用权的角度进行区分;其次,从土地用途的角度予以规范。笔者以此为角度对天然气加气站用地进行解析。

(一)天然气加气站用地性质为国有土地

依照《中华人民共和国土地管理法》(以下简称《土地管理法》)的规定,我国土地所有权分为国家所有和农民集体所有。根据《土地管理法》第43条的规定"任何单位和个人进行建设,需要使用土地的,必须依法申请使用国有土地",这里所指的国有土地包括国家所有的土地和国家征收的原属于农民集体所有的土地。《中华人民共和国城市房地产管理法》第9条规定"城市规划区内的集体所有的土地,经依法征用转为国有土地后,该国有土地的使用权方可有偿出让。"因此,申请建设天然气加气站所涉土地必须是国有土地。

目前,在我国取得国有土地使用权的方式分别为出让、转让和划拨。出让,指国家以土地所有者的身份将土地使用权在一定年限内让与土地使用者,并由土地使用者向国家支付土地使用权出让金(《土地管理法》第55条)。转让,即指获得土地使用权的土地使用者,通过买卖、赠与或其他合法方式将土地使用权再转移的行为。这里需要特别注意的是国有划拨土地使用权转让时须经县级以上人民政府土地行政主管部门审核,报有批准权的省人民政府批准,并补交地价款。

划拨,则指经县级以上政府依法批准,在土地使用者交纳补偿、安置等费用后,将该土地交由其使用,或者将其土地使用权无偿交付给土地使用者使用的行为。

(二)天然气加气站土地用途为建设用地

土地用途指土地权利人依照规定对其权利范围内的土地的利用方式和功能。依照我国《土地管理法》第4条之规定:土地分为农用地、建设用地和未利用地,其中,建设用地是指建造建筑物、构筑物的土地,包括城乡住宅和公共设施用地、工矿用地、交通水利设施用地、旅游用地、军事设施用地等。遗憾的是《土地管理法》并未就天然气加气站属于何种建设用地给予明确说明,但根据2012年1月1日起颁行实施的《城市用地分类与规划建设用地标准》(GB50137—2011)的规定可以得出:加油、加气站用地属于建设用地中的商业服务业设施用地。

此外,关于此种建设用地的使用年限,现行法规对此也予以明确规定。根据《城镇国有土地使用权出让和转让暂行条例》第12条的规定,"商业、旅游、娱乐用地的土地使用权出让最高年限为40年。"

由此可见,天然气加气站建设用地必须为国有土地,同时其土地用途为建设用地中的商业服务业设施用地,最高使用年限为40年。

二、建设天然气加气站用地的取得方式

目前,天然气加气站建设所需土地的取得方式主要有三种。一是出让取得;二是租赁取得;三是合作建站。

(一)出让取得土地

出让取得土地的方式主要有:协议出让、招标出让、拍卖出让和挂牌出让。

协议出让是土地使用权的出让者与受让者就某块地皮的使用条件和批租价格,进行一对一谈制,达成协议,签订出让合同的一种出让方式;招标出让土地使用权是指市、县人民政府土地行政主管部门发布招标公告,邀请特定或者不特定的公民、法人和其他组织参加国有土地使用权投标,根据投标结果确定土地使用者的行为;拍卖出让土地使用权是指出让人发布拍卖公告,由竞买人在指定时间、地点进行公开竞价,根据出价结果确定土地使用者的行为;挂牌出让土地使用权是指市、县人民政府土地行政主管部门发布挂牌公告,按公告规定的期限将拟出让宗地的交易条件在指定的土地交易场所挂牌公布,接受竞买

人的报价申请并更新挂牌价格,根据挂牌期限截止时的出价结果确定土地使用者的行为。

(二)租赁取得土地

在实际中,由于规划等原因造成天然气加气站建设土地十分稀缺。天然气加气站的建设更多采用了租赁土地的方式,其中包含租赁国有出让土地、租赁划拨土地和租赁集体土地的情况。

(三)合作建站

这种方式是天然气企业与土地使用权人签订合作建站协议,约定双方合作建设加气站,土地使用权人以土地作为合作资本,不参与管理,只参与分红,分红的数量是以所卖气量为基数,进行提成。

三、天然气加气站建设用地存在的法律问题

基于对以上情况的分析,笔者认为天然气加气站建设用地存在以下几个法律问题:

(一)部分天然气加气站建设用地不符合法律规定

依据法律、法规和国家标准,我国天然气加气站建设用地应为国有土地且土地用途为建设用地中的商业服务业设施用地。而许多天然气企业在建设天然气加气站的过程中虽然通过出让方式获得土地使用权,但土地性质往往不是商业服务业设施用地。

究其原因,建设天然气加气站需要经过CNG产业主管部门的严格审批,且建站土地必须符合土地规划部门的规划,这就造成了符合条件的土地成为稀缺资源。而在“气化”战略的推动下,迅速抢占市场成为经营者的必然选择,这就造成了许多企业不顾土地用途和政府规划购地建站。经营者往往以“先建站,后完善手续”的经营策略来扩大市场,这种方法本身即存在着法律风险。一旦土地用途无法变更,或者这片土地上的市政规划不是加气站,都为企业的经营埋下了隐患。

(二)以租赁方式取得土地的法律风险

1.租赁期限的风险

严格来说租赁期限的风险是一种合同风险,由于天然气加气站建设和运营的周期跨度比较长,因此造成合同的租赁期限也比较长。但根据《中华人民共和国合同法》(以下简称《合同法》)第214条的规定“租赁期限不得超过20年。超过20

年的,超过部分无效。租赁期间届满,当事人可以续订租赁合同,但约定的期限自续订之日起不得超过20年。"所以这里就存在两种风险,一是运营期限超过20年导致超出部分无效;二是续订时土地使用权所有者存在不续订的风险。

2.租赁集体土地的风险

我国法律法规明确规定天然气加气站应建在国有商业用地上,且必须在国土部门办理土地证,在规划部门办理规划用地许可证和施工许可证。租用集体土地建设天然气加气站违反我国法律法规的强制性规定,根据《合同法》的规定,"违反法律、行政法规的强制性规定的合同无效",所以租赁集体土地建设天然气加气站的合同终将归于无效。《合同法》第58条规定合同无效的法律后果"因该合同取得的财产,应予以返还,不能返还或者没必要返还的,应当折价补偿。有过错的一方应当赔偿对方因此受到的损失,双方都有过错的,应各自承当相应的责任"。因此,依照法律法规租赁集体土地建设天然气加气站存在着建站不能的法律风险。

(三)合作建站存在的风险

1.土地使用权人只参与分红的法律风险

合作建站的一般情况是土地使用权人只参与天然气加气站的分红,而不涉及日常的经营管理,其更像是土地使用者以土地为资本的借款。实践中这种合作模式容易产生纠纷。由于土地使用权人往往按照天然气加气站的年售气量来分红,而影响天然气加气站售气量的因素众多,土地使用权人的分红波动比较大,尤其是在天然气加气站建设期,土地使用权人的收益可能并不十分理想。这种状态下存在土地使用权人可能违约的法律风险。

2.土地使用权出资的法律风险

根据《中华人民共和国公司法》第27条规定"股东可以用实物、知识产权、土地使用权等可以用货币评估并可以依法转让的非货币财产作价出资。对作为出资的非货币财产应当评估作价"。同时《公司注册资本登记管理暂行规定》第12条规定,"以划拨土地使用权出资的,使用人应当向市、县人民政府土地管理部门申请办理土地使用权出让手续后方能作为出资;城市规划区内的集体所有的土地应当先依法征为国有土地后方能作为出资;农村和城市郊区的集体所有的土地(除法律规定属于国家所有的以外)应当经县级人民政府登记注册,核发证明,确认所有权后方能作为出资。公司应当于成立后半年内依照法律、行政法规规定,办理变更土地登记手续,并报公司登记机关备案。"

根据上述法律规定,土地使用权出资的法律风险存在于三方面:一是划拨土地未办理出让手续或集体土地未征收为国有,即被作为天然气加气站建设用地使用;二是土地使用权作为出资未经评估;三是土地使用权作为出资后未办理土地登记变更手续。

四、对防范天然气加气站用地风险的建议

(一)从观念上摒弃"先建后批"的思想

建设天然气加气站要经过选址、立项、项目设计、报建、建设和验收,每一个环节所需要的审批都十分严格,所以"先建后批"这种侥幸心理往往会带来巨大的经营风险。避免经营风险,首先要从观念上树立严格按照法律法规办事的意识,加强对土地规划信息的搜集和分析才是先人一步的捷径。

(二)在土地使用权租赁合同中增加关于期限届满续订的约束性条款

以租赁方式取得土地使用权相对于出让方式取得所需成本较低,但由于合同法的限制,有效租期为 20 年,这就需要我们考虑在租赁合同届满时如何续订租赁期限,并将相关条款写进合同,以免造成纠纷。

(三)合作建站建议采用公司化治理模式

合作建设天然气加气站时,可以采用公司化的治理模式,吸收土地使用权人为股东。土地使用权人以土地入股,参与公司分红并承担公司经营风险。

特别要注意的是,要区分土地使用权的性质。划拨土地使用权出资的,需要经市、县政府土地管理部门办理土地出让手续;集体所有的土地应先征收为国有土地。其次,以土地使用权出资必须经评估机构评估,并记载于工商登记和公司章程;最后,需要及时将土地使用权变更至天然气加气站名下。

五、结语

天然气加气站的建设是一项复杂而细致的工作,只有在法律法规的框架内开展,在合同权利、义务及违约责任明确的前提下才能有效避免风险。相信在"气化"形势的推动下,加强对法律法规、政策的研读,规避风险才是相关企业在经营中胜人一筹的有效途径。

(本文发布于 2015 年 6 月)

澳大利亚天然气市场的法律监管及其启示

田 阳

一、概要

澳大利亚联邦（简称"澳大利亚"）位于南半球,是全球重要经济体、OECD①成员国。由于内陆所蕴含丰富铁矿石、铀矿、天然气（常规气及非常规气）资源,使其成为东亚乃至世界能源市场主要供应方之一。

随着中国工业化、城市化进程加快,中国天然气进口需求将持续扩大。与之相对的是监管、立法及开发等方面制度建设相对滞后。

通过对澳大利亚天然气市场发展历程研究,可以发现类似问题亦曾经出现。澳大利亚政府随后逐步建立市场竞争与垂直监管两种机制的混合型监管体系,并制定独立燃气法。同时,根据天然气及可替代能源分布,确立符合其经济发展规划的能源市场布局。

对于正处能源变革期中国市场,借鉴上述经验十分重要。本报告将由立法监管、能源供应及国际能源博弈三方面展开,由澳大利亚天然气领域分析入手,对中国天然气发展远景进行展望。

报告分为"监管体系建设与完善""能源布局与供应安全"两个部分。第一部分将主要对澳大利亚天然气立法及监管体系进行系统介绍,分析中国未来天然气监管、立法体系建设中可能遇到问题。第二部分报告将从分析澳大利亚东海岸及西海岸常规与非常规天然气开发入手,探讨能源供应多源化问题。同时,结合对乌克兰危机及美国重返亚洲等问题,分析能源在国际政治博弈中所发挥重要作用。

---

①OECD,经济合作与发展组织。

二、监管体系建设与完善

(一)澳大利亚监管体系概述

1. 全国天然气法

2008年,澳大利亚建立《全国天然气法》(National Gas Law)。该法以1997年建立的《南澳天然气接入法案》(Gas Pipeline Access(South Australia)Act 1997)为基础,将国家对天然气市场司法管辖权限拓展到全国各州、领地。

根据各州对天然气市场发展情况总结,澳大利亚政府认为针对天然气产业立法应着眼于以下两部分:

(1)上、中、下游分开:为防止产业链垂直整合(Vertical Integration),上游企业勘探开发企业原则上不得进入中游管输市场。另一方面,上游企业可拥有下游零售、炼化业务,但不得出现任何利用已有市场地位设置准入门槛行为。

(2)中游监管:由于天然气管道建设需大量资金,同时要求管道周边地理条件及邻近社区支持,不同城市或州之间出现并行管线系统概率较小。因此,对中游企业监管应主要集中于管线公平接入方面(Equal Access)及管输费(Reference Tariff)控制方面。

依据上述原则,《全国天然气法》对上游企业在勘探、开发及资源所有权等领域内权责进行了明确划分。同时,为防止上游企业囤积区块,法律还明确未开发区块退出转让年限进行规定。针对中游企业可能存在的滥用市场能力行为,《全国天然气法》将管网划分为涵盖(Covered Pipeline)及非涵盖(Uncovered Pipeline)两类。

不同市、州、领地间存在多条由不同公司运营的并行管线系统,则适用于非涵盖条款。即,政府将不会对管线进行监管,相关管输费由市场决定。与此相对,如地区间仅存在由同一公司控制的一条或多条天然气管线,则潜在竞争者可向澳大利亚竞争与消费者委员会(Australia Competition and Consumer Commission or ACCC)提起申请,要求将整个管道纳入涵盖类。随后,根据市场情况决定对整条或部分管线进行轻度监管(LightRegulation)(管输费由双方商议或仲裁决定,但需向市场履行关键信息披露责任)或重度监管(Heavy Regulation)(管输费由监管机构确定,同时需履行关键信息披露责任)。

根据《全国天然气法》规定,除潜在竞争者提请外,管网公司还可根据市场情况,自主决定申请适用监管条款及监管种类。同时,法律还对申请不同监管条款及申请管线接入(Access Determinant)需达到条件做出了明确解释,并规定,监管机构不得以任何理由拒绝已满足所有条件的管道企业接入申请。

另一方面,法律亦对上游、中游已运营企业权益进行保护。《全国天然气法》规定,划分管线监管类型及适用监管条款时,除需判断是否可能出现滥用市场能力情形外,还需将已有公司权益、监管成本及不同能源替代性(Energy Substitution)等因素纳入考量过程。从而达到该法律订立初衷,即在维护市场竞争与繁荣基础上,保障各方权益。

2. 监管体系

澳大利亚天然气监管体系由审批及监管两个部分构成。

审批主要针对上游天然气开采行为。联邦及州政府分别对不同区域天然气开发具有管辖权。从海岸基线向外延伸三英里(约6公里)处起,至二百英里(或大陆架外沿)内区域所发现天然气田管辖权归联邦政府所有。由海岸基线三英里内起至内陆地区天然气藏归州、领地政府管理。

相关许可分三类:勘探许可(Exploration Permits)、生产许可(Production Permits)、延期持有许可(Retention Permits)。其中,根据澳大利亚法律,同时持有第一、第三种许可的生产单位,可拥有具有潜在经济价值但尚不值得开发的天然气田十五年所有权[1]。

澳大利亚天然气行业监管架构如下图所示:

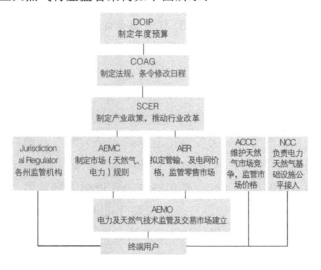

---

[1] Lindsay Hogan & Sally Thorpe, ABARE Research Report 96.4

需要说明,虽然 Department of Industry Portfolio (DOIP)名义上是整个监管系统首脑,但其职权仅限于制定政府年度基础设施预算。其余各监管机构均独立运行,并仅向国会负责。

澳大利亚监管体系覆盖天然气全产业链,但各部分关注重点不同。Council of Australian Government (COAG) 及 Standing Council on Energy and Resource (SCER)两机构主要负责修订与天然气上游勘探开发相关的法律及编制中长期开发目标。Australia Energy Market Commission (AEMC),Australia Energy Regulator (AER),Australia Competition and Consumer Commission (ACCC),National Competition Council (NCC)分别负责制定天然气管输市场规则;监管中游管输企业是否存在滥用"市场能力(Market Power)"行为;确保"管网公平接入(Equal Access)"机制有效运行。Australia Energy Market Operator (AEMO)及州监管机构负责各州天然气零售市场及东南沿海地区天然气现货交易。

(二)中国天然气监管挑战及对策

为向可持续、环境友好型经济发展模式转变,中国正努力藉由提高天然气消费比例改变其单一能源消费模式。在行业快速发展同时,一些问题亦逐步显现。以下通过四方面论证,探讨相应对策。

1.天然气领域缺乏国家级立法

回顾发展历程,中国天然气市场面临首要问题是缺乏独立行业立法。

目前国内天然气行业发展依据为《十二五规划》及《天然气十二五规划》;资源开发准入及所有权划分等事项由《中华人民共和国矿产资源法》确定;监管职责由相关部委依据《天然气十二五规划》及《油气管网设施公平开放监管办法(试行)》予以履行;管道所有权由《中华人民共和国石油天然气管道保护法》界定。

上述由政府文件及法令所组成的混合监管系统面临如下问题。

首先,两部国家级规划每五年需重新调整。而天然气行业发展需要更加稳定且具有强制性法律文件支撑。

其次,《天然气十二五规划》及《油气管网设施公平开放监管办法(试行)》虽为政府监管提供一定依据,但其并不具有普遍法律约束性。同时,在政府换届及经济政策调整情况下,其无法对产业政策延续性做出保证。

再次,《中华人民共和国矿产资源法》是一部定义多种矿藏勘探、开发所有权的法律。其中仅有一章涉及天然气上游资源权益,远远不能满足行业高速发展对立法提出的需求。

综上,一部独立并可明确对监管、矿权、管输、垄断做出定义的《天然气法》有助于厘清各方权责;规范产业架构与市场行为,并从根本上为相关投资行为提供法理保障。

2. 建立独立且相互配合的监管体系

中国天然气监管面临的第二个问题是监管机构独立性较低。

目前,国内天然气市场监管可分为如下部分:天然气勘探、开发许可由国土资源部负责颁发;项目审批、核准、管道铺设由国家发展改革委及国家能源局负责;管网接入由中石油、中石化、中海油批准。

政府部门优势在于其可通过对宏观层面因素考量制定行业发展目标,而不必受特定事件及游说因素影响。但需要认识到,其监管者身份及人员编制限制亦决定其无法及时对供需、价格等市场因素做出有效反馈。而国有企业作为市场积极参与者则更不适宜同时具备监管者身份。其自身利益将对监管决策产生消极影响。

参考澳大利亚监管体系,可供参考解决方案为政府机构负责制定宏观监管政策,行业协会及第三方独立机构负责具体监管执行。国有企业逐步退出监管体制。

达成上述目标需如下措施配合:

(1)行业协会或三方机构需获得相应监管及执法权限,同时需具备独立运作能力。

(2)行业协会或三方机构需被允许与国家、地方政府及企业建立信息反馈渠道。一方面可确保监管机构与宏观政策无缝同步;另一方面,亦可保证市场监管环境信息及时反馈至政策制定层。

3. 上游有限开放

天然气上游投资具有高风险、高投入及技术复杂等特性,从而决定只有少数有实力企业可参与。因此上游市场不具备建立完全竞争的条件。但可有限引入竞争。典型例证为澳大利亚西北大陆架天然气开发项目。作为项目澳方主要股东,Woodside 公司拥有包括 North West Shelf,Pluto 及 Browse 等内的国内主力天然气气田。尽管其具有压倒性市场优势,最终仍需通过与 BHP Bil-liton Petroleum (North West Shelf) Pty Ltd,BP Developments Australia Pty

Ltd，Chevron Australia Pty Ltd 等五家海外公司共同开发天然气资源①。

目前，中国天然气上游资源仅由少数企业控制，导致资源利用率低下、勘探技术研发缓慢等问题出现。从监管角度来看，澳大利亚在西北大陆架天然气开发项目中有限引入竞争可为我国带来如下启示：

（1）天然气开发需大量资金及先进技术投入。采取联合投资模式，有助于提高项目前期融资速度；

（2）同一区块不同开发商之间竞争有助于加快资源开发速度；

（3）同行业间竞争、交流有利于推动相关勘探、开发技术进步；

（4）企业在勘探、开发前期需确定天然气中、下游配送、销售渠道。如一定比例天然气产品需在本地市场进行销售，则涉及第三方管输设施接入问题。客观上可推动天然气基础设施公平准入制度建立（Equal Access Regime）。

4. 管网设施公平接入制度

天然气管网铺设对沿线环境、经济布局及地质情况有较为严格要求。由不同公司铺设并行竞争性管线通常在项目操作及财务及经济层面被证明为不可行。因此，天然气管输设施通常被认为具有天然垄断属性（Natural Monopoly）。

澳大利亚采取的对策是建立严格的天然气管网公平准入制度（Equal Access Regime）。我国目前亦开始采取类似措施。2014 年 2 月 13 日，国家能源局引发《油气管网设施公平开放监管办法（试行）》（国能监管〔2014〕84 号。②），标志着我国在建立油气管网三方准入制度工作中迈出了关键一步。

下一步需关注如下方面：

（1）上述文件有效期仅有五年，且并不具备强制性。未来需将其上升为法律文件，从而为三方准入机制奠定法律基础；

（2）文件并未涉及具体监管条款。未来需以立法形式详细定义在不同市场条件下所适用之监管力度及各方权责等内容；

（3）需建立详细准入条件，在保证公平接入前提下，仅确保具有相关资质及实力企业进入管输市场。

---

①North West Shelf Gas，"Participant"．

②国家能源局，《国家能源局关于印发〈油气管网设施公平开放监管办法（试行）的通知〉国能监管〔2014〕84 号》。

三、能源布局与供应安全

(一)澳大利亚能源布局

根据美国能源信息署提供数据,2011 年澳大利亚天然气消费占比 25%[①]。相关市场可划分为三部分:以珀斯为中心的西部市场;以达尔文为中心的北部市场及以悉尼、墨尔本、阿德莱德等东南沿海城市构成的东部市场。

上述三个市场分别拥有独立天然气配送管道,同时气源及天然气种类亦不尽相同(如下图所示)。

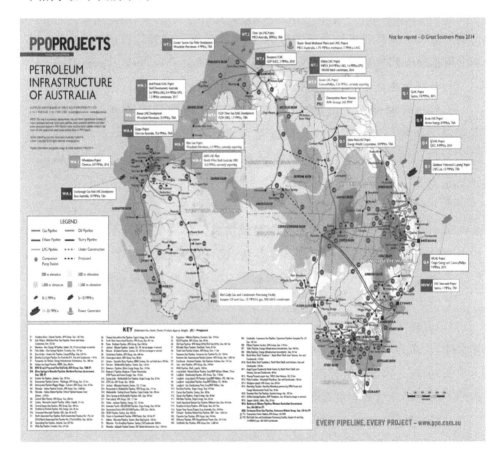

---

①EIA,Australia.

其中,西部市场气源主要来自西北大陆架,气田分布于珀斯外海的 Car-navon 盆地。数个天然气开发项目汇聚于此,包括 Wheatstone Project (Chevron 投资,预计 2016 年全部投产)、Gorgon Project (Chevron)及 Browse Project (Woodside)等。

西部市场气源为常规天然气为主。按照西澳洲政府要求,项目总产量 15％ 通过三条陆地管线供应西澳洲市场。其余天然气主要以 LNG 形式出口至中国 (通过广东大鹏项目)及日本。

北部市场主要气源为达尔文外海的 Browse 盆地及 Bona Parte 盆地。开发 项目包括 Prelude FLNG (Shell 投资,预计 2017 年全部投产)、Greater Sunrise (Woodside)及 Timor Sea LNG Project (MEO)。

项目气源为常规天然气。目前北部市场开发程度不高,所产天然气主要通 过一条陆路管道供应达尔文、爱丽丝泉(澳大利亚中部城市)及沿线城镇。

与上述两区块不同,东部市场跨越南澳大利亚、维多利亚、新南威尔士及昆 士兰四个州。该地区气藏主要分布于昆士兰州 Bowen、Surat 盆地及南澳大利 亚州 Outway 及 Bass 盆地等地区。气源以非常规天然气为主(煤层气)。开发 项目包括 QC LNG Project (QGC)及 Gladstone "Fisherman's Landing" Project (LNG Ltd)等项目。该地区所产煤层气除通过四条跨区管线满足本地市场需 求外,还以 LNG 形式出口东亚市场。目前中国海洋石油总公司在昆士兰州 Curtis 项目中持有 50％上游资源股份,项目预计于 2016 年全面投产。

(二)能源供应安全

1.发展多源化能源消费模式

澳大利亚地广人稀,其国土面积约为 770 万平方公里,人口仅为 2200 万。 人口主要分布于东南沿海城市带。西部及北部地区为冶金、天然气中心。但由 于被中部广大荒漠地区隔绝,两地人口规模较小,仅为 400 万左右。

西北部海洋大陆架蕴藏丰富天然气资源。按照州政府天然气保留政策 (Gas Reservation Policy),上述地区 15％天然气产量将通过四条管线(西澳大 利亚州三条、北领地一条)供应本地市场。其余将通过位于 Karratha 及达尔文 市两处液化天然气压缩站加工成 LNG 并供应东亚市场。由于需穿越大面积戈 壁,西部及北部市场天然气管道系统未互联。

澳大利亚东部市场情况较为特殊。其气源主要来源于 Bowen,Surat 等盆 地煤层气资源。为保障资源有效开发,澳大利亚联邦政府推出两项措施:

（1）建立由 Adelaide 起始至 TownSville 为终点覆盖南澳大利亚、维多利亚、新南威尔士及昆士兰州的绵密天然气输配管网。

（2）支持昆士兰州资源委员会（Queensland Resource Council）与澳大利亚石化产品生产与开发协会（Australian Petroleum Production and Exploration Association）建立"Right of Way"机制，确定先规划、先开采原则，解决煤层气开发过程中存在的矿权与气权重合问题。

鉴于澳大利亚人口约六分之五集中在东部市场，为化解单纯依赖天然气市场所产生的系统风险。南澳大利亚州及维多利亚州政府分别在 Adelaide 及 Melbourne 两座城市建立天然气现货市场。以现货交易作促进当地能源消费多样化。同时，努力增加天然气需求弹性，鼓励部分工业、民用用户在天然气与电力消费间进行切换。

天然气消费在澳大利亚能源体系中占比 25％，是继原油（36％）、煤炭（33％）之后第三大能源（如图 1 所示）①。确保各地区天然气供应安全对保障地区经济发展将起到至关重要作用。

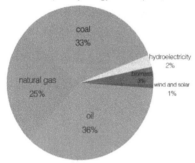

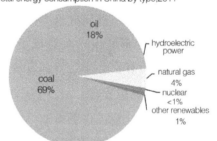

图 1　　　　　　　　　　图 2

相对而言，我国能源消费仍严重依赖煤炭（69％）与原油（18％）②（如图 2 所示）。所带来的后果是，一方面导致华北、华中地区大气重度污染，地方政府所面对环境压力与日俱增；另一方面，任何潜在国际煤炭、原油价格波动均将极大增加我国经济增长的系统性风险并提升通胀预期。

①EIA，International Energy Statistic.
②EIA，Analysis—China.

澳大利亚发展多源化能源消费体系思路值得我国借鉴。我国能源消费重心集中在环渤海经济带、长三角及珠三角地区。而各地区产业结构、气候温度差异,能源需求结构亦不尽相同。

华北地区能源供应系统满足重工业及制造业工业燃料需求。同时,还需承担冬季集中供暖重任。该地区环境承载力较差,工业企业普遍面临煤改天然气压力,对天然气有额外需求。

长三角及珠三角为中国金融服务业及消费品制造业基地,基础设施条件较好,城市及周边天然气接入率较高,且不存在冬季供暖问题。对天然气需求主要来自于夏季城市用电高峰调峰用气及工业用气。

因此,应根据国内不同地区情况发展采取差异化能源发展对策。对于环渤海经济带是我国制造业、加工业中心,同时也是中国人口最为稠密地区之一。对于该地区而言,首要任务是在确保能源供应安全同时,稳步提升供应量。应积极增加管道天然气在能源消费中比重,同时鼓励具有经济效益及环保优势的大型背压煤电机组。适度增加 LNG 供应以支持本地调峰及远区卫星站建设。

长三角及珠三角地区基础设施较为完备、城市气化率较高,且不存在因冬季供暖所产生额外天然气需求,因此未来应着眼于通过发展 LNG 调峰设施以保障华中、华东两大电网在高峰阶段平稳运行。

2. 美国重返亚太战略与俄气入华对中国能源结构影响

任何一次影响国际政治格局事件背后,能源消费方式转变必然在扮演重要作用。借助页岩气革命,美国逐步实现了天然气供应自给自足。通过逐步摆脱对石化能源依赖,美国得以将注意力重新转移至东亚地区。

奥巴马政府"重返亚太战略"重要内容即为遏制中国崛起,而达到此目标重要手段之一即为遏制我国自国际市场获得能源渠道。

另一方面,由于东亚市场主要天然气用户采用与 JCC 原油价格挂钩的 S—Curve 定价模式,一定程度上推高了地区天然气进口成本。在中国天然气对外依存度超过 30% ,并将进一步增长背景下,天然气进口价格上涨将阻碍我国利用天然气改善能源结构努力。

发展多元化能源供应体系是打破美国封锁,突破价格藩篱的重要手段,原因如下。

首先,在天然气领域采取管道气与 LNG 齐头并进发展思路可有效扬长避短。LNG 由于自身加工、运输特性,其与管道天然气相比并不具备成本优势。

但由于其运输与输送受地理及陆上基础设施影响较小,可作为理想的城市调峰能源。另外,由于其热值较高亦适合做为重型卡车、内河船舶燃料。在替代柴油及汽油方面可产生较高经济效益。

而陆路天然气具有供应稳定性高、运输价格相对较低等优点。同时,管道可绕过由美国及其东亚盟友控制的马六甲海峡,资源运输安全性及供给稳定性可以得到保证。同时,可有效降低对澳大利亚、卡塔尔及安哥拉等地船运 LNG 需求,有助于缓解国内所面临天然气价格压力。

目前中国政府已与土库曼斯坦、乌兹别克斯坦及哈萨克斯坦签署协议铺设陆路管线至新疆,年设计输送能力为 300 亿立方米。同时,与俄罗斯联邦合作的中俄天然气管线(东、西二线)竣工后可再提供约 700 亿立方米天然气。上述工程所提供天然气约占目前国内天然气需求 1/2,同时将极大加强中国与中亚及俄罗斯远东天然气市场联系。

其次,需要认识到煤炭仍将在中国能源结构中发挥重要作用。在逐步淘汰污染严重、能效低下的小型煤电设备及蒸汽锅炉同时,推动煤炭清洁化利用,鼓励具有环保、经济优势的大型背压式发电机组上马。通过煤炭清洁化利用,合理降低对外能源依存度。

只有发展各种能源比例均衡、互为补充的能源体系,才能在能源供应领域取得独立自主地位。经济发展亦不会受制于他国。

四、总结

澳大利亚与主要大陆隔绝的特殊地理特征决定了其在国际政治、经济格局中独特地位。相对于美国的积极扩张、欧盟的保守稳健、中俄的重新崛起,澳大利亚更像是一个技术高超的利益平衡者,在各方角逐中不断根据自身情况选择合纵连横。

作为国际天然气格局中各方力量平衡点,澳大利亚集西方自由竞争市场与东亚政府管控体系特征为一体。其中很多经验值得我国借鉴:

首先,天然气产业健康发展离不开成熟的监管、立法体系支撑。统一的国家级天然气立法及兼顾效率与公平的独立市场监管体系是理顺市场关系、建立灵活定价机制及保障市场繁荣的重要支持。抛开监管谈论市场及价格开放将导致公平丧失、质量保障体系崩溃及高度市场垄断等极端后果。

其次,发挥国际及地区影响力,能源供给安全及独立是需要达到的先觉条件。合理互补的能源体系有助于帮助一国政府制定符合其自身发展政策。反之,则处处受制于具有垄断地位的一方。

本报告旨在通过对澳大利亚天然气市场学习,为中国天然气发展探讨可能途径。由于自身水平限制,谬误及未涵盖之处在所难免,恳请读者批评指正。报告编写过程得到了澳大利亚 Woodside 公司、Herbert Smith Freehill 律师事务所、广东大鹏公司及科廷大学专家及教授指导,在此一并表示感谢。

(本文发布于 2015 年 4 月)

出处与引用:

国家能源局,《国家能源局关于印发〈油气管网设施公平开放监管办法(试行)〉的通知》,制发日期:2014—02—13,http://www.zfxxgk.nea.gov.cn/auto92/201402/t20140224_1768.htm

Lindsay Hogan, Sally Thorpe, Simon Zheng, Luan Ho Trieu, Grace Fok, Kim Donaldson, Oil & Gas, ABARE Research Report 96.4

National Gas Law, National Competition Council, http://www.ncc.gov.au/making—an—application/national_gas_law (accessed by 25 June, 2014)

U.S. Energy Information Administration, Australia, http://www.eia.gov/countries/cab.cfm? fips=AS

(accessed by 30 June, 2014)

U.S. Energy Information Administration, International Energy Statistic, http://www.eia.gov/cfapps/ipdbproject/IEDIndex3.cfm

(accessed by 10 August, 2014)

U.S. Energy Information Administration, China, http://www.eia.gov/countries/cab.cfm? fips=CH

(accessed by 5th August, 2014)

Woodside, North West Shelf Project, http://www.woodside.com.au/our—business/north—west—shelf/Pages/default.aspx#.U_DO4fmSz6J

(accessed by 1 August, 2014)

第八章

相关附录

（一）合同示范文本

关于印发城市供水、管道燃气、城市生活垃圾处理特许经营协议示范文本的通知(节选)

各省、自治区建设厅,直辖市建委及有关部门:

为了施行《市政公用事业特许经营管理办法》,建设部组织有关专家,结合各行业的特点,制定了《城市供水特许经营协议示范文本》《管道燃气特许经营协议示范文本》和《城市生活垃圾处理特许经营协议示范文本》(以下简称《示范文本》)。现予印发,供各地在实施特许经营制度时参考。

该《示范文本》主要体现了特许经营协议的原则性规定。各地在签定具体项目的特许经营协议时,应当根据当地和具体项目的实际情况,对《示范文本》规定的原则性内容进行细化。该《示范文本》不影响当事双方对协议的具体内容进行的自愿约定和协商。

希望各地对实施过程中发现的问题提出建议,并及时反馈建设部城市建设司,以不断完善特许经营制度。

附件:1.《城市供水特许经营协议示范文本》(GF—2004—2501)

2.《管道燃气特许经营协议示范文本》(GF—2004—2502)

3.《城市生活垃圾处理特许经营协议示范文本》(GF—2004—2505)

中华人民共和国建设部
2004 年 9 月 14 日

GF—2004—2502

建设部城市管道燃气特许经营协议示范文本

目　录

第一章　　总则

1.1　为了规范_____城市、地区管道燃气特许经营活动,加强市场监管,保障社会公共利益和公共安全,根据建设部《市政公用事业特许经营管理办法》和_____(地方法规名称),由协议双方按照法定程序于_____年_____月_____日在中国_____省(自治区)_____市签署本协议。

1.2　协议双方分别为:经中国_____省(自治区)_____市(县)人民政府授权(注:该授权可以通过以下两种形式,1、该人民政府发布规范性文件;2、该人民政府就本协议事项签发授权书),中国_____省(自治区)____市(县)人民政府_____局(委)(下称甲方),法定地址:_____,法定代表人:_____,职务:_____;和_____公司(下称乙方),注册地点:_____,注册号:_____,法定代表人:_____,职务:_____,国籍:_____。

1.3 特许经营原则

甲乙双方应当遵循以下原则：

(1)公开、公平、公正和公共利益优先；

(2)遵守中国的法律；

(3)符合城市规划及燃气专业规划；

(4)使用户获得优质服务、公平和价格合理的燃气供应；

(5)有利于保障管道燃气安全稳定供应,提高管理和科技水平；

(6)有利于高效利用清洁能源,促进燃气事业的持续发展。

第二章　定义与解释

本协议中下列名词或术语的含义遵从本章定义的意义或解释。

2.1　中国:指中华人民共和国,仅为本协议之目的,不包括香港特别行政区、澳门特别行政区和台湾地区。

2.2　法律:指所有适用的中国法律、行政法规、地方性法规、自治条例和单行条例、规章、司法解释及其他有法律约束力的规范性文件。

2.3　燃气:是指供给民用生活、商业经营和工业生产等使用者使用的液化石油气、天然气、人工煤气及其他气体燃料。

2.4　管道燃气:以管道输送方式向使用者提供燃气。

2.5　管道燃气业务:提供管道燃气及相关服务的经营业务。

2.6　燃气管网设施:指用于输送燃气的干线、支线、庭院等管道及管道连接的调压站(箱)和为其配套的设备、设施。

2.7　市政管道燃气设施:市政规划红线外所有燃气管道设施。

2.8　庭院管道燃气设施:市政规划红线内所有燃气管道设施。

2.9　影响用户用气工程:是指如果出现下列情况,则视为影响用户用气的工程:

(1)造成户以上用户供气中断或供气压力显著降低,影响用户使用____小时以上；

(2)阻碍主干、次干道路车辆和行人通行____小时以上；

(3)影响其他公共设施使用。

2.10　燃气紧急事件:涉及管道燃气需要紧急采取非正常措施的事件,包括燃气爆炸、着火和泄漏等。

2.11　特许经营权:是指本协议中甲方授予乙方的、在特许经营期限内独家在特许经营区域范围内运营、维护市政管道燃气设施、以管道输送形式向用户供应燃气,提供相关管道燃气设施的抢修抢险业务等并收取费用的权利。

2.12　不可抗力:是指在签订本协议时不能合理预见的、不能克服和不能避免的事件或情形。以满足上述条件为前提,不可抗力包括但不限于:

(1)雷电、地震、火山爆发、滑坡、水灾、暴雨、海啸、台风、龙卷风或旱灾；

(2)流行病、瘟疫;

(3)战争行为、入侵、武装冲突或外敌行为、封锁或军事力量的使用,暴乱或恐怖行为;

(4)全国性、地区性、城市性或行业性罢工;

(5)由于不能归因于乙方的原因造成的燃气质量恶化或供应不足。

2.13 日、月、季度、年:均指公历的日、月份、季度和年。

第三章　特许经营权授予和取消

3.1 特许经营权授予

(1)甲方与乙方签署本特许经营协议;

(2)本协议签署_____日内,甲方向乙方发放特许经营授权书,并向社会公布。

3.2 特许经营履约担保

签订协议后____日内,乙方应向甲方提供双方能接受的信誉良好的金融机构出具的履约保函。以保证乙方履行本协议项下有关建设项目实施以及第9.4条规定的义务。

履约保函金额_____。(履约保函金可根据特许经营范围内用户数、用气量和用气性质等当地具体情况由协议双方商定。)

3.3 特许经营权期限

本协议之特许经营权有效期限为____年,自____年____月____日起至____年____月__日止。

3.4 特许经营权地域范围

本协议之特许经营权行使地域范围为现行行政管辖区域内,东起_____西至____止;北起_____南至_____止。乙方不得擅自扩展特许经营权地域范围。

(附件三、特许经营地域范围图示)

3.5 特许经营业务范围

本协议规定之特许经营权的业务范围:(包括以管道输送形式向用户供应天然气、液化石油气、人工煤气及其他气体燃料,并提供相关管道燃气设施的维护、运行、抢修抢险业务等。)

3.6 特许经营权转让、出租和质押

在特许经营期间,除非甲乙双方另有约定,乙方不得将本特许经营权及相关权益转让、出租和质押给任何第三方。

3.7 特许经营权的取消

乙方在特许经营期间有下列行为之一的,甲方应当依法终止特许经营协议,取消其特许经营权,并实施临时接管:

(1)擅自转让、出租特许经营权的;

(2)擅自将所经营的财产进行处置或者抵押的;

(3)因管理不善,发生特别重大质量、生产安全事故的;

(4)擅自停业、歇业,严重影响到社会公共利益和安全的;

(5)法律禁止的其他行为。

第四章　特许经营协议的终止

4.1　期限届满终止

特许经营期限届满时,特许经营协议自动终止。

4.2　提前终止

(1)因不可抗力或一方认为有必要时,经甲乙双方协商可以提前终止本协议,并签订提前终止协议。协商不能达成一致时,任何一方不得擅自提前终止本协议;

(2)因特许经营权被取消,双方终止执行本协议。

4.3　特许经营协议终止日

(1)特许经营期限届满日;

(2)提前终止协议生效日;

(3)特许经营权被取消日。

4.4　特许经营终止协议

(1)本协议因特许经营期限届满而终止,应在终止日180日前完成谈判,并签署终止协议;

(2)本协议因特许经营权被取消而终止的,甲乙双方应在终止日前签署终止协议。

4.5　资产归属与处置原则

(1)谁投资谁所有;

(2)资产处置以甲乙双方认定的中介机构对乙方资产评估的结果为依据;

(3)乙方不再拥有特许经营权时,其资产必须进行移交,并按评估结果获得补偿。

第五章　燃气设施的建设、维护和更新

5.1　燃气设施建设

在本协议规定的区域范围内,乙方应根据城市规划和燃气专业规划的要求,承担市政燃气管道和设施的投资建设。

5.2　燃气设施建设用地

特许经营期间,乙方在甲方投资建设的燃气设施,所占土地为公用事业用地,乙方按照城市基础设施用地交纳有关税费。未经审批,乙方不得变更该土地用途性质,也不得将该土地使用权转让和抵押。

5.3　燃气设施运行、维修及更新

特许经营期间,乙方应按照国家标准和地方标准以及相关规定,负责燃气设施运行、维修及更新。

5.4 燃气设施征用及补偿

甲方因公共利益需要,依法征用燃气设施,乙方应予配合,甲方应给予乙方合理补偿。

第六章 供气安全

6.1 燃气安全要求

甲乙双方须严格遵守国家和地方有关安全的法律、法规、规章及政策性文件,乙方承诺燃气供应、运行、质量、安全、服务符合国家、行业和地方相关标准,依法对特许经营区域内的管道燃气供气安全、公共安全和安全使用宣传负责。

6.2 燃气安全制度

乙方应建立和完善安全生产责任制度,建立安全生产保证体系,保障燃气安全和稳定供应、运行和服务,防止责任事故发生;

对出现燃气事故和在事故期间,乙方应采取各种应急措施进行补救,尽量减少事故对用户和社会公众的影响,同时乙方必须按照国家有关安全管理规定向有关部门报告;

乙方要加强燃气安全巡检,消除安全隐患,对危及燃气设施安全的案情应及时制止,并报告有关部门,同时应进行宣传、解释、劝阻和书面告知违反规定的单位或个人进行整改。对逾期不改的,书面向甲方或行政执法部门报告。甲方接到乙方报告后,应及时协调执法部门予以查处。

6.3 管道燃气设施安全预防

乙方应严格执行《城镇燃气设施运行、维护和抢修安全技术规程》的规定,严格运行、维护和抢修安全技术程序,对管道燃气设施和用户设施的运行状况及性能进行定期的巡检。必要时(发生自然灾害、重大安全事故等),乙方应对地下燃气管网进行安全质量评估,并将设施运行状况定期报告甲方。

乙方应在与用户签订的供用气合同中明确双方的安全责任。

6.4 强制保险

乙方应针对燃气设施安全、公共责任安全、用户安全购买维持适当的保险,并承担保险费用。

6.5 应急抢修抢险

乙方要建立应急抢修抢险救灾预案和相应的组织、指挥、设备、物资等保障体系并保证在出现事关燃气应急事故时,保障体系能够正常启动。乙方要建立管道燃气设施应急抢修队伍,提供 24 小时紧急热线服务。

6.6 燃气安全用气宣传

乙方应根据《城镇燃气设施运行、维护和抢修安全技术规程》的标准,向管道燃气用户提供各种形式安全检查、宣传的服务,解答用户的燃气安全咨询,提高公众对管道燃气设施的保护意识。

6.7 影响用户用气工程的报告

乙方在进行管道燃气设施维护或改造工程时,如果是影响用户用气的工程,应当在开展工程作业前____小时告知用户,并通过新闻媒体向用户和社会公众预告工程简况、施工历时、可能受影响的程度及区域等相关情况。

6.8 紧急事件的通知

乙方处理燃气紧急事件影响或可能影响范围较大的用户正常使用燃气时,乙方应在处理的同时报告甲方,并应以适当的方式告知受到或可能受到影响的用户。

第七章 供气质量和服务标准

7.1 供气质量

乙方应当建立质量保证体系,确保其向用户所供应的燃气质量、管输和灶前压力、燃烧热值、华白指数、燃气加臭等方面符合本协议附件四所规定的质量要求。

7.2 服务标准

乙方应当根据用户的实际需要向用户提供业务热线、用户维修服务网点、营业接待、定期抄表、设施安装检修等综合服务,并确保能够达到附件五所规定的标准。

第八章 收费

8.1 批准的价格

乙方管道燃气销售价格执行当地政府物价主管部门批准的销售价格向其服务范围内的用户收取费用。

乙方其他有偿服务价格标准须经当地政府物价主管部门另行批准。

8.2 燃气费计算

燃气气费的计算可按每立方米的单价乘以用气量计算,或采用热量单价计算。燃气费结算方式按照适用法律,实行周期抄表并结算燃气费。

8.3 价格调整程序

乙方因非乙方原因造成的经营成本发生重大变动时,可提出城市管道燃气收费标准调整申请。甲方核实后应向有关部门提出调整意见。

8.4 成本监管

甲方有权对管道燃气企业经营成本进行监管,并对企业的经营状况进行评估。

第九章 权利和义务

9.1 甲方权利

(1)甲方依照国家相关法律、法规及有关技术标准对乙方的特许经营业务进行监管;

(2)监督乙方实施特许经营协议内容,并可聘请中介机构对乙方的资产和经营状况进行评估,根据评估结果向乙方提出建议;

(3)享有审查乙方管道燃气五年规划和年度投资计划是否符合城市总体规划的权利;

(4)受理用户对乙方的投诉,进行核实并依法处理;

(5)法律、法规、规章规定的其他监管权利。

9.2 甲方义务

(1)维护特许经营权的完整性,在特许经营期间,甲方不得在已授予乙方特许经营权地域范围内,再将特许经营权授予第三方;

(2)维护特许经营范围内燃气市场秩序;

(3)为乙方的特许经营提供必要的政策支持和扶持;

(4)制订临时接管乙方管道燃气设施及运行预案,保证社会公众的利益;

(5)法律、法规及本协议规定的其他义务。

9.3 乙方权利

(1)享有特许经营权范围内的管道燃气业务独家经营的权利;

(2)拥有特许经营权范围内的管道燃气的投资、发展权利;

(3)维护燃气管网安全运行的权利;

(4)对用户燃气设施不符合国家有关安全技术标准以及存在安全隐患的,或者对严重违反燃气供用气合同或违法使用燃气的用户拒绝供气的权利;

(5)法律、法规及本协议规定的其他权利。

9.4 乙方义务

(1)制订管道燃气发展的远、近期投资计划,按照城市总体规划及燃气专业规划的要求组织投资建设;

(2)按照国家、行业、地方及企业标准提供燃气及相关服务;

(3)维护燃气管网设施正常运行,保证供气连续性。发生故障或者燃气安全事故时,应迅速抢修和援救;

(4)有普遍服务和持续经营义务,未经甲方同意,不得擅自决定中断供气、解散、歇业;

(5)接受甲方的日常监督管理及依照法律、法规、规章进行的临时接管和其他管制措施和社会公众的监督;

(6)乙方有义务且必须就由于建设、运营和维护市政管道燃气设施而造成的环境污染及因此而导致的任何损害、费用、损失或责任,对甲方予以赔偿。但若所要求的损害、费用、损失或责任是由甲方违约所致或依本协议乙方不承担责任的环境污染除外;

(7)乙方必须将有关市政管道燃气设施设计、建设和运行的所有技术数据,包括设计报告、计算和设计文件、运行数据,在编制完成后立即提交给甲方,以使甲方能监督项目设施的设计、建设进度和设施的运行;

(8)在特许经营权被取消或终止后,应在授权主体规定的时间内,保证正常供应和服务的连续性。在移交用于维持特许经营业务正常运作所必需的资产及全部档案给授权主体指定的单位时,对交接期间的安全、服务和人员安置承担全部责任。

9.5 定期报告

乙方在特许经营期间,应当对下列事项向甲方做出定期报告:

(1)乙方应于每年的____月____日前向甲方提交上一年度的特许经营报告(内容包括特许经营资产情况、发展、管理、服务质量报告、经营计划的执行情况和企业基本状况等)、特许经营财务报告;

(2)乙方应于每年____月前向甲方提交上一年度的管道燃气质量检测报告;

(3)乙方应于每年____月前向甲方提交本年度管道燃气发展、气量、投资项目计划报告,年度经营计划。

9.6 临时报告

乙方应当在下列事项出现后十日内向甲方提交书面备案报告:

(1)乙方制订远期经营计划(如五年或十年经营计划);

(2)乙方董事、监事、总经理、副总经理、财务总监、总工程师等高级管理人员确定或发生人员变更;

(3)乙方的股东或股权结构发生变化;

(4)乙方董事会、监事会作出的有关特许经营业务的决议;

(5)乙方签署可能对公司特许经营业务有重大影响的合同、协议或意向书;

(6)发生影响燃气价格、安全、技术、质量、服务的重大事项;

(7)其他对公司特许经营业务有重大影响的事项。

第十章 违约

10.1 赔偿责任

协议任何一方违反本协议的任一约定的行为,均为违约。违约方承担赔偿责任,包括对方因违约方的违约行为导致的向第三方支付的赔偿。

非违约方应当最大程度地减少因违约方违约引起的损失。

如部分损失是由于非违约方作为或不作为造成的,则应从获赔金额中扣除因此而造成的损失。

10.2 提前告知

乙方在知道或应该知道自己不再具备履行本协议能力时,应提前以书面形式向甲方告知自己真实情形,并协助甲方执行临时接管预案。乙方未及时通知甲方,造成损失或重大社会影响的,乙方及乙方责任人应承担相应法律责任。

10.3 合理补救

甲方认为乙方有致使其特许经营权被取消的行为时,应以书面形式向乙方告知,并应给予书面告知日后____日的补救期。乙方应在补救期内完成纠正或消除特许经营障碍,或在该期内对甲方的告知提出异议。甲方应于接到异议后____日内重新核实情况,并做出取消或不取消决定。

第十一章　不可抗力

11.1　不可抗力免责

由于不可抗力事件不能全部或部分履行其义务时,任何一方可中止履行其在本协议项下的义务(在不可抗力事件发生前已发生的应付未付义务除外)。

如果甲方或乙方按照上款中止履行义务,其必须在不可抗力事件结束后尽快恢复履行这些义务。

11.2　对不可抗力免责的限制

以下各项事件不构成不可抗力:

(1)因正常损耗、未适当维护设备或零部件存货不足而引起的设备故障或损坏;

(2)仅仅导致履约不经济的任何行为、事件或情况。

11.3　提出不可抗力一方的义务

声称受到不可抗力的一方必须在知道不可抗力事件发生之后尽可能立即书面通知另一方,并详细描述有关不可抗力事件或法律变更的发生和可能对该方履行在本协议义务产生的影响和预计影响结束的时间。同时提供另一方可能合理要求的任何其他信息。发生不可抗力事件时,任何一方必须各自承担由于不可抗力事件造成的支出和费用。

声称受到不可抗力的一方应在任何时候采取合理的行动,以避免或尽量减少不可抗力事件的影响。

第十二章　争议解决

12.1　协商解决争议

若双方对于由于本协议、在本协议项下或与本协议有关的或对其条款解释(包括关于其存在、有效或终止的任何问题),以及因履行本协议而产生的任何争议、分歧或索赔,都应尽力通过协商解决。

通过协商未能解决上述争议,则适用第12.2条的规定。

12.2　仲裁或者提起诉讼

若甲乙双方不能根据第12.1条规定解决争议,可依照适用法律通过仲裁途径解决;或者将该争议按照适用法律的规定,向有管辖权的人民法院提起诉讼。当适用法律对此类争议的解决方式做出明确结论时,依其结论处理。

第十三章　附则

13.1　协议签署

甲方、乙方签署本协议之代表均应在已经获得签署授权的情况下签署本协议,并在此前各方均已完成各自内部批准本协议的程序。

13.2 协议生效

本协议自甲乙双方代表签字并加盖公章之日起生效。本协议的补充协议以及附件是本协议的组成部分,与本协议具有同等效力。

13.3 协议修订

本协议有效存续期间,因适用法律法规及相关政策发生变化,导致本协议或本协议部分约定无法履行时,经双方协商一致可修订或签订补充协议。

13.4 协议可分割性

如果本协议任何条款不合法、无效或不能执行,或者被任何有管辖权的仲裁庭或法庭宣布为不合法、无效或不能执行,则其他条款仍然有效和可执行。

13.5 继续有效

本协议终止后,有关争议解决条款和在本协议规定终止后仍然有效的条款继续有效。

第十四章　　适用法律及标准语言

14.1 本协议连同附件均用中文书写。正本份由甲方、乙方各执份,副本份仍由上述各方各执份。所有协议附件与本协议具有同等效力。

14.2 本协议受中华人民共和国法律管辖,并根据中华人民共和国法律解释。

第十五章　　附件

附件一、甲方签约授权书

附件二、乙方签约授权书

附件三、特许经营区域范围图示

附件四、履约保函格式

附件五、项目和企业相关批准文件(建设用地规划许可证、土地使用证、初步设计审批、建设工程规划许可证、外国设计商的资质审查及设计合同、设计承包合同的批准、外国建设承包商资格审批和资质证书、建设施工合同备案、建设工程施工许可证、环保设施的验收、竣工验收、卫生许可证、土地复垦验收、管道燃气设施产权登记及其他权利登记、公司登记和营业执照、税务登记、财政登记、统计登记、海关登记备案、劳动管理有关事项、项目融资的批准和登记等)(注:请协议各方根据项目具体情况相应修改)

附件六、技术规范和要求

附件七、设施维护方案

附件八、保险(注:应包括但不限于,针对燃气设施安全、公共责任安全、用户安全购买维持适当的保险)

附件九、工程技术方案

附件十、管道燃气质量标准、供气服务标准

附件十一、安全管理标准

双方各自授权代表于_____年____月____日签署本协议,以兹为证。

甲方: 乙方:

_____   _____

签字: 签字:

法定代表人/授权代表   法定代表人/授权代表

(公章)   (公章)

关于印发《福建省管道燃气特许经营
协议示范文本》(2009版)的通知

闽建城[2009]42号

各设区市、县(市)建设局、园林局、公用局:

按照省政府办公厅《关于加强城市管道燃气特许经营权管理的通知》(闽政办发明电[2009]120号)要求,省厅对2008年印发的《福建省管道燃气特许经营协议示范文本》进行了修订完善,现予印发。执行中有何问题和建议请与省厅城建处联系。

福建省住房和城乡建设厅

2009年12月21日

福建省管道燃气

特许经营协议示范文本

（2009 版）

福建省住房和城乡建设厅　编制

第一章 总 则

1.1 为了保障社会公共利益和公共安全,根据《公司法》《合同法》《福建省燃气管理条例》、原建设部《市政公用事业特许经营管理办法》及相关法律法规,由协议三方签署本协议。

1.2 协议三方为:

(1)甲方:

_____

地址:_____

法定代表人:_____

职务:_____ 。

(2)乙方:

_____

注册地点:_____

注册号:_____

法定代表人:_____

职务:_____

国籍:_____ 。

(3)丙方:

_____

注册地点:_____

注册号:_____

法定代表人:_____

职务:_____

国籍:_____ 。

1.3 特许经营项目

本特许经营项目名称为 _____ 。

1.4 特许经营原则

甲、乙、丙三方应当遵循以下原则:

(1)公开、公平、公正和公共利益优先;

(2)遵守国家的法律法规;

(3)符合城乡规划及燃气专业规划;

(4)使用户获得优质服务、公平和价格合理的燃气供应;

(5)有利于保障管道燃气安全稳定供应,提高管理和科技水平;

(6)有利于高效利用清洁能源,促进燃气事业的持续发展。

1.5　甲方、乙方、丙方主体确定原则

(1)甲方指设区的市、县(市)人民政府或者其授权的燃气行政主管部门。

(2)采取成立项目公司形式负责特许经营的,乙方指由管道燃气特许经营权招标中标人或者原有的管道燃气企业转让股权的股权受让人出资组建、从事本协议项下管道燃气特许经营的公司法人;丙方指管道燃气特许经营权招标的中标人或者原有的管道燃气企业转让股权的股权受让人。

(3)不成立项目公司的,乙方指管道燃气特许经营权招标的中标人或者原有的管道燃气企业转让股权的股权受让人,不存在丙方。

第二章　定义与解释

本协议中下列名词或术语的含义遵从本章定义的意义或解释。

2.1　法律:指所有适用的中国法律、行政法规、地方性法规、规章、司法解释及其他有法律约束力的规范性文件。

2.2　燃气:是指供给民用生活、商业经营和工业生产等用户使用的液化石油气、天然气、人工煤气等气体燃料。

2.3　管道燃气:以管道输送方式向用户提供的燃气。

2.4　管道燃气业务:提供管道燃气及相关服务的经营业务。

2.5　燃气设施:是指用于燃气生产、贮存、输配、销售的各种设施及附属设备,包括气源厂、门站、气化站、混气站、储配站、调压站、瓶组站、计量站、燃气管网等设施的总称。

2.6　燃气管网设施:指在本协议规定的地域范围和业务范围内,用于输送燃气的干线、支线、庭院等管道及管道连接的调压站(箱)和为其配套的设备、设施。

2.7　燃气紧急情况:涉及管道燃气需要采取紧急措施的事件,包括燃气泄漏、爆燃和火灾等。

2.8　特许经营权:是指乙方在特许经营期限和特许经营地域范围内独家建设、运营管道燃气设施、以管道输送形式向用户供应燃气,并收取费用的权利。

2.9　不可抗力:在签订本协议时不能预见、克服和避免的事件或情形,包括但不限于:

(1)雷电、地震、火山爆发、滑坡、水灾、暴雨、海啸、台风、龙卷风或旱灾;

(2)流行病、瘟疫;

(3)战争行为、入侵、武装冲突或外敌行为、封锁或军事力量的使用,暴乱或恐怖行为;

(4)全国性、地区性、城市性或行业性罢工。

第三章　特许经营权的授予和收回

3.1　授予

甲方通过招标或者其他公开、公平的方式,依法将管道燃气项目特许经营权授予乙方。

3.2 履约担保

签订协议后____日内,乙方应向甲方提供双方均接受的信誉良好的金融机构出具的履约保函。

履约保函金额____万元人民币。履约保函金额根据特许经营范围内用户数、用气量和等当地具体情况由协议双方商定。

经审计的乙方投资达到特许经营项目资本金额度并供应民用用户后,可同比例减少该履约保函金额。

3.3 特许经营权期限

本协议之特许经营权有效期限为_____年,自_____年_____月_____日起至_____年_____月_____日止。

3.4 特许经营权地域范围

本协议之特许经营权行使地域范围为_____现行行政管辖区域内,东起_____西至_____止;北起_____南至_____止,详见附件四特许经营地域范围图示。乙方不得擅自改变特许经营权地域范围。

3.5 特许经营业务范围

本协议规定之特许经营权的业务范围:以管道输送形式向用户供应_____(天然气、液化石油气、人工煤气等气体燃料)。

3.6 特许经营权转让、出租、质押和担保

在特许经营期间,乙方不得将本特许经营权及衍生的相关权益转让、出租和质押给任何第四方;未经甲方书面同意,不得将保障供气的燃气设施作为资产抵押向第四方承担担保责任。

3.7 特许经营权的收回

乙方在特许经营期间有下列情况或行为之一的,甲方有权终止特许经营协议,收回特许经营许可证,实施临时管理:

(1)无法满足本协议 6.1 要求或气源无法继续保障的;

(2)转让、出租、质押特许经营权的;

(3)转让或者违反特许经营协议约定擅自抵押保障供气的设施、设备的;

(4)存在重大安全隐患且拒不整改的;

(5)擅自停业、歇业的;

(6)法律、法规规定的其他情形。

实施临时管理期间,乙方应当接受临时管理,保障正常供气。

第四章 特许经营协议的终止

4.1 期限届满终止

特许经营期限届满,本特许经营协议自然终止。

4.2 提前终止

(1)因不可抗力或一方认为有必要时,经三方协商一致,可以提前终止本协议,并签订提前终止协议;协商不能达成一致时,任何一方不得擅自提前终止本协议;

(2)因乙方有本协议第3.7条情况或者行为之一的,甲方收回特许经营权。

4.3 特许经营协议终止日

(1)特许经营期限届满日

(2)提前终止协议生效日

4.4 终止协议的补偿

特许经营权终止前,乙方应清偿其在特许经营期内形成的所有债务。特许经营权终止后,本协议项下乙方经营的全部燃气管网及设施应移交给甲方。经甲方组织验收合格后,在债务清偿基础上,新的管道燃气特许经营企业可以对乙方移交的设施给予适当补偿。

(1)自然终止、协商终止的补偿

按照甲乙双方共同委托的资产评估机构对乙方移交设施的评估值,给予适当补偿。

(2)特许经营权被甲方收回的补偿

因乙方违约,甲方提前终止本协议,甲方委托中介机构对本协议项下乙方投资建设和更新的管道燃气设施及资产进行评估,扣除乙方违约所造成的直接和间接损失的款项后予以结算。甲方保留向乙方追索相关赔偿的权利。

4.5 燃气设施及资产移交

特许经营协议终止后,乙方应当在甲方规定的时间内,将维持燃气正常供应所必需的设施、资产及档案,在正常运行情况下移交甲方指定的单位。

维持燃气正常供应所必需的设施、资产及档案包括但不限于:

(1)特许经营范围内的全部燃气设施、设备;

(2)相关的运营手册、运营维护记录、用户档案、应急预案、燃气工程档案资料和其他甲方认为必需的文件资料及载体;

(3)监控及数据采集系统所在的办公场所;

(4)抢修必需的人员、防护用品、车辆器材、通信设备等。

4.6 人员处置

协议终止后,甲方、乙方应按照约定及有关规定处置职工,保障企业正常生产及人员稳定。

第五章 股东及股权变化的处置

5.1 甲方的转移

甲方可以转让其在本协议项下全部或部分的权利。

甲方与其他地方人民政府、政府部门或具有行政管理职能的机构可以合并、分立或职能转移,合并、分立或职能转移后的地方人民政府、政府部门或机构具有承担本协议项下甲方所承担的所有权利、义务和责任的能力和授权,接受并完全承担甲方在本协议项下的义务。

5.2 乙方的股东及股权的变化

在特许经营期内,乙方承担的本协议项下的责任和义务不受股东及股权结构变化的影响。

自本协议生效之日起5年之内,丙方不得转让其持有的乙方股权。自本协议生效之日起5年后,经甲方事先书面同意,丙方可以将其持有的乙方股权转让给符合下述条件的企业法人:

(1)财务状况应相当或优于丙方在本协议生效之日的状况;

(2)具有5年以上国内城市管道燃气经营业绩,并在现有的国内某单一城市经营的管道燃气的供气规模达到____万户以上,且经营业绩良好;

(3)拟受让乙方股权的企业法人出具的声明,表明其已经完全理解并接受本协议全部条款规定的内容,承担相关的法律责任和义务。

受让人不符合上述约定的,甲方有权不同意该股权转让行为。

5.3 丙方的股东及股权的变化

在特许经营期内,丙方承担的本协议项下的责任和义务不受股东及股权结构变化的影响;丙方如改变股东及股权结构,应事先征得甲方同意。

5.4 丙方转让其持有的乙方股权时,不得将乙方获得的特许经营权及衍生的权益作价转让,仅对丙方投入所形成的资产评估后转让。

转让过程产生的溢价部分不得作为成本,也不得作为燃气销售价格调整的依据。

第六章　燃气设施的建设、维护和更新

6.1 燃气设施建设

乙方在本协议签订____(不超过180)日内,依据燃气专业规划和特许经营权投标时的承诺,制定特许经营区域范围内的具体项目实施计划,报甲方备案并组织实施。该实施计划应包括管道燃气工程的投资计划、建设进度计划、投产时间、管道燃气气化率指标、建设资金筹措方案等。

乙方承诺:在本协议规定的特许经营区域范围内,按照实施计划投资建设管道燃气工程。本协议生效后_____(不超过3年)年内,达到特许经营项目资本金额度的投资规模,不迟于__年__月__日投产供气。

6.2 燃气设施建设用地

特许经营期间,乙方在特许经营区域范围内投资建设的燃气设施及其配套生产服务设施所占用的土地为公用事业用地,乙方按照城市基础设施用地交纳有关税费。未经甲方书面同意,乙方不得变更该土地用途性质,也不得转让或者抵押土地使用权。遇有政策调整,按照新政策执行,甲方不承担相关责任。

6.3　燃气设施运行、维修及更新

特许经营期间,乙方应按照国家标准和地方标准以及相关规定,负责燃气设施运行、养护、维修及更新。

6.4　燃气设施征用及补偿

甲方因公共利益需要,依法征用燃气设施,乙方应予配合,甲方给予乙方合理补偿,包括:

(1)乙方为保持或恢复供气能力所需要的投资;

(2)乙方由此而需支付给燃气用户的合理补偿或赔偿。

第七章　供气安全

7.1　燃气安全要求

甲乙丙三方必须遵守国家和地方有关安全的法律、法规、规章及政策性文件,乙方承诺燃气供应、运行、质量、安全、服务符合国家、行业和地方相关标准,负相应安全生产责任。

7.2　管道燃气设施安全

乙方必须建立安全检查、维修维护、事故抢修以及安全责任等制度,健全燃气安全保障体系,制定各类突发事故的应急预案并组织演练,及时处理燃气设施故障和事故,确保正常安全供气。应急预案报当地燃气行政主管部门备案。发生燃气生产安全事故,乙方必须按照国家有关安全管理规定向有关部门报告,并采取各种应急措施进行补救,尽量减少事故对用户和社会公众的影响。

乙方要加强燃气安全巡检,消除安全隐患,对危及燃气设施安全的情况应及时制止,并报告有关部门,同时应进行宣传、解释、劝阻和书面告知违反规定的单位或个人进行整改。对逾期不改的,书面向甲方或相关部门报告。

乙方应严格执行《城镇燃气设施运行、维护和抢修安全技术规程》的规定,建立严格的运行、维护和抢修安全技术程序,对管道燃气设施和用户设施的运行状况及性能进行定期的巡检,并将设施运行状况定期报告甲方。当达到设计使用年限或者遭遇重大灾害后,乙方应对管道燃气设施进行评估。对居民用户的燃气设施安全检查每年至少一次,提出安全建议,并建立完整的检查档案;发现用户违反安全用气规定的,应当予以劝阻、制止,督促纠正。定期对用户的燃气计量仪表、管道及其附属设施、燃气器具使用情况进行检查,及时更换达到使用期限的燃气计量仪表。

乙方应在与用户签订的供用气合同中明确双方的安全责任。

7.3　强制保险

乙方应为燃气设施安全购买保险。

7.4　应急抢修抢险

乙方应建立应急抢修抢险救灾预案和相应的组织、指挥、设备、物资等安全保障体系并保证完整有效。

乙方应建立管道燃气设施应急抢修队伍,公布 24 小时抢修电话,配备抢修人员和防护用品、车辆器材、通信设备等。

7.5 安全用气宣传

乙方应根据《城镇燃气设施运行、维护和抢修安全技术规程》或其替代标准规范的要求,向管道燃气用户提供各种形式安全检查、宣传的服务,解答用户的燃气安全咨询,提高公众对管道燃气设施的保护意识。乙方必须制定有关安全使用规则,向用户发放安全用气手册,宣传安全使用常识,指导用户安全使用燃气。

7.6 应急供气要求

乙方的燃气工程设施应满足国家、行业标准中应急供气的要求。

第八章　运营监管

8.1 乙方应接受有关主管部门对经营成本、产品、价格、安全生产和服务质量的监督检查。

8.2 定期报告

乙方在特许经营期间,应当对下列事项向甲方做出定期报告:

(1)乙方应于每年_____月_____日前向甲方提交上一年度的特许经营报告(包括特许经营资产情况、发展、管理、服务质量报告、经营计划的执行情况和企业基本状况等)、财务报告;

(2)乙方应于每年_____月_____日前向甲方提交上一年度的管道燃气质量检测报告;

(3)乙方应于每年_____月_____日前向甲方提交当年度管道燃气发展、气量、投资项目计划报告,年度经营计划;

乙方不出具定期报告,或定期报告有重大虚假内容的,甲方可根据其对正常供气或本协议的履行的影响程度,作出不损害公共利益或甲方利益的决定,乙方应予服从和执行。

8.3 临时报告

乙方应当在下列事项出现后十日内向甲方提交书面备案报告:

(1)制订超过两年的经营计划;

(2)法定代表人、董事、监事、总经理、副总经理、财务负责人、总工程师、安全负责人等高级管理人员的确定或变更;

(3)董事会、监事会作出的有关特许经营业务的决议;

(4)签署可能对公司特许经营业务有重大影响的合同或者意向书;

(5)发生影响燃气价格、安全、技术、质量、服务的重大事项;

(6)其他对特许经营业务有重大影响的事项。

第九章　供气质量和服务标准

9.1　供气质量

乙方应当建立质量保证体系,保证所提供燃气的热值、组份、嗅味、压力、计量等符合国家、地方有关标准。

9.2　服务标准

乙方应当对居民用户履行普遍服务义务,遵守相关服务标准和规范,公布并履行服务承诺。对提出使用管道燃气并符合供气条件和使用条件的居民用户,乙方应当与其签订供用气合同,明确双方的权利、义务及违约责任。

乙方应当根据用户的实际需要向用户提供业务热线、用户维修服务网点、营业接待、定期抄表、设施安装检修等综合服务,并确保能够达到相关标准与规定。

9.3　停气及恢复供气

乙方因突发事故造成降压供气或者停止供气,应当及时报告甲方,并通知用户;因施工、检修等原因停止供气,应当提前 24 小时通知用户。恢复供气时间可以事先确定的,在停止供气的通知中同时告知恢复供气时间;无法事先确定的,应当在恢复供气前 24 小时通知用户。

乙方不得在 21 时至次日 6 时恢复供气,非居民用户另有约定的除外。

第十章　价格与收费

10.1　燃气销售价格

管道燃气销售价格执行价格主管部门的规定。

10.2　收费

乙方的服务收费项目和标准,应当遵守有关价格的法律、法规。

10.3　燃气费计算

燃气费的计算可按体积计价,或者采用热能计价。

管道燃气的用气量,应当以经法定计量检定机构检定合格的燃气计量仪表的记录为准。

10.4　价格调整程序

因非乙方原因造成的经营成本发生重大变动时,经甲方核实后,乙方可提出管道燃气销售价格调整申请。

10.5　成本监管

甲方有权对管道燃气企业经营成本进行监督检查,乙方应予配合。

第十一章　权利和义务

11.1　甲方权利

(1)依照相关法律、法规及有关技术标准监管乙方的特许经营业务;

(2)监督乙方实施特许经营协议内容,并可组织对乙方的资产和经营状况进行评估,根据评估结果向乙方提出建议;

(3)受理用户对乙方的投诉,进行核实并依据法律、法规或本协议约定处理;

(4)法律、法规及本协议规定的其它权利。

11.2　甲方义务

(1)在特许经营期间,非乙方原因,甲方不得在本协议约定的特许经营地域范围内授予第四方管道燃气特许经营权;

(2)实施监督检查,不得妨碍乙方正常的生产经营活动;

(3)法律、法规及本协议规定的其他义务。

11.3　乙方权利

(1)本协议约定的特许经营地域和范围内,独家经营管道燃气业务;

(2)拥有特许经营权范围内的管道燃气的投资、发展权利;

(3)维护燃气管网安全运行的权利;

(4)对用户燃气设施不符合国家有关安全技术标准、存在安全隐患的、严重违反燃气供用气合同或者违法使用燃气的用户拒绝供气的权利;

(5)按有关规定向用户收取相关费用的权利;

(6)乙方承担甲方指令任务造成经济损失的,有权获得相应的补偿;

(7)法律、法规及本协议规定的其他权利。

11.4　乙方义务

(1)制订管道燃气发展的远、近期投资计划,按照城市总体规划及燃气专业规划的要求组织投资建设;

(2)按照国家、行业、地方及企业标准提供燃气及相关服务;

(3)维护燃气管网设施正常运行,保证供气连续性;

(4)有普遍服务和持续经营义务,未经甲方同意,不得擅自中断供气、解散、歇业;

(5)接受甲方的日常监督管理及依照法律、法规、规章进行的临时管理和其他管制措施以及社会公众的监督;

(6)赔偿由于建设、运营和维护市政管道燃气设施而造成的环境污染及因此而导致的任何损害、费用、损失或责任。但若所要求的损害、费用、损失或责任是由甲方违约所致或依本协议乙方不承担责任的环境污染除外;

(7)在特许经营权被取消或终止后,在当地燃气行政主管部门规定的时间内,保证正常供应和服务的连续性。在移交用于维持特许经营业务正常运作所必需的资产及全部档案给

甲方指定的单位时,对交接期间的安全、服务和承担全部责任;

(8)法律、法规及本协议规定的其他义务。

11.5　丙方权利

(1)享有对乙方的资产收益、参与重大决策和选择管理者等权利;

(2)法律、法规及本协议规定的其他权利。

11.6　丙方义务

(1)承担因滥用股东权利给乙方或者乙方其他股东造成损失的赔偿责任;

(2)法律、法规及本协议规定的其他义务。

第十二章　临时管理

12.1　乙方、丙方出现本协议 3.6、3.7、5.2、5.3、5.4 条禁止行为之一的,经项目所在地人民政府批准,当地燃气行政主管部门可以终止特许经营协议,对其实施临时管理。

12.2　甲方有权组织临时管理机构,委派管理人员或者指定单位进驻乙方进行接管,并监管乙方的资金账户。

12.3　临时管理期间,乙方必须服从甲方对其工作人员、生产物资的调配,保障正常供气。

12.4　临时管理时间不超过 6 个月。

第十三章　违　约

13.1　赔偿责任

协议任何一方违反本协议的任一约定的行为,均为违约。违约方承担赔偿责任,包括对方因违约方的违约行为导致的向第四方支付的赔偿。

非违约方应当合理地防止、减少因违约方违约引起的损失。

如部分损失是由于非违约方作为或不作为造成的,则应从获赔金额中扣除因此而造成的损失。

13.2　提前告知

乙方、丙方在知道或应该知道自己不再具备履行本协议能力时,应提前以书面形式向甲方告知真实情形,并协助甲方执行临时管理。乙方、丙方未及时通知甲方,造成损失或重大社会影响的,应承担相应法律责任。

13.3　合理补救

甲方认为乙方或者丙方有致使其特许经营权被终止的行为时,应以书面形式向乙方或者丙方告知,并应给予书面告知日后____日的补救期。乙方或者丙方应在补救期内完成纠正或消除特许经营障碍,或在该期内对甲方的告知提出异议。甲方应于接到异议后____日内重新核实情况,并做出决定。

13.4　继续履行

违约金的追偿期,均自情形发生之日起至特许经营权终止后__年。除非构成协议的解除,针对本协议的任何违约责任的追究及责任承担,均不影响本协议的继续履行。

第十四章　不可抗力

14.1　不可抗力免责

由于不可抗力事件不能全部或部分履行其义务时,任何一方可中止履行其在本协议项下的义务(在不可抗力事件发生前已发生的应付未付义务除外)。

如果甲方、乙方或者丙方按照上款中止履行义务,其必须在不可抗力情况消除后尽快恢复履行这些义务。

14.2　对不可抗力免责的限制

以下各项事件不构成不可抗力:

(1)因正常损耗、未适当维护设施设备或备用零部件存量不足而引起的设施设备故障或损坏;

(2)仅影响乙方经济利益的任何行为、事件或情况。

14.3　提出不可抗力一方的义务

声称受到不可抗力的一方必须在知道不可抗力事件发生之后尽可能立即书面通知另一方,并详细描述有关不可抗力事件或和可能对该方履行在本协议义务产生的影响,并提供相应的有效证明。发生不可抗力事件时,任何一方必须各自承担由于不可抗力事件造成的支出和费用。

声称受到不可抗力的一方应在任何时候采取合理的行动,以避免或尽量减少不可抗力事件的影响。

第十五章　争议解决

15.1　协商解决争议

若某方对于由于本协议、在本协议项下或与本协议有关的或对其条款解释(包括关于其存在、有效或终止的任何问题),以及因履行本协议而产生的任何争议、分歧或索赔,都应尽力通过协商解决。

通过协商未能解决上述争议,则适用本协议15.2条的规定。

15.2　仲裁或诉讼

甲乙丙三方不愿通过协商、调解解决,或协商、调解不成时,可以按照本协议约定,向_____仲裁委员会申请仲裁或者向_____人民法院提起诉讼。

第十六章　附　则

16.1　协议签署

甲方、乙方、丙方签署本协议之代表均应在已经获得签署授权的情况下签署本协议。

16.2　协议生效

本协议自甲乙丙三方代表签字并加盖公章之日起生效。本协议的补充协议以及附件是本协议的组成部分，与本协议具有同等效力。

16.3　协议修订

本协议有效存续期间，因适用法律法规及相关政策发生变化，导致本协议或本协议部分约定无法履行时，经三方协商一致可修订或签订补充协议。

16.4　协议可分割性

如果本协议任何条款不合法、无效或不能执行，或者被任何有管辖权的仲裁庭或法庭宣布为不合法、无效或不能执行，其他条款仍然有效和可执行。

16.6　继续有效

本协议终止后，有关争议解决条款和在本协议规定终止后仍然有效的条款继续有效。

第十七章　适用法律及标准语言

17.1　本协议连同附件均用中文书写。正本____份由甲方、乙方、丙方各执____份，副本____份由上述各方各执____份。所有协议附件与本协议具有同等效力。

17.2　本协议受中华人民共和国法律管辖，并根据中华人民共和国法律解释。

第十八章　附　件

附件一、甲方签约授权书

附件二、乙方签约授权书

附件三、丙方签约授权书

附件四、特许经营地域范围图示

附件五、履约保函

附件六、公司登记和企业法人营业执照、税务登记等企业相关批准文件

附件七、项目实施计划

附件八、供气服务承诺

附件九、技术标准规范

三方各自授权代表于_____年___月___日在_____签署本协议。

甲方(公章)：　　　　　　　乙方(公章)：

签字：　　　　　　　　　　签字：
法定代表人/授权代表　　　　法定代表人/授权代表

丙方

签字：
法定代表人/授权代表

国家能源局关于印发《天然气购销
合同(标准文本)》的通知

国能监管〔2014〕98 号

各派出机构,各省(自治区、直辖市)发改委、能源局,中石油、中石化、中海油集团公司,各有关天然气供应企业、城市燃气集团、直供用户:

为规范天然气购销市场秩序,我们制定了《天然气购销合同(标准文本)》(以下简称《标准文本》),现印发试行,有关事项通知如下:

一、各天然气供应企业、城市燃气集团、直供用户在我国境内开展天然气购销业务时,参照《标准文本》订立合同。

二、《标准文本》由国家能源局负责解释,此前签订的天然气购销合同仍然有效。

三、国家能源局及其派出机构负责监管天然气购销合同签订及履行情况。

试行中遇到的重大问题请及时报告国家能源局。

附件:1.《天然气购销合同(标准文本)》

2.《天然气购销合同(标准文本)》使用说明

国家能源局

2014 年 2 月 25 日

《天然气购销合同(标准文本)》使用说明

一、本《天然气购销合同(标准文本)》(以下简称《标准文本》)适用于天然气供应企业与城市燃气集团、直供用户参照签订多年、年度或短期天然气购销合同。

二、《标准文本》中有关空格的内容由双方根据实际情况协商确定,合同双方可在公平、合理和协商一致的基础上,进一步对有关条款进行补充、细化或完善,增加或减少附件等。法律、法规或者国家有关部门有相关规定的,按照规定执行。

三、《标准文本》仅处理与天然气购销有关的商务问题,安全和技术问题合同双方可另行约定。

四、根据现行体制,《标准文本》按"卖方"与天然气长输管网设施运营企业为同一实体考虑。如"卖方"与天然气长输管网设施运营企业不是同一实体,则双方应对本合同相应条款进行必要调整和修改。

天然气购销合同(标准文本)

卖方:＿＿＿＿＿＿

买方:＿＿＿＿＿＿

本天然气购销合同("本合同")由下列双方于＿＿＿＿年＿月＿日于中国＿＿＿＿＿签署:

(1)＿＿＿＿＿＿,其注册地址为＿＿＿＿＿＿＿＿＿＿＿＿＿＿＿＿,营业执照注册号为＿＿＿＿＿＿＿＿＿＿＿＿＿＿＿("卖方");

(2)＿＿＿＿＿＿,其注册地址为＿＿＿＿＿＿＿＿＿＿＿＿＿＿＿＿,营业执照注册号为＿＿＿＿＿＿＿＿＿＿＿＿＿＿＿("买方")。

卖方和买方以下合称"双方",单独一方则称"一方"。

鉴于:

(1)卖方已拥有一处或多处供应源,或已从一处或多处供应源获得天然气(含液化天然气)的长期供应;

(注:如涉及新项目审批要求,可在此对气源来源情况进行具体描述。)

(2)买方希望购买天然气用于＿＿＿＿＿＿("买方用途");

(3)买方同意按本合同中约定的条款和条件购买和接收天然气,同时卖方愿意按该等条款和条件向买方销售和交付天然气。

为此,双方本着自愿、公平和诚实信用的原则,经协商一致,就有关天然气购销事宜达成本合同如下条款:

第一条　定义

除非本合同中另有具体规定,本合同中使用的下列词语含义如下:

1.1　起始日

指按本合同第4.1款的规定确定的日期。

1.2　合同年

就第一个合同年而言,指起始日开始至起始日所在当年的12月31日结束;就任一其后的合同年而言,指自当年1月1日起至12月31日止的连续的十二(12)个月;假如合同期在12月31日以外的日期终止,则最后一个合同年为自该终止日前的1月1日起至合同期最后一日止届满的一段时间。

1.3　供气日

指北京时间当日的＿＿＿＿＿至下一日的＿＿＿＿＿。

1.4 标准立方米

指在压力为 101.325kPa,温度为 20℃ 的状态下占有一立方米空间的气量。

1.5 合理努力

指一方在当时的情况下采取合理可能的行为,但不包括采取将会或可能会使该方遭受重大损失的行动。

1.6 合理审慎作业者

指能诚信地力求履行其合约义务的自然人及组织,该自然人及组织在力求履约以及在其通常的履行承诺过程中,其表现出的技巧、勤勉、审慎和预见水平达到了人们合理和通常期望的一个成熟及富有经验的同类业务作业者,在同样或相似的情况和条件下并按照所有适用的法律、国际标准和惯例,履行承诺所达到的水平。

第二条 批准及许可

双方应各自负责并且应尽合理努力获得各自一切必要的核准(批准)及许可,以使其得以履行各自在本合同项下的义务。

第三条 交付

3.1 交付点、风险和所有权

卖方按本合同的规定向买方销售天然气,买方按本合同的规定向卖方购买天然气,交付点为_____,交付压力为_____。交付天然气的所有权和风险自天然气越过交付点时由卖方转移至买方。

3.2 卖方交付设施

卖方应将天然气输送至交付点。卖方应负责安排交付点之前的所有天然气交付设施(包括交付点上游的卖方天然气检验和计量设备)。

3.3 买方接收设施

买方应在交付点接收天然气。买方应负责安排交付点之后的所有天然气接收设施。

第四条 起始日和交付期

4.1 起始日

(适用于已建成项目):

双方约定,本合同项下供气起始日为_____。

(适用于新项目):

双方应不定期就双方项目建设的进度进行沟通,并就起始日的确定进行协商。双方约定本合同项下起始日应在_____年__月__日至_____年__月__日的期间内("第一窗口

期")发生,并应根据以下程序确定:

4.1.1 双方应至少在　　年　月　日前确定一个九十(90)天的期间,该期间应在第一窗口期内且起始日应在该期间发生(该九十(90)天以下简称"第二窗口期"),或如果双方没有按照本款的规定确定窗口,则第二窗口期将被视为是第一窗口期的最后的九十(90)天;

4.1.2 双方应至少在第二窗口期开始前三十(30)天确定起始日的时间,该起始日的时间应在第二窗口期内,或如果双方没有按照本款上述规定确定起始日,则起始日将被视为是第二窗口期的最后一天。

4.2 交付期

除非双方另有约定,本合同项下天然气交付期为起始日至_____年__月__日。

第五条 年合同量(视情况而定,可将"年合同量"改为"合同量")

5.1 年合同量(适用于1年期以上的合同)

就每一合同年而言,指_____标准立方米的天然气气量。

(注:双方可对每一合同年的年合同量分别进行约定。)

5.2 气源

上述年合同量所对应的天然气供应来源来自_____,未来也包括从其他资源国或资源商处获得的其他气源。

5.3 最大日合同量、最小日合同量和最大小时提取速率

双方约定,就任一供气日而言,允许买方提取的天然气数量的最大值为_____标准立方米每供气日("最大日合同量"),最小值为　　标准立方米每供气日("最小日合同量")。双方进一步约定,除非卖方导致或卖方事先书面同意,对于交付期内任一供气日买方提取的超出上述最大日合同量部分的天然气为超提气。

双方约定,就任一供气日内,允许买方提取天然气速率的最大值为_____标准立方米/每小时("最大小时提取速率")。

5.4 增量气

若买方在交付期内的任何时间向卖方提出购买超过年合同量的增量气,则:

5.4.1 买方至少应提前__日通知卖方增量气的数量以及交付时间;

5.4.2 卖方可在其收到买方按本合同第5.4.1款的规定发出的通知起__日内向买方发出接受或拒绝该等要求的通知,且该合同年的年合同量应按双方约定的增量气的数量进行相应调整。

5.5 优先供气顺序

双方约定,在交付期内任何时间发生天然气气量不足以满足卖方所有下游用户的有效指定量的情况,无论是否是由于不可抗力所致,卖方将按照附件一约定的顺序向各下游用户供应天然气。

第六条　合同价格和气款结算

6.1　合同价格(以下模板供选择,并可根据实际情况进行细化。)

模版一:按本合同在交付点交付的天然气的合同价格为__元/标准立方米(含税)。本合同使用的货币为人民币,单位为"元"。

模版二:双方同意,本合同项下每一标准立方米(或吉焦)天然气的合同价格(以元/标准立方米或吉焦为单位表示)由天然气基础价格(Pi)和综合服务费用单价两部分组成。其中,

双方应按照如下公式计算天然气基础价格:

Pi＝_____;

综合服务费用单价为__元/标准立方米或吉焦。

6.2　气款结算

双方约定,本合同项下天然气气款每__结算一次。买方应根据附件二(结算条款)的规定,支付本合同项下其购买的所有天然气的款项和其他按照本合同应支付的款项。

第七条　照付不议(适用于1年期以上的合同)

就交付期内的任一合同年而言,卖方应在交付点销售并交付且买方应提取该合同年的年合同量,并为提取的和未提取的天然气付款。双方进一步约定,对于上述买方已付款但未提取的天然气,买方有权按附件三的约定进行补提。

第八条　质量和计量

天然气的质量和计量结果以卖方在交付点上游的分析和计量为准。天然气质量规格见附件四。

双方应依据国家颁布的适用于天然气计量的法律、法规、标准、规程和本条规定的原则进行天然气的检验与计量,检验计量规程见附件五。

第九条　调试和维修

9.1　调试(适用于新项目)

9.1.1　调试期为__年__月__日起至__年__月__日止的期间。

9.1.2　在调试期内,双方应互相合作,卖方应尽合理努力交付、买方应尽合理努力接收尽可能多的天然气,其数量应达到双方共同认可的对各自设施正常生产的要求。为避免歧义,在调试期内,_____(如:"本合同第7条")将不适用。

9.2 维修

双方同意,任何一方每一合同年可对其设施安排累计连续不超过十五(15)日的额定维修,除此之外,作为合理审慎作业者,任何一方可根据各自设施实际情况,另行安排额外维修和临时维修。

第十条 保险(本条为选择性条款)

在合同期内,每一方应自费向具有良好财务状况的承保人投保并保持标准的和符合惯例的保险。

第十一条 计划与指定

本合同项下天然气的计划与指定机制在附件六中予以规定。

第十二条 买方限制

在合同期内,除非经过卖方书面同意,卖方根据本合同销售给买方的所有天然气只能用于买方用途,不得转作其他用途。

第十三条 保密

本合同的内容、编制本合同期间披露的一切信息以及往来的函件也包括任何一方的商业信息、客户资料等信息(以下统称为"保密信息")均应保密。未经一方书面许可,另一方不得以任何方式向任何第三方披露任何保密信息(也不允许双方各自的雇员、管理人员、代表人、代理人或关联方向任何第三方披露)。

第十四条 适用法律

本合同应适用中华人民共和国法律,并据此进行解释,排除任何会将本合同事项指向其他管辖地法律的法律选择规则。

第十五条 争议解决

如果双方对本合同产生争议,双方应首先通过友好协商解决。如果该争议在任何一方以书面形式告知对方争议的存在起的四十五(45)天内仍然未能得到解决,双方同意按以下第__条处理:

(1)任何一方均有权向对方发出通知,将该争议提交仲裁进行最终裁决。争议应依据___

_____仲裁委员会在提起仲裁时有效的仲裁规则("规则"),由按照规则指定的三位仲裁员在_____进行仲裁以得最终解决,除非本合同另作明确变更。_____仲裁委员会为指定的仲裁机构。仲裁(包括所有联系沟通、证据提交、通知、裁决以及相关文件制作)所使用的语言应为中文。上述仲裁委员会做出的裁决为终局裁决,对买卖双方均有约束力。

(2)任何一方依法提请人民法院通过诉讼程序解决。

第十六条　不可抗力

不可抗力应是指任何其发生超出应按并且已按合理审慎的作业者的方式行事的受影响方(或卖方或买方设备的其他所有者和/或经营者)的合理控制范围,且采用可合理期待其已采取的防护措施亦不能避免,进而导致受影响方无法履行其在本合同项下的任何一项或多项义务、约定或承诺的任何事件或情形。双方进一步同意,天然气市场或利用本合同所交付的天然气制成的产品市场的市场变化不应在本合同中视作不可抗力。

如一方受不可抗力影响完全或部分不能履行其合同义务,该方应坚持执行合理审慎的作业者标准努力克服和消除不可抗力事件或情况的影响,在此期间该方在本合同项下因受不可抗力的影响而不能履行义务的责任应予以免除,但是本合同的规定支付应付款项的义务不能予以免除。

第十七条　生效和终止

17.1　生效(可根据项目实际情况决定,以下两个模板供选择:)

模版一:本合同及附件经双方法人代表或授权代表签字且加盖公章或合同专用章后生效,并持续有效直至交付期结束时终止或按本合同第17.2款规定的情形发生时终止(简称"合同期")。

模版二:双方同意,双方在本合同项下的义务(除了于本合同签署之后即行生效的本合同第2条、第10、12、13、14、15、16条、第17.1款以及第18、19条项下的义务)应以满足以下生效条件为前提:_____。所有生效条件均被满足或放弃之日即为生效日。

17.2　终止

如发生下述情形,本合同终止,以发生在先者为准:

17.2.1　交付期结束时合同终止;

17.2.2　如果一方严重违反本合同义务,经守约方通知后__日内,违约方未纠正其违约行为,守约方有权终止本合同;

17.2.3　如任何一方资不抵债、进入破产、清算程序或严重丧失商业信誉,另一方有权终止本合同;

17.2.4　如一方发生不可抗力事件,导致一方不能完整履行合同义务:(a)在连续　　年的期间累计超过__年,或(b)连续____日,经提前__日书面通知,另一方有权终止本合同。

第十八条　承诺与保证

卖方向买方陈述并保证,并且买方向卖方陈述并保证:

18.1　该方拥有订立本合同并履行其在本合同项下义务的必要能力、资质和授权。

18.2　该方未涉及任何诉讼或其他可能影响该方履行本合同项下义务或将会对该方的财务状况产生重大影响的法律程序。

18.3　拥有或将会拥有或者享有或将会享有与为履行本合同而所需的资产相关的适当权利。

第十九条　责任与赔偿

19.1　双方同意,对于本合同项下可能出现的买方未能按照合同约定提取天然气,或卖方未能按照合同约定交付天然气等情形的责任与补救机制在附件三中予以规定。

19.2　受本合同中明确规定的限制条款约束,一方应赔偿因违反本合同给另一方造成的损失,但是,违约方的赔偿责任以守约方的直接损失为限,不包括营业的损失、生产中断的损失、停工的损失、对第三方的赔偿责任、利润的损失等间接损失。

第二十条　其他

本合同未尽事宜,双方将进行友好协商,并以本合同附件或补充协议的形式予以明确。该合同相关附件内容由供用气双方协商确定。

第二十一条　签署

本合同一式__份,具有同等效力,双方各执__份。

本合同由双方法人代表或授权代表于文首所载日期签署,以资证明。

卖方:_____

签字人:_____

姓名:_____

职务:_____

买方:_____

签字人:_____

姓名:_____

职务:_____

附件一　供气优先顺序
附件二　结算条款
附件三　责任与补救
附件四　质量规格
附件五　检验计量规程
附件六　计划与指定机制

BF—2012—0505   合同编号：

北京市非居民天然气供用合同

用气人：＿＿＿＿＿＿＿＿＿＿＿＿＿＿＿＿＿＿＿＿

供气人：＿＿＿＿＿＿＿＿＿＿＿＿＿＿＿＿＿＿＿＿

北京市市政市容管理委员会

北京市工商行政管理局

二〇一二年九月

使用说明

1.本合同为示范文本,由北京市市政市容管理委员会和北京市工商行政管理局共同制定,适用于本市行政区域内燃气供应企业与非居民用气人之间发生的经营性管道天然气供应、使用交易。

建筑物内燃气设施为多个产权人或承租人共有、共用的,供气人可以和各产权人或承租人共同委托的物业管理单位签订本合同。

2.签订本合同前,用气人应当向供气人提交加盖公章的下列材料,并确保材料真实、准确:

(1)有效的主体资格证明文件;

(2)房屋所有权证或其他产权证明文件;

(3)用气人为承租人的,应当提供房屋租赁合同等证明文件,以及产权人允许其安装、使用或改造燃气设施的相关证明文件。

(4)供用气系统的竣工、验收资料,以及供用气系统及相关设施符合设计要求及技术规范的证明文件。

3.本合同条款中的横线处均可由双方根据实际情况协商约定具体内容。对于未实际发生或双方未作约定的,应当在横线处划×,以示删除。□后为待选内容,应当以划√方式选定。

4.双方可以根据实际情况约定本合同正本的份数,并在签订时认真核对,确保各份合同内容一致。

5.有关名词、术语解释:

(1)用气人:具有用气需求并符合用气条件的单位。

(2)供气人:取得《北京市燃气经营许可证书》和《营业执照》的燃气供应企业。

(3)用户设施:用户燃气管道、软管、阀门及安全保障设施等。

(4)应急联系人:在供气人确需入户进行燃气设施巡检、维修、抢修或采取紧急避险措施等作业,但用气人不能及时到场或按照用气人预留的联系方式无法与其取得联系的前提下,由用气人预先确定的能够帮助供气人入户作业的联络人。

(5)基表:IC卡燃气计量表的流量计,定义为显示实测流量值的流量测量装置。包括膜式表、涡轮流量计、腰轮流量计、旋进旋涡流量计等。

北京市非居民天然气供用合同

用气人(甲方)：_____

供气人(乙方)：_____

根据《中华人民共和国合同法》《中华人民共和国计量法》《城镇燃气管理条例》《北京市燃气管理条例》等法律、法规的规定，双方在自愿、平等、公平、诚实信用的基础上，协商订立本合同。

第一条　用气手续

1.甲方向乙方提出书面用气申请后，乙方应当查验甲方用气场所的供气条件及供用气系统、用气设施等是否合格。乙方查验合格后，应当为甲方办理有关用气手续。

2.乙方为甲方办理用气手续时，应当与甲方签订本合同，并将收费项目、标准及依据告知甲方；乙方应当自本合同签订后_____个工作日内予以供气。

第二条　用气地点、用气性质、用气设备情况

1.用气地点：_____ 。

用气性质：□ 生产用气　　□ 公共服务　　□ 发电

□ 采暖　　　　□ 制冷　　　　□ 其他：_____

用户类别：

□ 中央和国家机关及驻京部队办公楼、外交使领馆

□ 学校

□ 幼儿园、医院、敬老院等

□ 市属党政机关办公楼

□ 餐饮、娱乐等商业设施

□ 工矿企业

□ 其他：_____

2.供用气数量：

供用气额定量：_____立方米/年(或立方米/月)。

供用气最小量：_____立方米/年(或立方米/月)。

双方依照《中华人民共和国计量法》,以共同确认的结算计量器具作为计算供用燃气数量的依据。

乙方根据供用气额定量安排供气。当甲方实际用气量高于供用气额定量或低于供用气最小量时,由双方协商后调整供气量。

3.本合同签订时,用气场所燃气管道情况:

□ 未作改动

□ 甲方已经乙方确认后自行改动

□ 甲方委托乙方进行了改动

□ 其他:_____

用气设备情况:

名称	型号	数量	安装时间	额定耗气量

燃气计量器具情况:

名称	型号	规格	数量	安装时间

室内公用燃气阀门设置情况:

□ 有公用阀门　　□ 无公用阀门

第三条　供气质量

乙方向甲方供应的天然气气质应当符合国家质量标准,供气压力为_____

_____。

第四条　用气价格、计量及结算方式

1.乙方按照价格管理部门批准的天然气价格收取燃气费。本合同履行期间,如遇价格管理部门调整燃气价格,则自批准文件规定之日起,按照新价格执行。

本合同签订时,

_____价格为_____元/立方米；

_____价格为_____元/立方米；

_____价格为_____元/立方米；

_____价格为_____元/立方米。

2.双方约定,以_____为燃气费结算周期。

3.乙方用抄表方式计量燃气费的,按照抄表通知提示的日期抄表,以燃气计量表的读数为依据结算每个计费周期的燃气费。乙方应当在抄表后____个工作日内向甲方派送付费账单。甲方接到乙方账单后,应当按照账单提示的期限、方式及金额缴费。

甲方如使用 IC 卡燃气计量表,应当按照乙方定期公告的预购气规定购买燃气。当 IC 卡燃气计量表的基表与 IC 卡控制器出现数据不同步时(基表故障除外),以基表计量为准。

4.燃气费支付方式:□ 转账 □ 现金 □ 支票 □ 其他:_____

第五条 燃气计量及计量器具的维护、更新

1.乙方为甲方安装的燃气计量器具应当经质量技术监督部门或其指定的检定机构检定合格。对正在使用的燃气计量器具,乙方应当按照国家有关规定进行周期检定(如规定调整按照新规定执行)。经检定计量误差超过规定指标的,乙方应当在____个工作日内予以更换,甲方应当给予配合。

计量器具	表号表位	首检日期	检定周期

2.乙方应当对超过使用周期的燃气计量器具进行更换,费用由乙方承担,甲方应当给予配合。

3.双方对燃气计量器具的计量准确性有异议时,向双方认可的具有法定检定资质的计量检定机构申请检定。燃气计量器具经检定不符合标准的,检定费用由乙方承担,乙方同时负责维修或更换燃气计量器具;经检定符合标准的,检定费用由提出检定要求方承担。在申请检定期间,甲方仍应当按期足额缴纳燃气费,双方再根据检定结果退还或补缴错误计收部分的燃气费。

4.因甲方原因造成燃气计量器具损坏或计量不准确的,甲方应当及时请求乙方更换并承担更换费用,由此计量误差给乙方造成的燃气费损失,甲方应补足。

第六条 燃气设施安全、维护和管理责任

1.甲乙双方按照燃气设施的安全、维护和管理责任分界点(下称"分界点")承担相应的

安全、维护和管理责任。

分界点为：_____。

（1）从_____至分界点之间的燃气设施管理、运行、维护、维修、更新改造等权利、责任及费用由乙方承担。

（2）从分界点至甲方户内用气设备之间的燃气设施管理、运行、维护、维修、更新改造等权利、责任及费用由甲方承担。

甲方可以委托乙方对相应的燃气设施进行管理、维护，委托范围、双方权利义务和有关费用由双方另行协商确定并签订补充协议，作为本合同附件。

2.双方对燃气设施安全、维护和管理责任的其他约定：_____
_____
_____。

3.乙方免费对甲方负责管理的用户设施及用气设备安装、使用情况进行安全检查，并对甲方进行安全用气技术指导。安全检查周期为_____（每年不少于一次）。

4.乙方实施安全检查前，应当提前告知安全检查时间，并安排专职人员上门检查。乙方人员应当主动出示有关证件，甲方应当配合乙方人员入户安全检查。

5.乙方入户安全检查应当执行行业标准《城镇燃气设施运行、维护和抢修安全技术规程》第 3.5.2 条的规定，包括下列内容：

（1）确认用户设施完好；

（2）燃气管道不应被擅自改动或作为其他电器设备的接地线使用，应当无锈蚀、重物搭挂，连接软管应当安装牢固且不应超长及老化，阀门应当完好有效；

（3）用气设备应当符合安装、使用规定；

（4）不得有燃气泄漏；

（5）用气设备前燃气压力应当正常；

（6）计量仪表应当完好。

6.安全检查后，乙方应当将检查结果书面告知甲方，甲方应当签字确认。

7.安全检查周期内，甲方要求增加入户检查次数的，乙方应当按照甲方要求安排入户检查。甲方应当向乙方另行支付上门服务费____ 元/次。

第七条　甲方权利义务

1.有权要求乙方按照合同约定提供天然气。

2.应当按照合同约定的期限、方式和收费标准支付燃气费，并有权就燃气费明细向乙方进行查询。

3.应当为乙方正常维护燃气计量表和抄表工作提供便利。

4.应当安排人员接受乙方的技术指导，熟练掌握燃气设施、用气设备的使用说明，并严格按照《安全用气指导手册》（附件一）操作使用设备。因甲方未按照上述规定使用燃气设施或用气设备所造成的损失和责任,由甲方承担。

5.对自用燃气设施、用气设备按照《安全用气指导手册》进行日常管理、维护,对超出使用年限、存在安全隐患的燃气设施、用气设备应当及时更新、改造;接到乙方发出的燃气设施、用气设备隐患整改通知后,应当及时采取措施消除隐患,并有权要求乙方提供必要指导。

6.不得擅自操作室内公用燃气阀门;不得擅自安装、改装、迁移、拆除室内燃气设施;需安装、改装、迁移、拆除室内燃气设施的,应当委托乙方实施作业。自行安装、改装、迁移、拆除室内燃气设施的,应当对产生的后果承担责任。

7.不得擅自改变用气性质。有变更燃气用途、改装、拆除、过户或变更用气量、变更用气设备、暂停用气、中止用气等事项时,应当向乙方办理相关手续。

8.发现室内燃气设施、用气设备有异常、泄漏等情况时,应当立即向乙方报修。

9.对乙方根据市人民政府决定采取的控制供气措施予以配合。

10.政府对乙方采取接管的,甲方应当配合与第三方签订新合同。

11.应当按照《北京市消防条例》的规定在用气场所安装燃气浓度检测报警装置。

12.应当遵守燃气设施、用气设备安全使用规定,履行《城镇燃气管理条例》《北京市燃气管理条例》及本合同明确的其他义务。

第八条　乙方权利义务

1.除本合同另有约定外,应当向甲方持续、稳定、安全供应符合国家质量标准的天然气。

2.应当建立用户档案,向甲方发放《安全用气指导手册》,指导甲方安全、节约用气,对甲方燃气及用气设备使用、燃气设施运行状况和安全管理设施定期进行安全检查;监督甲方采取有效措施保证安全用气,发现甲方有危害燃气设施安全、违反规定使用燃气等行为的,有权劝阻、制止,将甲方行为记入用户档案,并向燃气行政执法部门举报。

3.应当自收到甲方查询燃气费明细申请之日起5日内予以答复。

4.甲方擅自改变用气性质的,乙方有权通知甲方改正;拒不改正的,可以采取暂停供气措施,并有权向甲方追缴相关费用。

5.发现甲方燃气设施或用气设备存在安全隐患,乙方书面告知后甲方仍不采取有效整改措施并危及公共安全的,乙方有权在提前告知后,对甲方采取暂停供气措施。

6.不得擅自暂停供气或降低供气压力。因工程施工、设施检修等情况确需暂停供气或降低供气压力的,应当提前48小时采用公告或书面通知等形式告知甲方。

7.遇不可抗力或燃气设施抢修等紧急情况需临时中断供气的,应当及时通知甲方,并采取积极有效的抢修措施,尽快恢复正常供气。恢复供气前,应当及时通知甲方。

8.应当安排人员24小时值守接受报修,并按照承诺时限进行现场处置。

报修电话号码为：＿＿＿＿＿＿＿＿＿＿＿＿。

9.应甲方要求对安全隐患整改提供必要帮助;对甲方用户设施及用气设备安全隐患整改情况进行复检,并将复检结果书面通知甲方。

10.甲方室内有公用燃气阀门的,乙方应当设立永久性警示标志,并告知甲方不得擅自操作公用燃气阀门。

11.政府有关部门依法对甲方采取停业、停产处理的,乙方可以配合采取停止供气措施;

12.履行《城镇燃气管理条例》《北京市燃气管理条例》及本合同明确的其他义务。

第九条 违约责任

1.甲方未按时足额缴纳燃气费,除须按照合同约定缴纳燃气费本金外,还应当自逾期之日起按照中国人民银行公布的同期贷款利率标准向乙方支付违约金。经乙方书面催缴,甲方在催告期限届满仍未缴纳燃气费和违约金的,乙方有权对甲方采取限制供气或暂停供气措施。

2.除本合同另有约定,乙方未按照合同约定提供天然气的,_____
_____。

3.由于乙方原因造成供气责任事故,导致甲方人身伤害或财产损失的,乙方应当承担相应的赔偿责任。因自然灾害、政府行为等不可抗力发生的天然气供应事故造成甲方损失的,根据不可抗力的影响,部分或全部免除乙方责任。

4.除甲方不予配合的原因外,乙方未按照规定周期及内容入户进行安全检查、发现甲方燃气设施和用气设备存在安全隐患后未向甲方书面告知,造成甲方、他人或公共利益损失的,应当承担相应的赔偿责任。

5.甲方因擅自拆改室内燃气设施、未按照合同约定或违反相关法律法规规定用气、拒绝乙方入户作业和安全检查、拒绝乙方提出的设施隐患整改建议等行为,造成自身、他人、乙方或公共利益损失的,除承担自身损失外,还应当承担相应的赔偿责任。

6.其他违约责任:_____
_____
_____
_____。

第十条 合同的变更

1.房屋产权关系或房屋承租关系发生变更时,甲方应当及时书面告知乙方,并与乙方解除本合同,燃气费用及相关费用一并结清。

2.本合同如有未尽事宜,或因用气性质、供用气量、燃气价格等合同主要条款发生变更或其他供用气情况发生变更,或甲方对安全检查、供气服务等有特殊要求且乙方具备实施条件,需修改本合同有关条款的,经双方协商一致可另行签订补充协议作为本合同附件。

第十一条　合同的生效

本合同自双方签字、盖章之日起生效,有效期为＿＿＿年,自＿＿＿年＿月＿日至＿＿＿年＿＿月＿＿日。合同有效期届满,如双方对合同延续均无书面异议,本合同自动延续＿＿＿＿年。

第十二条　争议解决方式

本合同项下发生的合同争议,由双方协商解决;协商解决不成的,按照以下第＿＿＿方式处理:

1.向＿＿＿＿＿＿＿＿＿人民法院提起诉讼;

2.向＿＿＿＿＿＿＿＿＿仲裁委员会申请仲裁。

第十三条　其他约定

＿＿＿＿＿＿＿＿＿＿＿＿＿＿＿＿＿＿＿＿＿＿＿＿＿＿＿＿＿＿＿＿＿＿

＿＿＿＿＿＿＿＿＿＿＿＿＿＿＿＿＿＿＿＿＿＿＿＿＿＿＿＿＿＿＿＿＿＿

＿＿＿＿＿＿＿＿＿＿＿＿＿＿＿＿＿＿＿＿＿＿＿＿＿＿＿＿＿＿＿＿＿＿

＿＿＿＿＿＿＿＿＿＿＿＿＿＿＿＿＿＿＿＿＿＿＿＿＿＿＿＿＿＿＿＿。

本合同正本一式＿＿＿份,甲方＿＿＿份,乙方＿＿＿份。本合同正文及附件、补充协议等均为本合同组成部分,具有同等法律效力。

本合同约定事项为基本要求,法律、法规、规章和标准、规范对合同内容另有强制性规定的,从其规定。

用气人(签章):　　　　　　　　供气人(签章):

法人登记证书号:　　　　　　　营业执照号:
组织代码证书号:　　　　　　　燃气经营许可证号:
法定代表人:　　　　　　　　　法定代表人:
委托代理人(签字):　　　　　　委托代理人(签字):
通信地址:　　　　　　　　　　通信地址:
联系电话:　　　　　　　　　　联系电话:
应急联络人:
应急联络人电话:

　　年　月　日　　　　　　　　年　月　日

编号：

上海市居民管道燃气供用气合同

示 范 文 本

（2012 版）

上海市工商行政管理局

上海市燃气行业协会

二〇一二年三月

使用说明

1.本合同示范文本供本市居民管道燃气供用气双方当事人参照使用,签订合同前请仔细阅读。

2.经协商,双方当事人可以对本合同示范文本的条款内容(包括选择内容、填写空格部位的内容)进行选择、修改、增补或删减。

3.签订合同时,对本合同示范文本中带"□"的选项,凡双方当事人约定同意的,在"□"内打"√"。

4.为更好地维护双方当事人的权益,签订合同时应当慎重,力求严密。需要另行约定具体条款的,须表述清楚。

5.本合同示范文本是《上海市居民管道燃气供用气合同示范文本(2008 版)》的修改版本,自 2012 年 3 月 15 日起使用。今后在未制定新的版本前,本版本延续使用。

合同编号：

上海市居民管道燃气供用气合同

（2012 版）

供气人（甲方）：＿＿＿＿＿＿＿＿＿＿＿＿＿＿

用气人（乙方）：＿＿＿＿＿＿＿＿＿＿＿＿＿＿

甲乙双方根据《中华人民共和国合同法》等法律、法规的规定，在平等、自愿、协商一致的基础上，就管道燃气供气和用气事宜达成如下协议。

第一条　用气申请和供气

乙方因生活需要向甲方提出用气申请，符合供气条件的，甲方应当受理，并办理有关用气手续。乙方的用气场所具备用气条件后，甲方应在＿＿＿个工作日内供气。

用气地址：＿＿＿＿＿＿＿＿＿＿＿＿＿＿＿＿＿。

第二条　供气方式和供气种类

甲方通过管道输送方式向乙方供应：

☐ 天然气。

☐ 人工煤气。

☐ 液化石油气。

甲方供气气源种类需要变化时，乙方的燃气器具符合改装条件的，由甲方组织进行改装。

第三条　供气质量

甲方向乙方供应的燃气质量应当符合国家质量标准。

第四条　燃气价格与缴费

（一）甲方按照价格管理部门批准的民用管道燃气价格收取燃气费，遇燃气价格调整时，按照价格管理部门调价文件的规定执行。

（二）甲方用抄表方式计量的，按付费账单提示的日期抄表，以燃气计量表的读数为依据结算每个计费周期的燃气费,乙方应当为见表抄表提供方便。

甲方若未能见表抄录读数,可以根据乙方以往燃气用量的记录而估算用量。乙方对估算的数值提出疑义的,甲方应及时予以核对。

乙方如使用 IC 卡燃气计量表,应按甲方公示的预购气规定购买燃气。

(三)甲方应在抄表后____个工作日内向乙方派送付费账单。乙方接到甲方的账单后,应按账单提示的期限、方式缴费。

第五条　燃气设施的维护保养

(一)甲方应为乙方安装经检定机构检定合格的燃气计量表。

对在线使用的燃气计量表,甲方委托检定机构定期进行强制检定,经检定误差超过规定指标的,甲方应在____个工作日内予以更换,乙方应予以配合。智能表液晶屏发生无法显示计量读数时,以表机械数为准。

(二)因甲方需要对燃气计量表进行的更换,费用由甲方承担,乙方应当给予配合。

(三)甲乙双方对燃气计量表的计量准确性有疑义时,都可以向计量检定机构申请检定。经检定不符合标准的,检定费用由甲方承担,符合标准的,检定费用由申请方承担。在申请检定期间,乙方仍应按期缴纳燃气费,检定结果确认后,再行退补燃气费。

(四)燃气计量表出口前的管道及其附属设施(含燃气计量表及其与燃气计量表出口前相连的输气管道、阀门、调压器等),由甲方负责维护和更新,乙方应当予以配合。

(五)甲方每____年对乙方的燃气计量表出口后的用户设施以及燃气器具的安装、使用情况免费进行一次安全检查和安全用气的技术指导。

(六)甲方实施安全检查前,应事先告知乙方安全检查的日期,并在约定的时间上门检查。检查人员须主动出示有关证件,乙方应给予配合。

甲方应将检查结果书面告知乙方,乙方应签字确认。

第六条　双方的权利和义务

(一)甲方不得擅自暂停供气或者降低燃气压力。确需暂停供气或者降低燃气压力的,应在日前采用公告等形式告知乙方。

甲方遇不可抗力或者燃气设施抢修等紧急情况,应及时通知乙方,并采取不间断的抢修措施,直至恢复正常供气。恢复供气前,甲方应及时通知乙方。

(二)甲方应在所属的营业场所公开业务流程、服务项目、收费标准,公开服务受理及报修投诉电话。

(三)甲方应 24 小时接受乙方的报修,接到报修后,按照承诺的时限派人到现场处置。

(四)乙方应使用符合国家标准的安全型燃气器具。乙方在出租房屋时,应保证所提供的燃气器具符合安全要求,并告知承租人安全使用燃气等有关事项。

（五）乙方应对甲方在安全检查过程中发现的安全隐患及时进行整改，甲方应提供必要的帮助。

（六）乙方有变更燃气用途、改装、拆除、过户或者暂停用气、中止用气等需要时，应向甲方申请办理相关手续。

第七条　违约责任

（一）因甲方原因发生停气、燃气质量等事故，给乙方造成人身伤害或者财产损失的，甲方应当承担赔偿责任。

（二）乙方采用不正当手段使用燃气的，有影响供气安全行为的，甲方有权通知乙方改正，拒不改正的，可以采取停止供气的措施，并有权向乙方追缴相关费用。

（三）乙方不配合燃气表到期更换，且可能影响供气安全的，甲方可以采取停止供气的措施。

（四）乙方应当按期缴纳燃气费，逾期不缴纳的，甲方有权从逾期之日起按日加收逾期支付款额_____‰的违约金。

经甲方催交后，乙方逾期日仍不缴纳燃气费的，甲方可以依据有关规定中止供气。

乙方支付所欠燃气费、滞纳金、管道复接费后，甲方应及时恢复供气。

（五）其他违约责任。

第八条　其他约定事项：

_____

_____。

第九条　合同争议的解决

双方发生争议的，可协商解决，或向有关部门申请调解；也可提请上海仲裁委员会仲裁（不愿意仲裁而选择向法院提起诉讼的，请双方在签署合同时将此仲裁条款划去）。

第十条　附则

（一）本合同自双方签字或盖章之日起生效，至乙方申请终止用气时，本合同自行终止。在合同有效期内，乙方需改变用气性质时，双方应另行签订供用气合同，本合同自行终止。

（二）本合同一式两份，甲乙双方各执一份。合同未尽事宜，按国家法律、法规和规章办理，双方也可协商签订补充协议，补充协议与本合同具有同等的法律效力。

甲方(签章)：   乙方(签章)：

法定代表人：   证件类型及号码：

经 办 人：

单位地址：   账单地址：

邮   编：   邮   编：

服务电话：   电   话：

日   期：   年 月 日   日   期：   年   月   日

（二）常用政策法规全文

中华人民共和国石油天然气管道保护法

中华人民共和国主席令

第三十号

《中华人民共和国石油天然气管道保护法》已由中华人民共和国第十一届全国人民代表大会常务委员会第十五次会议于 2010 年 6 月 25 日通过,现予公布,自 2010 年 10 月 1 日起施行。

中华人民共和国主席　胡锦涛

2010 年 6 月 25 日

中华人民共和国石油天然气管道保护法

第一章　总则

第一条　为了保护石油、天然气管道,保障石油、天然气输送安全,维护国家能源安全和公共安全,制定本法。

第二条　中华人民共和国境内输送石油、天然气的管道的保护,适用本法。

城镇燃气管道和炼油、化工等企业厂区内管道的保护,不适用本法。

第三条　本法所称石油包括原油和成品油,所称天然气包括天然气、煤层气和煤制气。

本法所称管道包括管道及管道附属设施。

第四条　国务院能源主管部门依照本法规定主管全国管道保护工作,负责组织编制并实施全国管道发展规划,统筹协调全国管道发展规划与其他专项规划的衔接,协调跨省、自治区、直辖市管道保护的重大问题。国务院其他有关部门依照有关法律、行政法规的规定,在各自职责范围内负责管道保护的相关工作。

第五条　省、自治区、直辖市人民政府能源主管部门和设区的市级、县级人民政府指定的部门,依照本法规定主管本行政区域的管道保护工作,协调处理本行政区域管道保护的重大问题,指导、监督有关单位履行管道保护义务,依法查处危害管道安全的违法行为。县级以上地方人民政府其他有关部门依照有关法律、行政法规的规定,在各自职责范围内负责管道保护的相关工作。

省、自治区、直辖市人民政府能源主管部门和设区的市级、县级人民政府指定的部门,统称县级以上地方人民政府主管管道保护工作的部门。

第六条　县级以上地方人民政府应当加强对本行政区域管道保护工作的领导,督促、检查有关部门依法履行管道保护职责,组织排除管道的重大外部安全隐患。

第七条 管道企业应当遵守本法和有关规划、建设、安全生产、质量监督、环境保护等法律、行政法规,执行国家技术规范的强制性要求,建立、健全本企业有关管道保护的规章制度和操作规程并组织实施,宣传管道安全与保护知识,履行管道保护义务,接受人民政府及其有关部门依法实施的监督,保障管道安全运行。

第八条 任何单位和个人不得实施危害管道安全的行为。

对危害管道安全的行为,任何单位和个人有权向县级以上地方人民政府主管管道保护工作的部门或者其他有关部门举报。接到举报的部门应当在职责范围内及时处理。

第九条 国家鼓励和促进管道保护新技术的研究开发和推广应用。

第二章 管道规划与建设

第十条 管道的规划、建设应当符合管道保护的要求,遵循安全、环保、节约用地和经济合理的原则。

第十一条 国务院能源主管部门根据国民经济和社会发展的需要组织编制全国管道发展规划。组织编制全国管道发展规划应当征求国务院有关部门以及有关省、自治区、直辖市人民政府的意见。

全国管道发展规划应当符合国家能源规划,并与土地利用总体规划、城乡规划以及矿产资源、环境保护、水利、铁路、公路、航道、港口、电信等规划相协调。

第十二条 管道企业应当根据全国管道发展规划编制管道建设规划,并将管道建设规划确定的管道建设选线方案报送拟建管道所在地县级以上地方人民政府城乡规划主管部门审核;经审核符合城乡规划的,应当依法纳入当地城乡规划。

纳入城乡规划的管道建设用地,不得擅自改变用途。

第十三条 管道建设的选线应当避开地震活动断层和容易发生洪灾、地质灾害的区域,与建筑物、构筑物、铁路、公路、航道、港口、市政设施、军事设施、电缆、光缆等保持本法和有关法律、行政法规以及国家技术规范的强制性要求规定的保护距离。

新建管道通过的区域受地理条件限制,不能满足前款规定的管道保护要求的,管道企业应当提出防护方案,经管道保护方面的专家评审论证,并经管道所在地县级以上地方人民政府主管管道保护工作的部门批准后,方可建设。

管道建设项目应当依法进行环境影响评价。

第十四条 管道建设使用土地,依照《中华人民共和国土地管理法》等法律、行政法规的规定执行。

依法建设的管道通过集体所有的土地或者他人取得使用权的国有土地,影响土地使用的,管道企业应当按照管道建设时土地的用途给予补偿。

第十五条 依照法律和国务院的规定,取得行政许可或者已报送备案并符合开工条件的管道项目的建设,任何单位和个人不得阻碍。

第十六条 管道建设应当遵守法律、行政法规有关建设工程质量管理的规定。

管道企业应当依照有关法律、行政法规的规定,选择具备相应资质的勘察、设计、施工、工程监理单位进行管道建设。

管道的安全保护设施应当与管道主体工程同时设计、同时施工、同时投入使用。

管道建设使用的管道产品及其附件的质量，应当符合国家技术规范的强制性要求。

第十七条 穿跨越水利工程、防洪设施、河道、航道、铁路、公路、港口、电力设施、通信设施、市政设施的管道的建设，应当遵守本法和有关法律、行政法规，执行国家技术规范的强制性要求。

第十八条 管道企业应当按照国家技术规范的强制性要求在管道沿线设置管道标志。管道标志毁损或者安全警示不清的，管道企业应当及时修复或者更新。

第十九条 管道建成后应当按照国家有关规定进行竣工验收。竣工验收应当审查管道是否符合本法规定的管道保护要求，经验收合格方可正式交付使用。

第二十条 管道企业应当自管道竣工验收合格之日起 60 日内，将竣工测量图报管道所在地县级以上地方人民政府主管管道保护工作的部门备案；县级以上地方人民政府主管管道保护工作的部门应当将管道企业报送的管道竣工测量图分送本级人民政府规划、建设、国土资源、铁路、交通、水利、公安、安全生产监督管理等部门和有关军事机关。

第二十一条 地方各级人民政府编制、调整土地利用总体规划和城乡规划，需要管道改建、搬迁或者增加防护设施的，应当与管道企业协商确定补偿方案。

第三章 管道运行中的保护

第二十二条 管道企业应当建立、健全管道巡护制度，配备专门人员对管道线路进行日常巡护。管道巡护人员发现危害管道安全的情形或者隐患，应当按照规定及时处理和报告。

第二十三条 管道企业应当定期对管道进行检测、维修，确保其处于良好状态；对管道安全风险较大的区段和场所应当进行重点监测，采取有效措施防止管道事故的发生。

对不符合安全使用条件的管道，管道企业应当及时更新、改造或者停止使用。

第二十四条 管道企业应当配备管道保护所必需的人员和技术装备，研究开发和使用先进适用的管道保护技术，保证管道保护所必需的经费投入，并对在管道保护中做出突出贡献的单位和个人给予奖励。

第二十五条 管道企业发现管道存在安全隐患，应当及时排除。对管道存在的外部安全隐患，管道企业自身排除确有困难的，应当向县级以上地方人民政府主管管道保护工作的部门报告。接到报告的主管管道保护工作的部门应当及时协调排除或者报请人民政府及时组织排除安全隐患。

第二十六条 管道企业依法取得使用权的土地，任何单位和个人不得侵占。

为合理利用土地，在保障管道安全的条件下，管道企业可以与有关单位、个人约定，同意有关单位、个人种植浅根农作物。但是，因管道巡护、检测、维修造成的农作物损失，除另有约定外，管道企业不予赔偿。

第二十七条 管道企业对管道进行巡护、检测、维修等作业，管道沿线的有关单位、个人应当给予必要的便利。

因管道巡护、检测、维修等作业给土地使用权人或者其他单位、个人造成损失的,管道企业应当依法给予赔偿。

第二十八条 禁止下列危害管道安全的行为:

(一)擅自开启、关闭管道阀门;

(二)采用移动、切割、打孔、砸撬、拆卸等手段损坏管道;

(三)移动、毁损、涂改管道标志;

(四)在埋地管道上方巡查便道上行驶重型车辆;

(五)在地面管道线路、架空管道线路和管桥上行走或者放置重物。

第二十九条 禁止在本法第五十八条第一项所列管道附属设施的上方架设电力线路、通信线路或者在储气库构造区域范围内进行工程挖掘、工程钻探、采矿。

第三十条 在管道线路中心线两侧各五米地域范围内,禁止下列危害管道安全的行为:

(一)种植乔木、灌木、藤类、芦苇、竹子或者其他根系深达管道埋设部位可能损坏管道防腐层的深根植物;

(二)取土、采石、用火、堆放重物、排放腐蚀性物质、使用机械工具进行挖掘施工;

(三)挖塘、修渠、修晒场、修建水产养殖场、建温室、建家畜棚圈、建房以及修建其他建筑物、构筑物。

第三十一条 在管道线路中心线两侧和本法第五十八条第一项所列管道附属设施周边修建下列建筑物、构筑物的,建筑物、构筑物与管道线路和管道附属设施的距离应当符合国家技术规范的强制性要求:

(一)居民小区、学校、医院、娱乐场所、车站、商场等人口密集的建筑物;

(二)变电站、加油站、加气站、储油罐、储气罐等易燃易爆物品的生产、经营、存储场所。

前款规定的国家技术规范的强制性要求,应当按照保障管道及建筑物、构筑物安全和节约用地的原则确定。

第三十二条 在穿越河流的管道线路中心线两侧各500米地域范围内,禁止抛锚、拖锚、挖砂、挖泥、采石、水下爆破。但是,在保障管道安全的条件下,为防洪和航道通畅而进行的养护疏浚作业除外。

第三十三条 在管道专用隧道中心线两侧各1000米地域范围内,除本条第二款规定的情形外,禁止采石、采矿、爆破。

在前款规定的地域范围内,因修建铁路、公路、水利工程等公共工程,确需实施采石、爆破作业的,应当经管道所在地县级人民政府主管管道保护工作的部门批准,并采取必要的安全防护措施,方可实施。

第三十四条 未经管道企业同意,其他单位不得使用管道专用伴行道路、管道水工防护设施、管道专用隧道等管道附属设施。

第三十五条 进行下列施工作业,施工单位应当向管道所在地县级人民政府主管管道保护工作的部门提出申请:

283

（一）穿跨越管道的施工作业；

（二）在管道线路中心线两侧各 5 米至 50 米和本法第五十八条第一项所列管道附属设施周边 100 米地域范围内，新建、改建、扩建铁路、公路、河渠，架设电力线路，埋设地下电缆、光缆，设置安全接地体、避雷接地体；

（三）在管道线路中心线两侧各 200 米和本法第五十八条第一项所列管道附属设施周边 500 米地域范围内，进行爆破、地震法勘探或者工程挖掘、工程钻探、采矿。

县级人民政府主管管道保护工作的部门接到申请后，应当组织施工单位与管道企业协商确定施工作业方案，并签订安全防护协议；协商不成的，主管管道保护工作的部门应当组织进行安全评审，作出是否批准作业的决定。

第三十六条 申请进行本法第三十三条第二款、第三十五条规定的施工作业，应当符合下列条件：

（一）具有符合管道安全和公共安全要求的施工作业方案；

（二）已制定事故应急预案；

（三）施工作业人员具备管道保护知识；

（四）具有保障安全施工作业的设备、设施。

第三十七条 进行本法第三十三条第二款、第三十五条规定的施工作业，应当在开工 7 日前书面通知管道企业。管道企业应当指派专门人员到现场进行管道保护安全指导。

第三十八条 管道企业在紧急情况下进行管道抢修作业，可以先行使用他人土地或者设施，但应当及时告知土地或者设施的所有权人或者使用权人。给土地或者设施的所有权人或者使用权人造成损失的，管道企业应当依法给予赔偿。

第三十九条 管道企业应当制定本企业管道事故应急预案，并报管道所在地县级人民政府主管管道保护工作的部门备案；配备抢险救援人员和设备，并定期进行管道事故应急救援演练。

发生管道事故，管道企业应当立即启动本企业管道事故应急预案，按照规定及时通报可能受到事故危害的单位和居民，采取有效措施消除或者减轻事故危害，并依照有关事故调查处理的法律、行政法规的规定，向事故发生地县级人民政府主管管道保护工作的部门、安全生产监督管理部门和其他有关部门报告。

接到报告的主管管道保护工作的部门应当按照规定及时上报事故情况，并根据管道事故的实际情况组织采取事故处置措施或者报请人民政府及时启动本行政区域管道事故应急预案，组织进行事故应急处置与救援。

第四十条 管道泄漏的石油和因管道抢修排放的石油造成环境污染的，管道企业应当及时治理。因第三人的行为致使管道泄漏造成环境污染的，管道企业有权向第三人追偿治理费用。

环境污染损害的赔偿责任，适用《中华人民共和国侵权责任法》和防治环境污染的法律的有关规定。

第四十一条 管道泄漏的石油和因管道抢修排放的石油，由管道企业回收、处理，任何单位和个人不得侵占、盗窃、哄抢。

第四十二条 管道停止运行、封存、报废的,管道企业应当采取必要的安全防护措施,并报县级以上地方人民政府主管道保护工作的部门备案。

第四十三条 管道重点保护部位,需要由中国人民武装警察部队负责守卫的,依照《中华人民共和国人民武装警察法》和国务院、中央军事委员会的有关规定执行。

第四章　管道建设工程与其他建设工程相遇关系的处理

第四十四条 管道建设工程与其他建设工程的相遇关系,依照法律的规定处理;法律没有规定的,由建设工程双方按照下列原则协商处理,并为对方提供必要的便利:

(一)后开工的建设工程服从先开工或者已建成的建设工程;

(二)同时开工的建设工程,后批准的建设工程服从先批准的建设工程。

依照前款规定,后开工或者后批准的建设工程,应当符合先开工、已建成或者先批准的建设工程的安全防护要求;需要先开工、已建成或者先批准的建设工程改建、搬迁或者增加防护设施的,后开工或者后批准的建设工程一方应当承担由此增加的费用。

管道建设工程与其他建设工程相遇的,建设工程双方应当协商确定施工作业方案并签订安全防护协议,指派专门人员现场监督、指导对方施工。

第四十五条 经依法批准的管道建设工程,需要通过正在建设的其他建设工程的,其他工程建设单位应当按照管道建设工程的需要,预留管道通道或者预建管道通过设施,管道企业应当承担由此增加的费用。

经依法批准的其他建设工程,需要通过正在建设的管道建设工程的,管道建设单位应当按照其他建设工程的需要,预留通道或者预建相关设施,其他工程建设单位应当承担由此增加的费用。

第四十六条 管道建设工程通过矿产资源开采区域的,管道企业应当与矿产资源开采企业协商确定管道的安全防护方案,需要矿产资源开采企业按照管道安全防护要求预建防护设施或者采取其他防护措施的,管道企业应当承担由此增加的费用。

矿产资源开采企业未按照约定预建防护设施或者采取其他防护措施,造成地面塌陷、裂缝、沉降等地质灾害,致使管道需要改建、搬迁或采取其他防护措施的,矿产资源开采企业应当承担由此增加的费用。

第四十七条 铁路、公路等建设工程修建防洪、分流等水工防护设施,可能影响管道保护的,应当事先通知管道企业并注意保护下游已建成的管道水工防护设施。

建设工程修建防洪、分流等水工防护设施,使下游已建成的管道水工防护设施的功能受到影响,需要新建、改建、扩建管道水工防护设施的,工程建设单位应当承担由此增加的费用。

第四十八条 县级以上地方人民政府水行政主管部门制定防洪、泄洪方案应当兼顾管道的保护。

需要在管道通过的区域泄洪的,县级以上地方人民政府水行政主管部门应当在泄洪方案确定后,及时将泄洪量和泄洪时间通知本级人民政府主管管道保护工作的部门和管道企业或者向社会公告。主管管道保护工作的部门和管道企业应当对管道采取防洪保护措施。

第四十九条 管道与航道相遇,确需在航道中修建管道防护设施的,应当进行通航标准技术论证,并经航道主管部门批准。管道防护设施完工后,应经航道主管部门验收。

进行前款规定的施工作业,应当在批准的施工区域内设置航标,航标的设置和维护费用由管道企业承担。

第五章 法律责任

第五十条 管道企业有下列行为之一的,由县级以上地方人民政府主管管道保护工作的部门责令限期改正;逾期不改正的,处 2 万元以上 10 万元以下的罚款;对直接负责的主管人员和其他直接责任人员给予处分:

(一)未依照本法规定对管道进行巡护、检测和维修的;

(二)对不符合安全使用条件的管道未及时更新、改造或者停止使用的;

(三)未依照本法规定设置、修复或者更新有关管道标志的;

(四)未依照本法规定将管道竣工测量图报人民政府主管管道保护工作的部门备案的;

(五)未制定本企业管道事故应急预案,或者未将本企业管道事故应急预案报人民政府主管管道保护工作的部门备案的;

(六)发生管道事故,未采取有效措施消除或者减轻事故危害的;

(七)未对停止运行、封存、报废的管道采取必要的安全防护措施的。

管道企业违反本法规定的行为同时违反建设工程质量管理、安全生产、消防等其他法律的,依照其他法律的规定处罚。

管道企业给他人合法权益造成损害的,依法承担民事责任。

第五十一条 采用移动、切割、打孔、砸撬、拆卸等手段损坏管道或者盗窃、哄抢管道输送、泄漏、排放的石油、天然气,尚不构成犯罪的,依法给予治安管理处罚。

第五十二条 违反本法第二十九条、第三十条、第三十二条或者第三十三条第一款的规定,实施危害管道安全行为的,由县级以上地方人民政府主管管道保护工作的部门责令停止违法行为;情节较重的,对单位处 1 万元以上 10 万元以下的罚款,对个人处 200 元以上 2000元以下的罚款;对违法修建的建筑物、构筑物或者其他设施限期拆除;逾期未拆除的,由县级以上地方人民政府主管管道保护工作的部门组织拆除,所需费用由违法行为人承担。

第五十三条 未经依法批准,进行本法第三十三条第二款或者第三十五条规定的施工作业的,由县级以上地方人民政府主管管道保护工作的部门责令停止违法行为;情节较重的,处 1 万元以上 5 万元以下的罚款;对违法修建的危害管道安全的建筑物、构筑物或者其他设施限期拆除;逾期未拆除的,由县级以上地方人民政府主管管道保护工作的部门组织拆除,所需费用由违法行为人承担。

第五十四条 违反本法规定,有下列行为之一的,由县级以上地方人民政府主管管道保护工作的部门责令改正;情节严重的,处 200 元以上 1000 元以下的罚款:

（一）擅自开启、关闭管道阀门的；

（二）移动、毁损、涂改管道标志的；

（三）在埋地管道上方巡查便道上行驶重型车辆的；

（四）在地面管道线路、架空管道线路和管桥上行走或者放置重物的；

（五）阻碍依法进行的管道建设的。

第五十五条 违反本法规定，实施危害管道安全的行为，给管道企业造成损害的，依法承担民事责任。

第五十六条 县级以上地方人民政府及其主管管道保护工作的部门或者其他有关部门，违反本法规定，对应当组织排除的管道外部安全隐患不及时组织排除，发现危害管道安全的行为或者接到对危害管道安全行为的举报后不依法予以查处，或者有其他不依照本法规定履行职责的行为的，由其上级机关责令改正，对直接负责的主管人员和其他直接责任人员依法给予处分。

第五十七条 违反本法规定，构成犯罪的，依法追究刑事责任。

第六章　附　则

第五十八条 本法所称管道附属设施包括：

（一）管道的加压站、加热站、计量站、集油站、集气站、输油站、输气站、配气站、处理场、清管站、阀室、阀井、放空设施、油库、储气库、装卸栈桥、装卸场；

（二）管道的水工防护设施、防风设施、防雷设施、抗震设施、通信设施、安全监控设施、电力设施、管堤、管桥以及管道专用涵洞、隧道等穿跨越设施；

（三）管道的阴极保护站、阴极保护测试桩、阳极地床、杂散电流排流站等防腐设施；

（四）管道穿越铁路、公路的检漏装置；

（五）管道的其他附属设施。

第五十九条 本法施行前在管道保护距离内已建成的人口密集场所和易燃易爆物品的生产、经营、存储场所，应当由所在地人民政府根据当地的实际情况，有计划、分步骤地进行搬迁、清理或者采取必要的防护措施。需要已建成的管道改建、搬迁或者采取必要的防护措施的，应当与管道企业协商确定补偿方案。

第六十条 国务院可以根据海上石油、天然气管道的具体情况，制定海上石油、天然气管道保护的特别规定。

第六十一条 本法自 2010 年 10 月 1 日起施行。

国家能源局关于印发《油气管网设施公平 开放监管办法(试行)》的通知

国能监管〔2014〕84 号

各派出机构,各省(自治区、直辖市)发展改革委、能源局,新疆生产建设兵团发展改革委,各有关油气企业:

现将《油气管网设施公平开放监管办法(试行)》印发你们,请遵照执行。执行中有何问题,请及时向国家能源局报告。

国家能源局
2014 年 2 月 13 日

油气管网设施公平开放监管办法(试行)

第一条 为促进油气管网设施公平开放,提高油气管网设施利用效率,保障油气安全稳定供应,规范油气管网设施开放相关市场行为,建立公平、公正、有序的市场秩序,制定本办法。

第二条 本办法适用于中华人民共和国境内及其所管辖海域油气管网设施开放情况监管。

第三条 本办法所指油气管网设施包括符合相应技术条件和规范,并按照国家及地方有关规定履行审批、核准或者备案手续的原油、成品油、天然气管道干线和支线(含省内承担运输功能的油气管网),以及与管道配套的相关设施(包括:码头、装卸设施、LNG 接收站、天然气液化设施和压缩设施、储油与储气设施等)。城镇燃气设施执行相关法律法规规定。

本办法所指油气管网设施开放是指油气管网设施运营企业之间及其向上、下游用户开放使用其油气管网设施输送、储存、气化、液化和压缩等相关服务。

本办法所指油气管网设施运营企业是指在中华人民共和国境内注册的、专营或者兼营油气管网设施运营业务的企业。

本办法所指上游用户是指在中华人民共和国境内注册的、符合国家法律法规及相关产业政策的油气生产企业以及上游的油气销售企业,其中油气生产企业是指原油、成品油(含煤制油等)、天然气(含煤制天然气、煤层气、页岩气等)生产企业。

本办法所指下游用户是指在中华人民共和国境内注册的、符合国家法律法规及相关产业政策的油气销售企业和终端用户,包括城市燃气企业、油气零售企业以及炼化企业、燃油(燃气)发电厂、石油(天然气)工业用户、其他石油(天然气)直供用户等。

第四条 国家能源局负责油气管网设施开放监管相关工作,包括:建立健全油气管网设施公平开放监管规章和工作机制,协调油气管网设施公平开放相关问题,负责海域油气管网设施开放及油气管网设施跨区域开放监管,组织并指导各派出机构开展油气管网设施开放相关监管工作。

国家能源局各派出机构负责辖区内油气管网设施开放相关监管工作,协调解决辖区内相关问题。省级监管办公室辖区为本省;区域监管局辖区为本区域未设立省级监管办公室的省份,并负责区域内跨省开放相关监管工作。

监管内容包括:油气管网设施规划、计划的落实和重大油气项目的实施,油气管网设施公平开放,输送(储存、气化、液化和压缩)能力和效率、价格与成本,接入申请和受理,合同签订与执行,信息公开与报送等油气管网设施公平开放相关事宜。

第五条 油气管网设施运营企业在油气管网设施有剩余能力的情况下,应向第三方市场主体平等开放管网设施,提供输送、储存、气化、液化和压缩等服务。

第六条 油气管网设施运营企业应在互惠互利、充分利用设施能力并保障现有用户现有服务的前提下,按签订合同的先后次序向新增用户公平、无歧视地开放使用油气管网设施。

第七条 上、下游用户要结合生产实际情况或市场需求与消费量预测情况,以及油气管网设施规划、建设与使用现状,合理向油气管网设施运营企业提出开放申请。

油气管网设施运营企业要结合自身管网设施输送(储存、气化、液化和压缩)能力以及实际需求情况,合理向其他油气管网设施运营企业提出开放申请。

第八条 油气管网设施运营企业及其上、下游用户均应加强应急体系建设,依照各自职责确保油气管网设施安全运行,保障油气可靠供应。当出现油气供应不足时,应采取有效措施优先保障居民、公共服务设施以及其他紧急用户的需求。

第九条 鼓励以自行协商或委托代理等方式由不同市场主体的上游用户向下游用户直接销售油气,并由上、下游用户与油气管网设施运营企业签订合同或协议。

第十条 上游用户向油气管网设施运营企业提出接入申请时,应提供相关材料,包括:油气开发(或生产)现状及预测、经有资质的第三方评估的产能报告、油气品质等参数、输送(储存、气化、液化和压缩)量及时间要求等。

油气管网设施运营企业综合考虑输送(储存、气化、液化和压缩)能力、安全性以及上游用户接入技术条件、油气质量、供应稳定性等因素,30个工作日内作出是否同意接入的答复意见,不同意接入的要说明理由并抄报国家能源局或其派出机构。

第十一条 下游用户向油气管网设施运营企业提出接入申请时,应提供相关材料,包括:用户性质、安全设施设计、消防安全设计、近三年分月份用户类别销售报告、油气资源需求预测、油气质量要求、输送(储存、气化、液化和压缩)量及时间要求等。

油气管网设施运营企业综合考虑输送(储存)能力、安全性以及下游用户性质、需求等因素,30个工作日内作出是否同意接入的答复意见,不同意接入的要说明理由并抄报国家能源局或其派出机构。

第十二条　鼓励油气管网设施互联互通,油气管网设施运营企业可根据实际需求及能力,平等协商相互开放相关事宜。

第十三条　对存在争议的开放项目,上、下游用户可在收到答复意见之日起 30 个工作日内提请国家能源局或其派出机构进行协调,国家能源局及其派出机构根据实际情况出具协调意见。

第十四条　油气管网设施运营企业与上、下游用户就油气管网设施开放事宜达成一致的,在正式实施前相关企业应签订购销或输送(储存、气化、液化和压缩)服务合同,合同主要内容包括合同主体、购销或服务时段、购销或服务油气量、交接点与交接方式、购销或服务价格、油气质量、计量方式、安全责任、违约责任及免责条款等。

油气管网设施运营企业每年向国家能源局或其派出机构报备当年新签订的油气管网设施开放相关的购销或输送(储存、气化、液化和压缩等)服务合同。

第十五条　通过油气管网设施输送(储存、气化、液化和压缩)的原油、成品油、天然气应当符合国家规定的质量标准。

第十六条　用于油气管网设施输送(储存、气化、液化和压缩)的计量器具应当符合计量法律法规要求。

第十七条　油气管网设施开放应当执行价格主管部门按有关管理规定确定的输送(储存、气化等)服务价格。

第十八条　相关市场主体应严格执行合同,发生争议的,应本着平等、自愿、诚信的原则协商解决。不能达成一致意见的,可以由国家能源局或其派出机构进行协调和调解。

第十九条　油气管网设施运营企业同时经营油气生产、销售等其他业务的,应当逐步建立健全财务制度,对油气管网设施运营业务实行独立核算。

第二十条　油气管网设施运营企业应每季度通过网站或国家能源局指定的信息平台等途径公开油气管网设施的接入标准、输送(储存、气化)价格、申请接入的条件、受理流程等信息。

油气管网设施运营企业应向提出申请的上、下游用户披露相关设施运营情况、可接收或分输油气的地点、剩余的输送(储存、气化、液化和压缩)能力、限(停)产检修计划等信息。上、下游用户对以上信息依法履行保密责任和义务,并对因泄密产生的后果承担相应的经济赔偿和法律责任。

第二十一条　油气管网设施运营企业应每半年向国家能源局或其派出机构报送油气管网设施相关情况,包括建设情况、运营情况、限(停)产检修计划及执行情况、输送(储存、气化、液化和压缩)能力及开放情况等。

第二十二条　国家能源局及其派出机构根据履行监管职责的需要,可以要求油气管网设施运营企业报送与监管事项相关的信息和资料,发现违规行为及时处理。

第二十三条　国家能源局及其派出机构应定期编制并发布监管报告,公布油气管网设施公平开放相关情况。

第二十四条　国家能源局及其派出机构可以采取下列措施,进行现场检查:

（一）进入油气管网设施运营企业进行检查；

（二）询问油气管网设施运营企业的工作人员，要求其对有关检查事项作出说明；

（三）查阅、复制与检查事项有关的文件、资料；

（四）对检查中发现的违规行为，可以当场予以纠正或者要求限期改正。

第二十五条　对相关市场主体违反本办法规定的，国家能源局及其派出机构可责令整改并视情况予以通报批评；造成重大损失或者严重社会影响的，国家能源局及其派出机构可对相关企业主管人员和其他直接责任人员提出处理意见和建议。

第二十六条　本办法由国家能源局负责解释。

第二十七条　本办法自发布之日起施行，有效期为 5 年。

天然气基础设施建设与运营管理办法

中华人民共和国国家发展和改革委员会令

第 8 号

《天然气基础设施建设与运营管理办法》已经国家发展和改革委员会主任办公会审议通过，现予公布，自 2014 年 4 月 1 日起施行。

附件:《天然气基础设施建设与运营管理办法》

主任　徐绍史

2014 年 2 月 28 日

天然气基础设施建设与运营管理办法

第一章　总　则

第一条　为加强天然气基础设施建设与运营管理,建立和完善全国天然气管网,提高天然气基础设施利用效率,保障天然气安全稳定供应,维护天然气基础设施运营企业和用户的合法权益,明确相关责任和义务,促进天然气行业持续有序健康发展,制定本办法。

第二条　中华人民共和国领域和管辖的其他海域天然气基础设施规划和建设、天然气基础设施运营和服务,天然气运行调节和应急保障及相关管理活动,适用本办法。

本办法所称天然气基础设施包括天然气输送管道、储气设施、液化天然气接收站、天然气液化设施、天然气压缩设施及相关附属设施等。

城镇燃气设施执行相关法律法规规定。

第三条　本办法所称天然气包括天然气、煤层气、页岩气和煤制气等。

第四条　天然气基础设施建设和运营管理工作应当坚持统筹规划、分级管理、明确责任、确保供应、规范服务、加强监管的原则,培育和形成平等参与、公平竞争、有序发展的天然气市场。

第五条　国家发展改革委、国家能源局负责全国的天然气基础设施建设和运营的管理工作。

县级以上地方人民政府天然气主管部门负责本行政区域的天然气基础设施建设和运营的行业管理工作。

第六条　国家鼓励、支持各类资本参与投资建设纳入统一规划的天然气基础设施。

国家能源局和县级以上地方人民政府天然气主管部门应当加强对天然气销售企业、天然气基础设施运营企业和天然气用户履行本办法规定义务情况的监督管理。

第七条 国家鼓励、支持天然气基础设施先进技术和装备的研发,经验证符合要求的优先推广应用。

第二章 天然气基础设施规划和建设

第八条 国家对天然气基础设施建设实行统筹规划。天然气基础设施发展规划应当遵循因地制宜、安全、环保、节约用地和经济合理的原则。

第九条 国家发展改革委、国家能源局根据国民经济和社会发展总体规划、全国主体功能区规划要求,结合全国天然气资源供应和市场需求情况,组织编制全国天然气基础设施发展规划。

省、自治区、直辖市人民政府天然气主管部门依据全国天然气基础设施发展规划并结合本行政区域实际情况,组织编制本行政区域天然气基础设施发展规划,并抄报国家发展改革委和国家能源局。

天然气基础设施发展规划实施过程中,规划编制部门要加强跟踪监测,开展中期评估,确有必要调整的,应当履行原规划编制审批程序。

第十条 天然气基础设施发展规划应当包括天然气气源、供应方式及其规模,天然气消费现状、需求预测,天然气输送管道、储气设施等基础设施建设现状、发展目标、项目布局、用地、用海和用岛需求、码头布局与港口岸线利用、建设投资和保障措施等内容。

第十一条 天然气基础设施项目建设应当按照有关规定履行审批、核准或者备案手续。申请审批、核准或者备案的天然气基础设施项目应当符合本办法第九条所述规划。对未列入规划但又急需建设的项目,应当严格规范审查程序,经由规划编制部门委托评估论证确有必要的,方可履行审批、核准或者备案手续。未履行审批、核准或者备案手续的天然气基础设施项目不得开工建设。

由省、自治区、直辖市人民政府审批或者核准的天然气基础设施项目的批复文件,应当抄报国家发展改革委。

第十二条 天然气基础设施建设应当遵守有关工程建设管理的法律法规的规定,符合国家有关工程建设标准。

经审批、核准或者备案的天然气基础设施项目建设期间,原审批、核准或者备案部门可以自行组织或者以委托方式对审批、核准或者备案事项进行核查。

第十三条 经审批的天然气基础设施项目建成后,原审批部门应当按照国家有关规定进行竣工验收。

经核准、备案的天然气基础设施项目建成后,原核准、备案部门可以自行组织或者以委托方式对核准、备案事项进行核查,对不符合要求的书面通知整改。项目单位应当按照国家有关规定组织竣工验收,并自竣工验收合格之日起三十日内,将竣工验收情况报原核准、备案部门备案。

第十四条 国家鼓励、支持天然气基础设施相互连接。

相互连接应当坚持符合天然气基础设施发展规划、保证天然气基础设施运营安全、保障现有用户权益、提高天然气管道网络化水平和企业协商确定为主的原则。必要时,国家发展改革委、国家能源局和省、自治区、直辖市人民政府天然气主管部门给予协调。

第十五条 天然气基础设施发展规划在编制过程中应当考虑天然气基础设施之间的相互连接。

互连管道可以作为单独项目进行投资建设,或者纳入相互连接的天然气基础设施项目。互连管道的投资分担、输供气和维护等事宜由相关企业协商确定,并应当互为对方提供必要的便利。

天然气基础设施项目审批、核准的批复文件中应对连接方案提出明确要求。

第三章　天然气基础设施运营和服务

第十六条 天然气基础设施运营企业同时经营其他天然气业务的,应当建立健全财务制度,对天然气基础设施的运营业务实行独立核算,确保管道运输、储气、气化、液化、压缩等成本和收入的真实准确。

第十七条 国家能源局及其派出机构负责天然气基础设施公平开放监管工作。天然气基础设施运营企业应当按照规定公布提供服务的条件、获得服务的程序和剩余服务能力等信息,公平、公正地为所有用户提供管道运输、储气、气化、液化和压缩等服务。

天然气基础设施运营企业不得利用对基础设施的控制排挤其他天然气经营企业;在服务能力具备的情况下,不得拒绝为符合条件的用户提供服务或者提出不合理的要求。现有用户优先获得天然气基础设施服务。

国家建立天然气基础设施服务交易平台。

第十八条 天然气基础设施运营企业应当遵守价格主管部门有关管道运输、储气、气化等基础设施服务价格的规定,并与用户签订天然气基础设施服务合同。

第十九条 通过天然气基础设施销售的天然气应当符合国家规定的天然气质量标准,并符合天然气基础设施运营企业的安全和技术要求。

天然气基础设施运营企业应当建立健全天然气质量检测制度。不符合前款规定的,天然气基础设施运营企业可以拒绝提供运输、储存、气化、液化和压缩等服务。

全国主干管网的国家天然气热值标准另行制定。

第二十条 天然气基础设施需要永久性停止运营的,运营企业应当提前一年告知原审批、核准或者备案部门、供气区域县级以上地方人民政府天然气主管部门,并通知天然气销售企业和天然气用户,不得擅自停止运营。

天然气基础设施停止运营、封存、报废的,运营企业应当按照国家有关规定处理,组织拆除或者采取必要的安全防护措施。

第二十一条 天然气销售企业、天然气基础设施运营企业和天然气用户应当按照规定报告真实准确的统计信息。

有关部门应当对企业报送的涉及商业秘密的统计信息采取保密措施。

第四章 天然气运行调节和应急保障

第二十二条 县级以上地方人民政府天然气运行调节部门应当会同同级天然气主管部门、燃气管理部门等,实施天然气运行调节和应急保障。

天然气销售企业、天然气基础设施运营企业和城镇天然气经营企业应当共同负责做好安全供气保障工作,减少事故性供应中断对用户造成的影响。

第二十三条 县级以上地方人民政府天然气运行调节部门应当会同同级天然气主管部门、燃气管理部门等,加强天然气需求侧管理。

国家鼓励具有燃料或者原料替代能力的天然气用户签订可中断购气合同。

第二十四条 通过天然气基础设施进行天然气交易的双方,应当遵守价格主管部门有关天然气价格管理规定。

天然气可实行居民用气阶梯价格、季节性差价、可中断气价等差别性价格政策。

第二十五条 天然气销售企业应当建立天然气储备,到 2020 年拥有不低于其年合同销售量 10％的工作气量,以满足所供应市场的季节(月)调峰以及发生天然气供应中断等应急状况时的用气要求。城镇天然气经营企业应当承担所供应市场的小时调峰供气责任。由天然气销售企业和城镇天然气经营企业具体协商确定所承担的供应市场日调峰供气责任,并在天然气购销合同中予以约定。

天然气销售企业之间因天然气贸易产生的天然气储备义务转移承担问题,由当事双方协商确定并在天然气购销合同中予以约定。

天然气销售企业和天然气用户之间对各自所承担的调峰、应急供用气等具体责任,应当依据本条规定,由当事双方协商确定并在天然气购销合同中予以约定。

县级以上地方人民政府应当建立健全燃气应急储备制度,组织编制燃气应急预案,采取综合措施提高燃气应急保障能力,至少形成不低于保障本行政区域平均 3 天需求量的应急储气能力,在发生天然气输送管道事故等应急状况时必须保证与居民生活密切相关的民生用气供应安全可靠。

第二十六条 可中断用户的用气量不计入计算天然气储备规模的基数。

承担天然气储备义务的企业可以单独或者共同建设储气设施储备天然气,也可以委托代为储备。

国家采取措施鼓励、支持企业建立天然气储备,并对天然气储备能力达到一定规模的企业,在政府服务等方面给予重点优先支持。

第二十七条 天然气基础设施运营企业应当依据天然气运输、储存、气化、液化和压缩等服务合同的约定和调峰、应急的要求,在保证安全的前提下确保天然气基础设施的正常运行。

第二十八条 县级以上地方人民政府天然气运行调节部门、天然气主管部门、燃气管理部门应当会同有关部门和企业制定本行政区域天然气供应应急预案。

天然气销售企业应当会同天然气基础设施运营企业、天然气用户编制天然气供应应急预案,并报送所供气区域县级以上地方人民政府天然气运行调节部门、天然气主管部门和燃气管理部门备案。

第二十九条　天然气销售企业需要大幅增加或者减少供气(包括临时中断供气)的,应当提前72小时通知天然气基础设施运营企业、天然气用户,并向供气区域县级以上地方人民政府天然气运行调节部门、天然气主管部门和燃气管理部门报告,同时报送针对大幅减少供气(包括临时中断供气)情形的措施方案,及时做出合理安排,保障天然气稳定供应。

天然气用户暂时停止或者大幅减少提货的,应当提前48小时通知天然气销售企业、天然气基础设施运营企业,并向供气区域县级以上地方人民政府天然气运行调节部门、天然气主管部门和燃气管理部门报告。

天然气基础设施运营企业需要临时停止或者大幅减少服务的,应当提前半个月通知天然气销售企业、天然气用户,并向供气区域县级以上地方人民政府天然气运行调节部门、天然气主管部门和燃气管理部门报送措施方案,及时做出合理安排,保障天然气稳定供应。

因突发事件影响天然气基础设施提供服务的,天然气基础设施运营企业应当及时向供气区域县级以上地方人民政府天然气运行调节部门、天然气主管部门和燃气管理部门报告,采取紧急措施并及时通知天然气销售企业、天然气用户。

第三十条　县级以上地方人民政府天然气运行调节部门、天然气主管部门和燃气管理部门应当会同有关部门和企业对天然气供求状况实施监测、预测和预警。天然气供应应急状况即将发生或者发生的可能性增大时,应当提请同级人民政府及时发布应急预警。

天然气基础设施运营企业、天然气销售企业及天然气用户应当向天然气运行调节部门、天然气主管部门报送生产运营信息及第二十九条规定的突发情形。有关部门应对企业报送的涉及商业秘密的信息采取保密措施。

第三十一条　发生天然气资源锐减或者中断、基础设施事故及自然灾害等造成天然气供应紧张状况时,天然气运行调节部门可以会同同级天然气主管部门采取统筹资源调配、协调天然气基础设施利用、施行有序用气等紧急处置措施,保障天然气稳定供应。省、自治区、直辖市天然气应急处理工作应当服从国家发展改革委的统一安排。

天然气销售企业、天然气基础设施运营企业和天然气用户应当服从应急调度,承担相关义务。

第五章　法律责任

第三十二条　对不符合本办法第九条所述规划开工建设的天然气基础设施项目,由项目核准、审批部门通知有关部门和机构,在职责范围内依法采取措施,予以制止。

第三十三条　违反本办法第十六条规定,未对天然气基础设施运营业务实行独立核算的,由国家能源局及其派出机构给予警告,责令限期改正。

第三十四条　违反本办法第十七条规定,拒绝为符合条件的用户提供服务或者提出不合理要求的,由国家能源局及其派出机构责令改正。违反《反垄断法》的,由反垄断执法机构依据《反垄断法》追究法律责任。

第三十五条　违反本办法第十八条规定的,由价格主管部门依据《价格法》《价格违法行为行政处罚规定》等法律法规予以处罚。

第三十六条　违反本办法第二十条规定,擅自停止天然气基础设施运营的,由天然气主管部门给予警告,责令其尽快恢复运营;造成损失的,依法承担赔偿责任。

第三十七条　违反本办法第二十五条规定,未履行天然气储备义务的,由天然气主管部门给予警告,责令改正;造成损失的,依法承担赔偿责任。

第三十八条　违反本办法第二十九条规定的,由天然气运行调节部门给予警告,责令改正;造成损失的,依法承担赔偿责任。

第三十九条　相关主管部门未按照本办法规定履行职责的,对直接负责的主管人员和其他直接责任人员依法进行问责和责任追究。

第六章　附　则

第四十条　本办法中下列用语的含义是:

(一)天然气输送管道:是指提供公共运输服务的输气管道及附属设施,不包括油气田、液化天然气接收站、储气设施、天然气液化设施、天然气压缩设施、天然气电厂等生产作业区内和城镇燃气设施内的管道。

(二)液化天然气接收站:是指接收进口或者国产液化天然气(LNG),经气化后通过天然气输送管道或者未经气化进行销售或者转运的设施,包括液化天然气装卸、存储、气化及附属设施。

(三)储气设施:是指利用废弃的矿井、枯竭的油气藏、地下盐穴、含水构造等地质条件建设的地下储气空间和建造的储气容器及附属设施,通过与天然气输送管道相连接实现储气功能。

(四)天然气液化设施:是指通过低温工艺或者压差将气态天然气转化为液态天然气的设施,包括液化、储存及附属设施。

(五)天然气压缩设施:是指通过增压设施提高天然气储存压力的设施,包括压缩机组、储存设备及附属设施。

(六)天然气销售企业:是指拥有稳定且可供的天然气资源,通过天然气基础设施销售天然气的企业。

(七)天然气基础设施运营企业:是指利用天然气基础设施提供天然气运输、储存、气化、液化和压缩等服务的企业。

(八)城镇天然气经营企业:是指依法取得燃气经营许可,通过城镇天然气供气设施向终端用户输送、销售天然气的企业。

(九)天然气用户:是指通过天然气基础设施向天然气销售企业购买天然气的单位,包括城镇天然气经营企业和以天然气为工业生产原料使用的用户等,但不包括城镇天然气经营企业供应的终端用户。

(十)调峰:是指为解决天然气基础设施均匀供气与天然气用户不均匀用气的矛盾,采取的既保证用户的用气需求,又保证天然气基础设施安全平稳经济运行的供用气调度管理措施。

(十一)应急:是指应对处置突然发生的天然气中断或者严重失衡等事态的经济行动及措施。如发生进口天然气供应中断或者大幅度减少,国内天然气产量锐减,天然气基础设施事故,异常低温天气,以及其他自然灾害、事故灾难等造成天然气供应异常时采取的紧急处置行动。

(十二)可中断用户:是指根据供气合同的约定,在用气高峰时段或者发生应急状况时,经过必要的通知程序,可以对其减少供气或者暂时停止供气的天然气用户。

第四十一条 本办法由国家发展改革委负责解释。各省、自治区、直辖市可在本办法规定范围内结合本地实际制定相关实施细则。

第四十二条 本办法自 2014 年 4 月 1 日起实施。

关于加快推进储气设施建设的指导意见

发改运行[2014]603号

各省、自治区、直辖市及计划单列市、新疆生产建设兵团发展改革委、经信委、能源局、物价局,中国城市燃气协会,中国石油天然气集团公司、中国石油化工集团公司、中国海洋石油总公司:

为切实推进储气设施建设,进一步做好天然气供应保障工作,维护经济社会平稳运行,特提出以下意见:

一、增强推进储气设施建设的紧迫感。随着国内天然气产量增加、进口天然气规模扩大以及管网设施建设力度加大,我国天然气产业保持快速增长态势。天然气利用领域不断拓展,深入到城市燃气、工业燃料、发电、化工等各方面。稳定供气已成为关乎国计民生的重大问题。但是,由于城市燃气用气不均衡及北方地区冬季采暖用气大幅攀升,部分城市用气季节性峰谷差巨大,加之目前储气设施建设相对滞后,调峰能力不足,冬季供气紧张局面时有发生。为确保天然气安全稳定供应,必须高度重视储气设施建设,加强统筹协调,加大资金投入,集中力量加快推进相关工作。

二、加快在建项目施工进度。各级有关部门、项目建设单位要加强沟通联系和统筹协调,形成工作合力,全力推进储气设施建设发展。各级有关部门要强化要素保障,积极落实用地、银行贷款等,加快征迁交地,确保无障碍施工。各储气设施建设单位要加强管理,推进标准化施工,优化施工组织,在确保安全、质量前提下,加快在建储气设施项目建设进度,确保按期建成投用。

三、鼓励各种所有制经济参与储气设施投资建设和运营。承担天然气调峰和应急储备义务的天然气销售企业和城镇天然气经营企业等,可以单独或者共同建设储气设施储备天然气,也可以委托代为储备。各级政府要优先支持天然气销售企业和所在区域用气峰谷差超过3:1、民生用气(包括居民生活、学校教学和学生生活、养老福利机构用气等)占比超过40%的城镇燃气经营企业建设储气设施。

四、加大对储气设施投资企业融资支持力度。积极支持符合条件的天然气销售企业和城镇天然气经营企业发行企业债券融资,拓宽融资渠道,增加直接融资规模。创新债券融资品种,支持储气设施建设项目发行项目收益债券。支持地方政府投融资平台公司通过发行企业债券筹集资金建设储气设施,且不受年度发债规模指标限制。

五、出台价格调节手段引导储气设施建设。各级价格主管部门要进一步理顺天然气与可替代能源价格关系。推行非居民用户季节性差价、可中断气价等政策,鼓励用气峰谷差大的地方率先实施,引导用户削峰填谷。2015年底前所有已通气城市均应按照我委印发的《关于建立健全居民生活用气阶梯价格制度的指导意见》的精神,建立起居民生活用气阶梯价格制度。对独立经营的储气设施,按补偿成本、合理收益的原则确定储气价格;对城镇天然气经营企业建设的储气设施,投资和运营成本纳入配气成本统筹考虑,并给予适当收益。

六、加大储气设施建设用地支持力度。储气设施建设的项目用地可通过行政划拨、有偿出让或租赁等方式取得。对储气设施建设用地,有关方面要优先予以支持。

七、优化项目核准程序,提高核准效率。地方投资部门要研究制定简化核准工作手续、优化核准工作程序、提高核准工作效率的具体办法,配合住建、国土、环保等部门,优化规划选址、用地、环评、初设等环节的审批程序,缩短办理时限。

八、在落实《国务院办公厅关于促进进出口稳增长、调结构的若干意见》(国办发[2013]83号)有关政策过程中,采取措施进一步加快推动储气设施建设。

九、继续执行现有支持大型储气库建设的有关政策,进一步加大支持力度,适时扩大适用范围。有条件的地区可出台鼓励政策,对储气设施建设给予一定的资金补助。

十、天然气销售企业在同等条件下要优先增加配建有储气设施地区的资源安排,增供气量要与当地储气设施规模挂钩。

国家发展改革委
2014 年 4 月 5 日

国务院办公厅转发发展改革委
关于建立保障天然气稳定供应长效机制若干意见的通知

国办发〔2014〕16 号

各省、自治区、直辖市人民政府，国务院各部委、各直属机构：

发展改革委《关于建立保障天然气稳定供应长效机制的若干意见》已经国务院同意，现转发给你们，请认真贯彻执行。

国务院办公厅

2014 年 4 月 14 日

关于建立保障天然气稳定供应长效机制的若干意见

近年来，我国天然气供应能力不断提升，但由于消费需求快速增长、需求侧管理薄弱、调峰应急能力不足等原因，一些地区天然气供需紧张情况时有发生，民生用气保障亟待加强。为保障天然气长期稳定供应，现提出以下意见：

一、总体要求

贯彻落实党中央、国务院各项决策部署，按照责任要落实、监管要到位、长供有规划、增供按计划、供需签合同、价格要理顺的原则，统筹规划，合理调度，保障民生用气，努力做到天然气供需基本平衡、长期稳定供应。

二、主要任务

（一）增加天然气供应。到 2020 年天然气供应能力达到 4000 亿立方米，力争达到 4200 亿立方米。

（二）保障民生用气。基本满足新型城镇化发展过程中居民用气（包括居民生活用气、学校教学和学生生活用气、养老福利机构用气等）、集中供热用气，以及公交车、出租车用气等民生用气需求，特别是要确保居民用气安全稳定供应。

（三）支持推进"煤改气"工程。落实《国务院关于印发大气污染防治行动计划的通知》（国发〔2013〕37 号）要求，到 2020 年累计满足"煤改气"工程用气需求 1120 亿立方米。

（四）建立有序用气机制。坚持规划先行、量入为出、全国平衡、供需协商，科学确定各省（区、市）的民生用气和"煤改气"工程用气需求量，加强需求侧管理，规范用气秩序。

三、保障措施

（一）统筹供需、做好衔接

加大对天然气尤其是页岩气等非常规油气资源勘探开发的政策扶持力度，有序推进煤制气示范项目建设。落实鼓励开发低品位、老气田和进口天然气的税收政策。各地区要综合考虑民生改善和环境保护等因素,优化天然气使用方式。做好天然气与其他能源的统筹平衡,优先保障天然气生产。利用各种清洁能源,多渠道、多途径推进煤炭替代。制定有序用气方案和调度方案,加强本行政区域内地区之间、民生用气与非民生用气之间用气调度。在落实气源的基础上,科学制定实施年度"煤改气"工程计划,防止一哄而上。

天然气销售企业要落实年度天然气生产计划和管道天然气、液化天然气(LNG)进口计划,履行季(月)调峰及天然气购销合同中约定的日调峰供气义务。执行应急处置"压非保民"(压非民生用气、保民生用气)等措施,保证民生用气供应的调度执行到位。城镇燃气经营企业要严格执行需求侧管理措施和应急调度方案,落实小时调峰以及天然气购销合同中约定的日调峰供气义务。

(二)多方施策、增加储备

支持各类市场主体依法平等参与储气设施投资、建设和运营,研究制定鼓励储气设施建设的政策措施。优先支持天然气销售企业和所供区域用气峰谷差超过3∶1、民生用气占比超过40%的城镇燃气经营企业建设储气设施。符合条件的企业可发行项目收益债券筹集资金用于储气设施建设。对独立经营的储气设施,按补偿成本、合理收益的原则确定储气价格。对储气设施建设用地优先予以支持。各地区要加强储气调峰设施和LNG接收、存储设施建设,有效提高应急储备能力,至少形成不低于保障本地区平均三天需求量的应急储气能力。对城镇燃气经营企业的储气设施,将投资、运营成本纳入配气成本统筹考虑。

天然气销售企业和城镇燃气经营企业可以单独或者共同建设储气设施,也可委托其他企业代储,增强应急调峰能力。将增供气量与储气设施规模相挂钩,天然气销售企业在同等条件下优先向有储气设施的地区增加供气。

(三)预测预警、加强监管

建立天然气监测和预测、预警机制,对天然气供应风险做到早发现、早协调、早处置。对无序推进"煤改气"工程特别是无序新建和改建燃气发电、中断或影响民生用气、没有制定并执行"压非保民"措施的地区要予以通报批评。各地区要建立重点城市高峰时段每日天然气信息统计制度,并按要求报送国务院能源主管部门。督促签订天然气购销合同和供气、用气合同,做好合同备案管理,加强对天然气销售企业和城镇燃气经营企业落实合同和保障民生用气情况的监督管理。推动城镇燃气经营企业建立信息系统,全面掌握市场用户及用气结构,及时准确报送天然气供需情况信息。

(四)推动改革、理顺价格

稳步推进天然气领域改革。做好油气勘探开发体制改革试点工作,研究制定天然气管网和LNG接收、存储设施向第三方公平接入、公平开放的政策措施。

进一步理顺天然气与可替代能源价格关系,抓紧落实天然气门站价格调整方案。加快理顺车用天然气与汽柴油的比价关系。建立健全居民生活用气阶梯价格制度,研究推行非居民用户季节性差价、可中断气价等价格政策。

四、加强组织领导

地方各级人民政府要把保障民生用气供应作为改善民生的重要任务,加强组织领导,落实主体责任,科学制定应急预案,妥善处置突发事件,正确引导舆论,维护社会稳定。国务院能源主管部门要加强综合协调,组织制定并实施天然气发展规划,制定清洁能源保障方案,提出年度全国天然气商品量平衡计划,做好天然气年度供需平衡和日常运行协调监管工作,及时协调天然气供需矛盾,提出解决的办法和措施。国务院有关部门要按照职能分工,密切配合,抓紧细化相关政策措施,扎实做好相关工作,确保取得实效。

天然气利用政策

中华人民共和国国家发展和改革委员会令

第 15 号

《天然气利用政策》已经国家发展和改革委员会主任办公会议审议通过,现予公布,自2012 年 12 月 1 日施行。

主任　张　平

2012 年 10 月 14 日

天然气利用政策

为了鼓励、引导和规范天然气下游利用领域,特制定本政策。在我国境内所有从事天然气利用的活动均应遵循本政策。本政策中天然气是指国产天然气、页岩气、煤层气(煤矿瓦斯)、煤制气、进口管道天然气和液化天然气(LNG)等。

国家发展改革委、国家能源局负责全国天然气利用管理工作。各省(区、市)发展改革委、能源局负责本行政区域内天然气利用管理工作。

一、基本原则和政策目标

(一)基本原则

坚持统筹兼顾,整体考虑全国天然气利用的方向和领域,优化配置国内外资源;坚持区别对待,明确天然气利用顺序,保民生、保重点、保发展,并考虑不同地区的差异化政策;坚持量入为出,根据资源落实情况,有序发展天然气市场。

(二)政策目标

按照科学发展观和构建社会主义和谐社会的要求,优化能源结构、发展低碳经济、促进节能减排、提高人民生活质量,统筹国内外两种资源、两个市场,提高天然气在一次能源消费结构中的比重,优化天然气消费结构,提高利用效率,促进节约使用。

二、天然气利用领域和顺序

(一)天然气利用领域

根据不同用气特点,天然气用户分为城市燃气、工业燃料、天然气发电、天然气化工和其他用户。

(二)天然气利用顺序

综合考虑天然气利用的社会效益、环境效益和经济效益以及不同用户的用气特点等各方面因素,天然气用户分为优先类、允许类、限制类和禁止类。

第一类:优先类

城市燃气:

1.城镇(尤其是大中城市)居民炊事、生活热水等用气;

2.公共服务设施(机场、政府机关、职工食堂、幼儿园、学校、医院、宾馆、酒店、餐饮业、商场、写字楼、火车站、福利院、养老院、港口、码头客运站、汽车客运站等)用气;

3.天然气汽车(尤其是双燃料及液化天然气汽车),包括城市公交车、出租车、物流配送车、载客汽车、环卫车和载货汽车等以天然气为燃料的运输车辆;

4.集中式采暖用户(指中心城区、新区的中心地带);

5.燃气空调;

工业燃料:

6.建材、机电、轻纺、石化、冶金等工业领域中可中断的用户;

7.作为可中断用户的天然气制氢项目;

其他用户:

8.天然气分布式能源项目(综合能源利用效率70%以上,包括与可再生能源的综合利用);

9.在内河、湖泊和沿海航运的以天然气(尤其是液化天然气)为燃料的运输船舶(含双燃料和单一天然气燃料运输船舶);

10.城镇中具有应急和调峰功能的天然气储存设施;

11.煤层气(煤矿瓦斯)发电项目;

12.天然气热电联产项目。

第二类:允许类

城市燃气:

1.分户式采暖用户;

工业燃料:

2.建材、机电、轻纺、石化、冶金等工业领域中以天然气代油、液化石油气项目;

3.建材、机电、轻纺、石化、冶金等工业领域中以天然气为燃料的新建项目;

4.建材、机电、轻纺、石化、冶金等工业领域中环境效益和经济效益较好的以天然气代煤项目;

5.城镇(尤其是特大、大型城市)中心城区的工业锅炉燃料天然气置换项目;

天然气发电:

6.除第一类第12项、第四类第1项以外的天然气发电项目;

天然气化工:

7.除第一类第7项以外的天然气制氢项目;

其他用户:

8.用于调峰和储备的小型天然气液化设施。

第三类:限制类

天然气化工:

1.已建的合成氨厂以天然气为原料的扩建项目、合成氨厂煤改气项目;

2.以甲烷为原料,一次产品包括乙炔、氯甲烷等小宗碳一化工项目;

3.新建以天然气为原料的氮肥项目。

第四类:禁止类

天然气发电:

1.陕、蒙、晋、皖等13个大型煤炭基地所在地区建设基荷燃气发电项目〔煤层气(煤矿瓦斯)发电项目除外〕;

天然气化工:

2.新建或扩建以天然气为原料生产甲醇及甲醇生产下游产品装置;

3.以天然气代煤制甲醇项目。

三、保障措施

(一)做好供需平衡

国家发展改革委、国家能源局统筹协调各企业加快推进天然气资源勘探开发,促进天然气高效利用,调控供需总量基本平衡,推动资源、运输、市场有序协调发展。

(二)制定利用规划

各省(区、市)发展改革委、能源局要根据天然气资源落实和地区管网规划建设情况,结合节能减排目标,认真做好天然气利用规划,确保供需平衡。同时,要按照天然气利用优先顺序加强需求侧管理,鼓励优先类、支持允许类天然气利用项目发展,对限制类项目的核准和审批要从严把握,列入禁止类的利用项目不予安排气量。优化用气结构,合理安排增量,做好年度用气计划安排。

(三)高效节约使用

在严格遵循天然气利用顺序基础上,鼓励应用先进工艺、技术和设备,加快淘汰天然气利用落后产能,发展高效利用项目。鼓励用天然气生产化肥等企业实施由气改煤技术。高含 CO_2 的天然气可根据其特点实施综合开发利用。鼓励页岩气、煤层气(煤矿瓦斯)就近利用(用于民用、发电)和在符合国家商品天然气质量标准条件下就近接入管网或者加工成LNG、CNG外输。提高天然气商品率,增加外供商品气量,严禁排空浪费。

(四)安全稳定保供

国家通过政策引导和市场机制,鼓励建设调峰储气设施。天然气销售企业、天然气基础设施运营企业和城镇燃气经营企业应当共同保障安全供气,减少事故性供应中断对用户造成的影响。

(五)合理调控价格

完善价格机制。继续深化天然气价格改革,完善价格形成机制,加快理顺天然气价格与可替代能源比价关系;建立并完善天然气上下游价格联动机制;鼓励天然气用气量季节差异较大的地区,研究推行天然气季节差价和可中断气价等差别性气价政策,引导天然气合理消费,提高天然气利用效率;支持天然气贸易机制创新。

(六)配套相关政策

对优先类用气项目,地方各级政府可在规划、用地、融资、收费等方面出台扶持政策。鼓励天然气利用项目有关技术和装备自主化,鼓励和支持汽车、船舶天然气加注设施和设备的建设。鼓励地方政府出台如财政、收费、热价等具体支持政策,鼓励发展天然气分布式能源项目。

四、政策适用有关规定

(一)坚持以产定需,所有新建天然气利用项目(包括优先类)申报核准时必须落实气源,并签订购气合同;已用气项目供用气双方也要有合同保障。

(二)已建成且已用上天然气的用气项目,尤其是国家批准建设的化肥项目,供气商应确保按合同稳定供气。

(三)已建成但供气不足的用气项目,供气商应首先确保按合同量供应,有富余能力情况下逐步增加供应量。

(四)目前在建或已核准的用气项目,若供需双方已签署长期供用气合同,按合同执行;未签署合同的尽快签署合同并逐步落实气源。

(五)除新疆可适度发展限制类中的天然气化工项目外,其他天然气产地利用天然气亦应遵循产业政策。

五、其他

(一)本政策自发布之日起30日后实施。从本政策实施之日起,天然气利用项目管理均适用本政策,除国家法律法规另有规定外,均以此为准。

(二)本政策根据天然气供需形势变化适时进行调整,以确保天然气市场健康有序发展。

(三)本政策由国家发展改革委负责解释。各省(区、市)可在本政策规定范围内结合本地实际制定相关实施办法,并报国家发展改革委备案。

中华人民共和国国家发展和改革委员会
中华人民共和国财政部
中华人民共和国住房和城乡建设部
中华人民共和国交通运输部
中华人民共和国水利部
中国人民银行
令

第 25 号

《基础设施和公用事业特许经营管理办法》业经国务院同意,现予以发布,自 2015 年 6 月 1 日起施行。

国家发展改革委主任:徐绍史

财政部部长:楼继伟

住房城乡建设部部长:陈政高

交通运输部部长:杨传堂

水利部部长:陈 雷

人民银行行长:周小川

2015 年 4 月 25 日

基础设施和公用事业特许经营管理办法
第一章 总 则

第一条 为鼓励和引导社会资本参与基础设施和公用事业建设运营,提高公共服务质量和效率,保护特许经营者合法权益,保障社会公共利益和公共安全,促进经济社会持续健康发展,制定本办法。

第二条 中华人民共和国境内的能源、交通运输、水利、环境保护、市政工程等基础设施和公用事业领域的特许经营活动,适用本办法。

第三条 本办法所称基础设施和公用事业特许经营,是指政府采用竞争方式依法授权中华人民共和国境内外的法人或者其他组织,通过协议明确权利义务和风险分担,约定其在一定期限和范围内投资建设运营基础设施和公用事业并获得收益,提供公共产品或者公共服务。

第四条 基础设施和公用事业特许经营应当坚持公开、公平、公正,保护各方信赖利益,并遵循以下原则:

(一)发挥社会资本融资、专业、技术和管理优势,提高公共服务质量效率;

(二)转变政府职能,强化政府与社会资本协商合作;

(三)保护社会资本合法权益,保证特许经营持续性和稳定性;

(四)兼顾经营性和公益性平衡,维护公共利益。

第五条 基础设施和公用事业特许经营可以采取以下方式:

(一)在一定期限内,政府授予特许经营者投资新建或改扩建、运营基础设施和公用事业,期限届满移交政府;

(二)在一定期限内,政府授予特许经营者投资新建或改扩建、拥有并运营基础设施和公用事业,期限届满移交政府;

(三)特许经营者投资新建或改扩建基础设施和公用事业并移交政府后,由政府授予其在一定期限内运营;

(四)国家规定的其他方式。

第六条 基础设施和公用事业特许经营期限应当根据行业特点、所提供公共产品或服务需求、项目生命周期、投资回收期等综合因素确定,最长不超过30年。

对于投资规模大、回报周期长的基础设施和公用事业特许经营项目(以下简称特许经营项目)可以由政府或者其授权部门与特许经营者根据项目实际情况,约定超过前款规定的特许经营期限。

第七条 国务院发展改革、财政、国土、环保、住房城乡建设、交通运输、水利、能源、金融、安全监管等有关部门按照各自职责,负责相关领域基础设施和公用事业特许经营规章、政策制定和监督管理工作。

县级以上地方人民政府发展改革、财政、国土、环保、住房城乡建设、交通运输、水利、价格、能源、金融监管等有关部门根据职责分工,负责有关特许经营项目实施和监督管理工作。

第八条 县级以上地方人民政府应当建立各有关部门参加的基础设施和公用事业特许经营部门协调机制,负责统筹有关政策措施,并组织协调特许经营项目实施和监督管理工作。

第二章 特许经营协议订立

第九条 县级以上人民政府有关行业主管部门或政府授权部门(以下简称项目提出部门)可以根据经济社会发展需求,以及有关法人和其他组织提出的特许经营项目建议等,提出特许经营项目实施方案。

特许经营项目应当符合国民经济和社会发展总体规划、主体功能区规划、区域规划、环境保护规划和安全生产规划等专项规划、土地利用规划、城乡规划、中期财政规划等,并且建设运营标准和监管要求明确。

项目提出部门应当保证特许经营项目的完整性和连续性。

第十条　特许经营项目实施方案应当包括以下内容：

（一）项目名称；

（二）项目实施机构；

（三）项目建设规模、投资总额、实施进度，以及提供公共产品或公共服务的标准等基本经济技术指标；

（四）投资回报、价格及其测算；

（五）可行性分析，即降低全生命周期成本和提高公共服务质量效率的分析估算等；

（六）特许经营协议框架草案及特许经营期限；

（七）特许经营者应当具备的条件及选择方式；

（八）政府承诺和保障；

（九）特许经营期限届满后资产处置方式；

（十）应当明确的其他事项。

第十一条　项目提出部门可以委托具有相应能力和经验的第三方机构，开展特许经营可行性评估，完善特许经营项目实施方案。

需要政府提供可行性缺口补助或者开展物有所值评估的，由财政部门负责开展相关工作。具体办法由国务院财政部门另行制定。

第十二条　特许经营可行性评估应当主要包括以下内容：

（一）特许经营项目全生命周期成本、技术路线和工程方案的合理性，可能的融资方式、融资规模、资金成本，所提供公共服务的质量效率，建设运营标准和监管要求等；

（二）相关领域市场发育程度，市场主体建设运营能力状况和参与意愿；

（三）用户付费项目公众支付意愿和能力评估。

第十三条　项目提出部门依托本级人民政府根据本办法第八条规定建立的部门协调机制，会同发展改革、财政、城乡规划、国土、环保、水利等有关部门对特许经营项目实施方案进行审查。经审查认为实施方案可行的，各部门应当根据职责分别出具书面审查意见。

项目提出部门综合各部门书面审查意见，报本级人民政府或其授权部门审定特许经营项目实施方案。

第十四条　县级以上人民政府应当授权有关部门或单位作为实施机构负责特许经营项目有关实施工作，并明确具体授权范围。

第十五条　实施机构根据经审定的特许经营项目实施方案，应当通过招标、竞争性谈判等竞争方式选择特许经营者。

特许经营项目建设运营标准和监管要求明确、有关领域市场竞争比较充分的，应当通过招标方式选择特许经营者。

第十六条　实施机构应当在招标或谈判文件中载明是否要求成立特许经营项目公司。

第十七条　实施机构应当公平择优选择具有相应管理经验、专业能力、融资实力以及信用状况良好的法人或者其他组织作为特许经营者。鼓励金融机构与参与竞争的法人或其他组织共同制定投融资方案。

特许经营者选择应当符合内外资准入等有关法律、行政法规规定。

依法选定的特许经营者,应当向社会公示。

第十八条 实施机构应当与依法选定的特许经营者签订特许经营协议。

需要成立项目公司的,实施机构应当与依法选定的投资人签订初步协议,约定其在规定期限内注册成立项目公司,并与项目公司签订特许经营协议。

特许经营协议应当主要包括以下内容:

(一)项目名称、内容;

(二)特许经营方式、区域、范围和期限;

(三)项目公司的经营范围、注册资本、股东出资方式、出资比例、股权转让等;

(四)所提供产品或者服务的数量、质量和标准;

(五)设施权属,以及相应的维护和更新改造;

(六)监测评估;

(七)投融资期限和方式;

(八)收益取得方式,价格和收费标准的确定方法以及调整程序;

(九)履约担保;

(十)特许经营期内的风险分担;

(十一)政府承诺和保障;

(十二)应急预案和临时接管预案;

(十三)特许经营期限届满后,项目及资产移交方式、程序和要求等;

(十四)变更、提前终止及补偿;

(十五)违约责任;

(十六)争议解决方式;

(十七)需要明确的其他事项。

第十九条 特许经营协议根据有关法律、行政法规和国家规定,可以约定特许经营者通过向用户收费等方式取得收益。

向用户收费不足以覆盖特许经营建设、运营成本及合理收益的,可由政府提供可行性缺口补助,包括政府授予特许经营项目相关的其他开发经营权益。

第二十条 特许经营协议应当明确价格或收费的确定和调整机制。特许经营项目价格或收费应当依据相关法律、行政法规规定和特许经营协议约定予以确定和调整。

第二十一条 政府可以在特许经营协议中就防止不必要的同类竞争性项目建设、必要合理的财政补贴、有关配套公共服务和基础设施的提供等内容作出承诺,但不得承诺固定投资回报和其他法律、行政法规禁止的事项。

第二十二条 特许经营者根据特许经营协议,需要依法办理规划选址、用地和项目核准或审批等手续的,有关部门在进行审核时,应当简化审核内容,优化办理流程,缩短办理时限,对于本部门根据本办法第十三条出具书面审查意见已经明确的事项,不再作重复审查。

实施机构应当协助特许经营者办理相关手续。

第二十三条 国家鼓励金融机构为特许经营项目提供财务顾问、融资顾问、银团贷款等金融服务。政策性、开发性金融机构可以给予特许经营项目差异化信贷支持,对符合条件的项目,贷款期限最长可达 30 年。探索利用特许经营项目预期收益质押贷款,支持利用相关收益作为还款来源。

第二十四条 国家鼓励通过设立产业基金等形式入股提供特许经营项目资本金。鼓励特许经营项目公司进行结构化融资,发行项目收益票据和资产支持票据等。

国家鼓励特许经营项目采用成立私募基金,引入战略投资者,发行企业债券、项目收益债券、公司债券、非金融企业债务融资工具等方式拓宽投融资渠道。

第二十五条 县级以上人民政府有关部门可以探索与金融机构设立基础设施和公用事业特许经营引导基金,并通过投资补助、财政补贴、贷款贴息等方式,支持有关特许经营项目建设运营。

第三章　特许经营协议履行

第二十六条 特许经营协议各方当事人应当遵循诚实信用原则,按照约定全面履行义务。

除法律、行政法规另有规定外,实施机构和特许经营者任何一方不履行特许经营协议约定义务或者履行义务不符合约定要求的,应当根据协议继续履行、采取补救措施或者赔偿损失。

第二十七条 依法保护特许经营者合法权益。任何单位或者个人不得违反法律、行政法规和本办法规定,干涉特许经营者合法经营活动。

第二十八条 特许经营者应当根据特许经营协议,执行有关特许经营项目投融资安排,确保相应资金或资金来源落实。

第二十九条 特许经营项目涉及新建或改扩建有关基础设施和公用事业的,应当符合城乡规划、土地管理、环境保护、质量管理、安全生产等有关法律、行政法规规定的建设条件和建设标准。

第三十条 特许经营者应当根据有关法律、行政法规、标准规范和特许经营协议,提供优质、持续、高效、安全的公共产品或者公共服务。

第三十一条 特许经营者应当按照技术规范,定期对特许经营项目设施进行检修和保养,保证设施运转正常及经营期限届满后资产按规定进行移交。

第三十二条 特许经营者对涉及国家安全的事项负有保密义务,并应当建立和落实相应保密管理制度。实施机构、有关部门及其工作人员对在特许经营活动和监督管理工作中知悉的特许经营者商业秘密负有保密义务。

第三十三条 实施机构和特许经营者应当对特许经营项目建设、运营、维修、保养过程中有关资料,按照有关规定进行归档保存。

第三十四条 实施机构应当按照特许经营协议严格履行有关义务,为特许经营者建设运营特许经营项目提供便利和支持,提高公共服务水平。

行政区划调整,政府换届、部门调整和负责人变更,不得影响特许经营协议履行。

第三十五条 需要政府提供可行性缺口补助的特许经营项目,应当严格按照预算法规定,综合考虑政府财政承受能力和债务风险状况,合理确定财政付费总额和分年度数额,并与政府年度预算和中期财政规划相衔接,确保资金拨付需要。

第三十六条 因法律、行政法规修改,或者政策调整损害特许经营者预期利益,或者根据公共利益需要,要求特许经营者提供协议约定以外的产品或服务的,应当给予特许经营者相应补偿。

第四章 特许经营协议变更和终止

第三十七条 在特许经营协议有效期内,协议内容确需变更的,协议当事人应当在协商一致基础上签订补充协议。如协议可能对特许经营项目的存续债务产生重大影响的,应当事先征求债权人同意。特许经营项目涉及直接融资行为的,应当及时做好相关信息披露。

特许经营期限届满后确有必要延长的,按照有关规定经充分评估论证,协商一致并报批准后,可以延长。

第三十八条 在特许经营期限内,因特许经营协议一方严重违约或不可抗力等原因,导致特许经营者无法继续履行协议约定义务,或者出现特许经营协议约定的提前终止协议情形的,在与债权人协商一致后,可以提前终止协议。

特许经营协议提前终止的,政府应当收回特许经营项目,并根据实际情况和协议约定给予原特许经营者相应补偿。

第三十九条 特许经营期限届满终止或提前终止的,协议当事人应当按照特许经营协议约定,以及有关法律、行政法规和规定办理有关设施、资料、档案等的性能测试、评估、移交、接管、验收等手续。

第四十条 特许经营期限届满终止或者提前终止,对该基础设施和公用事业继续采用特许经营方式的,实施机构应当根据本办法规定重新选择特许经营者。

因特许经营期限届满重新选择特许经营者的,在同等条件下,原特许经营者优先获得特许经营。

新的特许经营者选定之前,实施机构和原特许经营者应当制定预案,保障公共产品或公共服务的持续稳定提供。

第五章 监督管理和公共利益保障

第四十一条 县级以上人民政府有关部门应当根据各自职责,对特许经营者执行法律、行政法规、行业标准、产品或服务技术规范,以及其他有关监管要求进行监督管理,并依法加强成本监督审查。

县级以上审计机关应当依法对特许经营活动进行审计。

第四十二条 县级以上人民政府及其有关部门应当根据法律、行政法规和国务院决定保留的行政审批项目对特许经营进行监督管理,不得以实施特许经营为名违法增设行政审批项目或审批环节。

第四十三条 实施机构应当根据特许经营协议,定期对特许经营项目建设运营情况进行监测分析,会同有关部门进行绩效评价,并建立根据绩效评价结果、按照特许经营协议约定对价格或财政补贴进行调整的机制,保障所提供公共产品或公共服务的质量和效率。

实施机构应当将社会公众意见作为监测分析和绩效评价的重要内容。

第四十四条 社会公众有权对特许经营活动进行监督,向有关监管部门投诉,或者向实施机构和特许经营者提出意见建议。

第四十五条 县级以上人民政府应当将特许经营有关政策措施、特许经营部门协调机制组成以及职责等信息向社会公开。

实施机构和特许经营者应当将特许经营项目实施方案、特许经营者选择、特许经营协议及其变更或终止、项目建设运营、所提供公共服务标准、监测分析和绩效评价、经过审计的上年度财务报表等有关信息按规定向社会公开。

特许经营者应当公开有关会计数据、财务核算和其他有关财务指标,并依法接受年度财务审计。

第四十六条 特许经营者应当对特许经营协议约定服务区域内所有用户普遍地、无歧视地提供公共产品或公共服务,不得对新增用户实行差别待遇。

第四十七条 实施机构和特许经营者应当制定突发事件应急预案,按规定报有关部门。突发事件发生后,及时启动应急预案,保障公共产品或公共服务的正常提供。

第四十八条 特许经营者因不可抗力等原因确实无法继续履行特许经营协议的,实施机构应当采取措施,保证持续稳定提供公共产品或公共服务。

第六章 争议解决

第四十九条 实施机构和特许经营者就特许经营协议履行发生争议的,应当协商解决。协商达成一致的,应当签订补充协议并遵照执行。

第五十条 实施机构和特许经营者就特许经营协议中的专业技术问题发生争议的,可以共同聘请专家或第三方机构进行调解。调解达成一致的,应当签订补充协议并遵照执行。

第五十一条 特许经营者认为行政机关作出的具体行政行为侵犯其合法权益的,有陈述、申辩的权利,并可以依法提起行政复议或者行政诉讼。

第五十二条 特许经营协议存续期间发生争议,当事各方在争议解决过程中,应当继续履行特许经营协议义务,保证公共产品或公共服务的持续性和稳定性。

第七章 法律责任

第五十三条 特许经营者违反法律、行政法规和国家强制性标准,严重危害公共利益,或者造成重大质量、安全事故或者突发环境事件的,有关部门应当责令限期改正并依法予以行政处罚;拒不改正、情节严重的,可以终止特许经营协议;构成犯罪的,依法追究刑事责任。

第五十四条 以欺骗、贿赂等不正当手段取得特许经营项目的,应当依法收回特许经营项目,向社会公开。

第五十五条 实施机构、有关行政主管部门及其工作人员不履行法定职责、干预特许经营者正常经营活动、徇私舞弊、滥用职权、玩忽职守的,依法给予行政处分;构成犯罪的,依法追究刑事责任。

第五十六条 县级以上人民政府有关部门应当对特许经营者及其从业人员的不良行为建立信用记录,纳入全国统一的信用信息共享交换平台。对严重违法失信行为依法予以曝光,并会同有关部门实施联合惩戒。

第八章 附 则

第五十七条 基础设施和公用事业特许经营涉及国家安全审查的,按照国家有关规定执行。

第五十八条 法律、行政法规对基础设施和公用事业特许经营另有规定的,从其规定。
本办法实施之前依法已经订立特许经营协议的,按照协议约定执行。

第五十九条 本办法由国务院发展改革部门会同有关部门负责解释。

第六十条 本办法自 2015 年 6 月 1 日起施行。

建设部令

第 126 号

《市政公用事业特许经营管理办法》已于 2004 年 2 月 24 日经第 29 次部常务会议讨论通过，现予发布，自 2004 年 5 月 1 日起施行。

部长 汪光焘

2004 年 3 月 19 日

市政公用事业特许经营管理办法

第一条 为了加快推进市政公用事业市场化，规范市政公用事业特许经营活动，加强市场监管，保障社会公共利益和公共安全，促进市政公用事业健康发展，根据国家有关法律、法规，制定本办法。

第二条 本办法所称市政公用事业特许经营，是指政府按照有关法律、法规规定，通过市场竞争机制选择市政公用事业投资者或者经营者，明确其在一定期限和范围内经营某项市政公用事业产品或者提供某项服务的制度。

城市供水、供气、供热、公共交通、污水处理、垃圾处理等行业，依法实施特许经营的，适用本办法。

第三条 实施特许经营的项目由省、自治区、直辖市通过法定形式和程序确定。

第四条 国务院建设主管部门负责全国市政公用事业特许经营活动的指导和监督工作。

省、自治区人民政府建设主管部门负责本行政区域内的市政公用事业特许经营活动的指导和监督工作。

直辖市、市、县人民政府市政公用事业主管部门依据人民政府的授权（以下简称主管部门），负责本行政区域内的市政公用事业特许经营的具体实施。

第五条 实施市政公用事业特许经营，应当遵循公开、公平、公正和公共利益优先的原则。

第六条 实施市政公用事业特许经营，应当坚持合理布局，有效配置资源的原则，鼓励跨行政区域的市政公用基础设施共享。

跨行政区域的市政公用基础设施特许经营，应当本着有关各方平等协商的原则，共同加强监管。

第七条 参与特许经营权竞标者应当具备以下条件：

（一）依法注册的企业法人；

（二）有相应的注册资本金和设施、设备；

（三）有良好的银行资信、财务状况及相应的偿债能力；

（四）有相应的从业经历和良好的业绩；

（五）有相应数量的技术、财务、经营等关键岗位人员；

（六）有切实可行的经营方案；

（七）地方性法规、规章规定的其他条件。

第八条 主管部门应当依照下列程序选择投资者或者经营者：

（一）提出市政公用事业特许经营项目，报直辖市、市、县人民政府批准后，向社会公开发布招标条件，受理投标；

（二）根据招标条件，对特许经营权的投标人进行资格审查和方案预审，推荐出符合条件的投标候选人；

（三）组织评审委员会依法进行评审，并经过质询和公开答辩，择优选择特许经营权授予对象；

（四）向社会公示中标结果，公示时间不少于 20 天；

（五）公示期满，对中标者没有异议的，经直辖市、市、县人民政府批准，与中标者（以下简称"获得特许经营权的企业"）签订特许经营协议。

第九条 特许经营协议应当包括以下内容：

（一）特许经营内容、区域、范围及有效期限；

（二）产品和服务标准；

（三）价格和收费的确定方法、标准以及调整程序；

（四）设施的权属与处置；

（五）设施维护和更新改造；

（六）安全管理；

（七）履约担保；

（八）特许经营权的终止和变更；

（九）违约责任；

（十）争议解决方式；

（十一）双方认为应该约定的其他事项。

第十条 主管部门应当履行下列责任：

（一）协助相关部门核算和监控企业成本，提出价格调整意见；

（二）监督获得特许经营权的企业履行法定义务和协议书规定的义务；

（三）对获得特许经营权的企业的经营计划实施情况、产品和服务的质量以及安全生产情况进行监督；

（四）受理公众对获得特许经营权的企业的投诉；

（五）向政府提交年度特许经营监督检查报告；

（六）在危及或者可能危及公共利益、公共安全等紧急情况下，临时接管特许经营项目；

（七）协议约定的其他责任。

第十一条 获得特许经营权的企业应当履行下列责任：

（一）科学合理地制定企业年度生产、供应计划；

（二）按照国家安全生产法规和行业安全生产标准规范，组织企业安全生产；

（三）履行经营协议，为社会提供足量的、符合标准的产品和服务；

（四）接受主管部门对产品和服务质量的监督检查；

（五）按规定的时间将中长期发展规划、年度经营计划、年度报告、董事会决议等报主管部门备案；

（六）加强对生产设施、设备的运行维护和更新改造，确保设施完好；

（七）协议约定的其他责任。

第十二条 特许经营期限应当根据行业特点、规模、经营方式等因素确定，最长不得超过30年。

第十三条 获得特许经营权的企业承担政府公益性指令任务造成经济损失的，政府应当给予相应的补偿。

第十四条 在协议有效期限内，若协议的内容确需变更的，协议双方应当在共同协商的基础上签订补充协议。

第十五条 获得特许经营权的企业确需变更名称、地址、法定代表人的，应当提前书面告知主管部门，并经其同意。

第十六条 特许经营期限届满，主管部门应当按照本办法规定的程序组织招标，选择特许经营者。

第十七条 获得特许经营权的企业在协议有效期内单方提出解除协议的，应当提前提出申请，主管部门应当自收到获得特许经营权的企业申请的3个月内作出答复。在主管部门同意解除协议前，获得特许经营权的企业必须保证正常的经营与服务。

第十八条 获得特许经营权的企业在特许经营期间有下列行为之一的，主管部门应当依法终止特许经营协议，取消其特许经营权，并可以实施临时接管：

（一）擅自转让、出租特许经营权的；

（二）擅自将所经营的财产进行处置或者抵押的；

（三）因管理不善，发生重大质量、生产安全事故的；

（四）擅自停业、歇业，严重影响到社会公共利益和安全的；

（五）法律、法规禁止的其他行为。

第十九条 特许经营权发生变更或者终止时，主管部门必须采取有效措施保证市政公用产品供应和服务的连续性与稳定性。

第二十条 主管部门应当在特许经营协议签订后30日内，将协议报上一级市政公用事业主管部门备案。

第二十一条 在项目运营的过程中，主管部门应当组织专家对获得特许经营权的企业经营情况进行中期评估。

评估周期一般不得低于两年,特殊情况下可以实施年度评估。

第二十二条 直辖市、市、县人民政府有关部门按照有关法律、法规规定的原则和程序,审定和监管市政公用事业产品和服务价格。

第二十三条 未经直辖市、市、县人民政府批准,获得特许经营权的企业不得擅自停业、歇业。

获得特许经营权的企业擅自停业、歇业的,主管部门应当责令其限期改正,或者依法采取有效措施督促其履行义务。

第二十四条 主管部门实施监督检查,不得妨碍获得特许经营权的企业正常的生产经营活动。

第二十五条 主管部门应当建立特许经营项目的临时接管应急预案。

对获得特许经营权的企业取消特许经营权并实施临时接管的,必须按照有关法律、法规的规定进行,并召开听证会。

第二十六条 社会公众对市政公用事业特许经营享有知情权、建议权。

直辖市、市、县人民政府应当建立社会公众参与机制,保障公众能够对实施特许经营情况进行监督。

第二十七条 国务院建设主管部门应当加强对直辖市市政公用事业主管部门实施特许经营活动的监督检查,省、自治区人民政府建设主管部门应当加强对市、县人民政府市政公用事业主管部门实施特许经营活动的监督检查,及时纠正实施特许经营中的违法行为。

第二十八条 对以欺骗、贿赂等不正当手段获得特许经营权的企业,主管部门应当取消其特许经营权,并向国务院建设主管部门报告,由国务院建设主管部门通过媒体等形式向社会公开披露。被取消特许经营权的企业在三年内不得参与市政公用事业特许经营竞标。

第二十九条 主管部门或者获得特许经营权的企业违反协议的,由过错方承担违约责任,给对方造成损失的,应当承担赔偿责任。

第三十条 主管部门及其工作人员有下列情形之一的,由对其授权的直辖市、市、县人民政府或者监察机关责令改正,对负主要责任的主管人员和其他直接责任人员依法给予行政处分;构成犯罪的,依法追究刑事责任:

(一)不依法履行监督职责或者监督不力,造成严重后果的;

(二)对不符合法定条件的竞标者授予特许经营权的;

(三)滥用职权、徇私舞弊的。

第三十一条 本办法自 2004 年 5 月 1 日起施行。

城镇燃气管理条例
中华人民共和国国务院令
第 583 号

《城镇燃气管理条例》已经 2010 年 10 月 19 日国务院第 129 次常务会议通过,现予公布,自 2011 年 3 月 1 日起施行。

总理　温家宝

2010 年 11 月 19 日

国务院关于修改部分行政法规的决定
中华人民共和国国务院令
第 666 号

《国务院关于修改部分行政法规的决定》已经 2016 年 1 月 13 日国务院第 119 次常务会议通过,现予公布,自公布之日起施行。

总理　李克强

2016 年 2 月 6 日

……

六十二、删去《城镇燃气管理条例》第十五条第三款。

……

城镇燃气管理条例

第一章　总　则

第一条　为了加强城镇燃气管理,保障燃气供应,防止和减少燃气安全事故,保障公民生命、财产安全和公共安全,维护燃气经营者和燃气用户的合法权益,促进燃气事业健康发展,制定本条例。

第二条　城镇燃气发展规划与应急保障、燃气经营与服务、燃气使用、燃气设施保护、燃气安全事故预防与处理及相关管理活动,适用本条例。

天然气、液化石油气的生产和进口,城市门站以外的天然气管道输送,燃气作为工业生产原料的使用,沼气、秸秆气的生产和使用,不适用本条例。

本条例所称燃气,是指作为燃料使用并符合一定要求的气体燃料,包括天然气(含煤层气)、液化石油气和人工煤气等。

第三条　燃气工作应当坚持统筹规划、保障安全、确保供应、规范服务、节能高效的原则。

第四条　县级以上人民政府应当加强对燃气工作的领导,并将燃气工作纳入国民经济和社会发展规划。

第五条　国务院建设主管部门负责全国的燃气管理工作。

县级以上地方人民政府燃气管理部门负责本行政区域内的燃气管理工作。

县级以上人民政府其他有关部门依照本条例和其他有关法律、法规的规定,在各自职责范围内负责有关燃气管理工作。

第六条　国家鼓励、支持燃气科学技术研究,推广使用安全、节能、高效、环保的燃气新技术、新工艺和新产品。

第七条　县级以上人民政府有关部门应当建立健全燃气安全监督管理制度,宣传普及燃气法律、法规和安全知识,提高全民的燃气安全意识。

第二章　燃气发展规划与应急保障

第八条　国务院建设主管部门应当会同国务院有关部门,依据国民经济和社会发展规划、土地利用总体规划、城乡规划以及能源规划,结合全国燃气资源总量平衡情况,组织编制全国燃气发展规划并组织实施。

县级以上地方人民政府燃气管理部门应当会同有关部门,依据国民经济和社会发展规划、土地利用总体规划、城乡规划、能源规划以及上一级燃气发展规划,组织编制本行政区域的燃气发展规划,报本级人民政府批准后组织实施,并报上一级人民政府燃气管理部门备案。

第九条　燃气发展规划的内容应当包括:燃气气源、燃气种类、燃气供应方式和规模、燃气设施布局和建设时序、燃气设施建设用地、燃气设施保护范围、燃气供应保障措施和安全保障措施等。

第十条　县级以上地方人民政府应当根据燃气发展规划的要求,加大对燃气设施建设的投入,并鼓励社会资金投资建设燃气设施。

第十一条　进行新区建设、旧区改造,应当按照城乡规划和燃气发展规划配套建设燃气设施或者预留燃气设施建设用地。

对燃气发展规划范围内的燃气设施建设工程,城乡规划主管部门在依法核发选址意见书时,应当就燃气设施建设是否符合燃气发展规划征求燃气管理部门的意见;不需要核发选址意见书的,城乡规划主管部门在依法核发建设用地规划许可证或者乡村建设规划许可证时,应当就燃气设施建设是否符合燃气发展规划征求燃气管理部门的意见。

燃气设施建设工程竣工后,建设单位应当依法组织竣工验收,并自竣工验收合格之日起15日内,将竣工验收情况报燃气管理部门备案。

第十二条　县级以上地方人民政府应当建立健全燃气应急储备制度,组织编制燃气应急预案,采取综合措施提高燃气应急保障能力。

燃气应急预案应当明确燃气应急气源和种类、应急供应方式、应急处置程序和应急救援措施等内容。

县级以上地方人民政府燃气管理部门应当会同有关部门对燃气供求状况实施监测、预测和预警。

第十三条　燃气供应严重短缺、供应中断等突发事件发生后,县级以上地方人民政府应当及时采取动用储备、紧急调度等应急措施,燃气经营者以及其他有关单位和个人应当予以配合,承担相关应急任务。

第三章　燃气经营与服务

第十四条　政府投资建设的燃气设施,应当通过招标投标方式选择燃气经营者。

社会资金投资建设的燃气设施,投资方可以自行经营,也可以另行选择燃气经营者。

第十五条　国家对燃气经营实行许可证制度。从事燃气经营活动的企业,应当具备下列条件:

(一)符合燃气发展规划要求;

(二)有符合国家标准的燃气气源和燃气设施;

(三)有固定的经营场所、完善的安全管理制度和健全的经营方案;

(四)企业的主要负责人、安全生产管理人员以及运行、维护和抢修人员经专业培训并考核合格;

(五)法律、法规规定的其他条件。

符合前款规定条件的,由县级以上地方人民政府燃气管理部门核发燃气经营许可证。

第十六条　禁止个人从事管道燃气经营活动。

个人从事瓶装燃气经营活动的,应当遵守省、自治区、直辖市的有关规定。

第十七条　燃气经营者应当向燃气用户持续、稳定、安全供应符合国家质量标准的燃气,指导燃气用户安全用气、节约用气,并对燃气设施定期进行安全检查。

燃气经营者应当公示业务流程、服务承诺、收费标准和服务热线等信息,并按照国家燃气服务标准提供服务。

第十八条 燃气经营者不得有下列行为:

(一)拒绝向市政燃气管网覆盖范围内符合用气条件的单位或者个人供气;

(二)倒卖、抵押、出租、出借、转让、涂改燃气经营许可证;

(三)未履行必要告知义务擅自停止供气、调整供气量,或者未经审批擅自停业或者歇业;

(四)向未取得燃气经营许可证的单位或者个人提供用于经营的燃气;

(五)在不具备安全条件的场所储存燃气;

(六)要求燃气用户购买其指定的产品或者接受其提供的服务;

(七)擅自为非自有气瓶充装燃气;

(八)销售未经许可的充装单位充装的瓶装燃气或者销售充装单位擅自为非自有气瓶充装的瓶装燃气;

(九)冒用其他企业名称或者标识从事燃气经营、服务活动。

第十九条 管道燃气经营者对其供气范围内的市政燃气设施、建筑区划内业主专有部分以外的燃气设施,承担运行、维护、抢修和更新改造的责任。

管道燃气经营者应当按照供气、用气合同的约定,对单位燃气用户的燃气设施承担相应的管理责任。

第二十条 管道燃气经营者因施工、检修等原因需要临时调整供气量或者暂停供气的,应当将作业时间和影响区域提前48小时予以公告或者书面通知燃气用户,并按照有关规定及时恢复正常供气;因突发事件影响供气的,应当采取紧急措施并及时通知燃气用户。

燃气经营者停业、歇业的,应当事先对其供气范围内的燃气用户的正常用气作出妥善安排,并在90个工作日前向所在地燃气管理部门报告,经批准方可停业、歇业。

第二十一条 有下列情况之一的,燃气管理部门应当采取措施,保障燃气用户的正常用气:

(一)管道燃气经营者临时调整供气量或者暂停供气未及时恢复正常供气的;

(二)管道燃气经营者因突发事件影响供气未采取紧急措施的;

(三)燃气经营者擅自停业、歇业的;

(四)燃气管理部门依法撤回、撤销、注销、吊销燃气经营许可的。

第二十二条 燃气经营者应当建立健全燃气质量检测制度,确保所供应的燃气质量符合国家标准。

县级以上地方人民政府质量监督、工商行政管理、燃气管理等部门应当按照职责分工,依法加强对燃气质量的监督检查。

第二十三条 燃气销售价格,应当根据购气成本、经营成本和当地经济社会发展水平合理确定并适时调整。县级以上地方人民政府价格主管部门确定和调整管道燃气销售价格,应当征求管道燃气用户、管道燃气经营者和有关方面的意见。

第二十四条　通过道路、水路、铁路运输燃气的,应当遵守法律、行政法规有关危险货物运输安全的规定以及国务院交通运输部门、国务院铁路部门的有关规定;通过道路或者水路运输燃气的,还应当分别依照有关道路运输、水路运输的法律、行政法规的规定,取得危险货物道路运输许可或者危险货物水路运输许可。

第二十五条　燃气经营者应当对其从事瓶装燃气送气服务的人员和车辆加强管理,并承担相应的责任。

从事瓶装燃气充装活动,应当遵守法律、行政法规和国家标准有关气瓶充装的规定。

第二十六条　燃气经营者应当依法经营,诚实守信,接受社会公众的监督。

燃气行业协会应当加强行业自律管理,促进燃气经营者提高服务质量和技术水平。

第四章　燃气使用

第二十七条　燃气用户应当遵守安全用气规则,使用合格的燃气燃烧器具和气瓶,及时更换国家明令淘汰或者使用年限已届满的燃气燃烧器具、连接管等,并按照约定期限支付燃气费用。

单位燃气用户还应当建立健全安全管理制度,加强对操作维护人员燃气安全知识和操作技能的培训。

第二十八条　燃气用户及相关单位和个人不得有下列行为:

(一)擅自操作公用燃气阀门;

(二)将燃气管道作为负重支架或者接地引线;

(三)安装、使用不符合气源要求的燃气燃烧器具;

(四)擅自安装、改装、拆除户内燃气设施和燃气计量装置;

(五)在不具备安全条件的场所使用、储存燃气;

(六)盗用燃气;

(七)改变燃气用途或者转供燃气。

第二十九条　燃气用户有权就燃气收费、服务等事项向燃气经营者进行查询,燃气经营者应当自收到查询申请之日起5个工作日内予以答复。

燃气用户有权就燃气收费、服务等事项向县级以上地方人民政府价格主管部门、燃气管理部门以及其他有关部门进行投诉,有关部门应当自收到投诉之日起15个工作日内予以处理。

第三十条　安装、改装、拆除户内燃气设施的,应当按照国家有关工程建设标准实施作业。

第三十一条　燃气管理部门应当向社会公布本行政区域内的燃气种类和气质成分等信息。

燃气燃烧器具生产单位应当在燃气燃烧器具上明确标识所适应的燃气种类。

第三十二条　燃气燃烧器具生产单位、销售单位应当设立或者委托设立售后服务站点,配备经考核合格的燃气燃烧器具安装、维修人员,负责售后的安装、维修服务。

燃气燃烧器具的安装、维修,应当符合国家有关标准。

第五章 燃气设施保护

第三十三条 县级以上地方人民政府燃气管理部门应当会同城乡规划等有关部门按照国家有关标准和规定划定燃气设施保护范围,并向社会公布。

在燃气设施保护范围内,禁止从事下列危及燃气设施安全的活动:

(一)建设占压地下燃气管线的建筑物、构筑物或者其他设施;

(二)进行爆破、取土等作业或者动用明火;

(三)倾倒、排放腐蚀性物质;

(四)放置易燃易爆危险物品或者种植深根植物;

(五)其他危及燃气设施安全的活动。

第三十四条 在燃气设施保护范围内,有关单位从事敷设管道、打桩、顶进、挖掘、钻探等可能影响燃气设施安全活动的,应当与燃气经营者共同制定燃气设施保护方案,并采取相应的安全保护措施。

第三十五条 燃气经营者应当按照国家有关工程建设标准和安全生产管理的规定,设置燃气设施防腐、绝缘、防雷、降压、隔离等保护装置和安全警示标志,定期进行巡查、检测、维修和维护,确保燃气设施的安全运行。

第三十六条 任何单位和个人不得侵占、毁损、擅自拆除或者移动燃气设施,不得毁损、覆盖、涂改、擅自拆除或者移动燃气设施安全警示标志。

任何单位和个人发现有可能危及燃气设施和安全警示标志的行为,有权予以劝阻、制止;经劝阻、制止无效的,应当立即告知燃气经营者或者向燃气管理部门、安全生产监督管理部门和公安机关报告。

第三十七条 新建、扩建、改建建设工程,不得影响燃气设施安全。

建设单位在开工前,应当查明建设工程施工范围内地下燃气管线的相关情况;燃气管理部门以及其他有关部门和单位应当及时提供相关资料。

建设工程施工范围内有地下燃气管线等重要燃气设施的,建设单位应当会同施工单位与管道燃气经营者共同制定燃气设施保护方案。建设单位、施工单位应当采取相应的安全保护措施,确保燃气设施运行安全;管道燃气经营者应当派专业人员进行现场指导。法律、法规另有规定的,依照有关法律、法规的规定执行。

第三十八条 燃气经营者改动市政燃气设施,应当制定改动方案,报县级以上地方人民政府燃气管理部门批准。

改动方案应当符合燃气发展规划,明确安全施工要求,有安全防护和保障正常用气的措施。

第六章 燃气安全事故预防与处理

第三十九条 燃气管理部门应当会同有关部门制定燃气安全事故应急预案,建立燃气事故统计分析制度,定期通报事故处理结果。

燃气经营者应当制定本单位燃气安全事故应急预案,配备应急人员和必要的应急装备、器材,并定期组织演练。

第四十条 任何单位和个人发现燃气安全事故或者燃气安全事故隐患等情况,应当立即告知燃气经营者,或者向燃气管理部门、公安机关消防机构等有关部门和单位报告。

第四十一条 燃气经营者应当建立健全燃气安全评估和风险管理体系,发现燃气安全事故隐患的,应当及时采取措施消除隐患。

燃气管理部门以及其他有关部门和单位应当根据各自职责,对燃气经营、燃气使用的安全状况等进行监督检查,发现燃气安全事故隐患的,应当通知燃气经营者、燃气用户及时采取措施消除隐患;不及时消除隐患可能严重威胁公共安全的,燃气管理部门以及其他有关部门和单位应当依法采取措施,及时组织消除隐患,有关单位和个人应当予以配合。

第四十二条 燃气安全事故发生后,燃气经营者应当立即启动本单位燃气安全事故应急预案,组织抢险、抢修。

燃气安全事故发生后,燃气管理部门、安全生产监督管理部门和公安机关消防机构等有关部门和单位,应当根据各自职责,立即采取措施防止事故扩大,根据有关情况启动燃气安全事故应急预案。

第四十三条 燃气安全事故经调查确定为责任事故的,应当查明原因、明确责任,并依法予以追究。

对燃气生产安全事故,依照有关生产安全事故报告和调查处理的法律、行政法规的规定报告和调查处理。

第七章 法律责任

第四十四条 违反本条例规定,县级以上地方人民政府及其燃气管理部门和其他有关部门,不依法作出行政许可决定或者办理批准文件的,发现违法行为或者接到对违法行为的举报不予查处的,或者有其他未依照本条例规定履行职责的行为的,对直接负责的主管人员和其他直接责任人员,依法给予处分;直接负责的主管人员和其他直接责任人员的行为构成犯罪的,依法追究刑事责任。

第四十五条 违反本条例规定,未取得燃气经营许可证从事燃气经营活动的,由燃气管理部门责令停止违法行为,处 5 万元以上 50 万元以下罚款;有违法所得的,没收违法所得;构成犯罪的,依法追究刑事责任。

违反本条例规定,燃气经营者不按照燃气经营许可证的规定从事燃气经营活动的,由燃气管理部门责令限期改正,处 3 万元以上 20 万元以下罚款;有违法所得的,没收违法所得;情节严重的,吊销燃气经营许可证;构成犯罪的,依法追究刑事责任。

第四十六条 违反本条例规定,燃气经营者有下列行为之一的,由燃气管理部门责令限期改正,处 1 万元以上 10 万元以下罚款;有违法所得的,没收违法所得;情节严重的,吊销燃气经营许可证;造成损失的,依法承担赔偿责任;构成犯罪的,依法追究刑事责任:

(一)拒绝向市政燃气管网覆盖范围内符合用气条件的单位或者个人供气的;

（二）倒卖、抵押、出租、出借、转让、涂改燃气经营许可证的；

（三）未履行必要告知义务擅自停止供气、调整供气量，或者未经审批擅自停业或者歇业的；

（四）向未取得燃气经营许可证的单位或者个人提供用于经营的燃气的；

（五）在不具备安全条件的场所储存燃气的；

（六）要求燃气用户购买其指定的产品或者接受其提供的服务；

（七）燃气经营者未向燃气用户持续、稳定、安全供应符合国家质量标准的燃气，或者未对燃气用户的燃气设施定期进行安全检查。

第四十七条 违反本条例规定，擅自为非自有气瓶充装燃气或者销售未经许可的充装单位充装的瓶装燃气的，依照国家有关气瓶安全监察的规定进行处罚。

违反本条例规定，销售充装单位擅自为非自有气瓶充装的瓶装燃气的，由燃气管理部门责令改正，可以处 1 万元以下罚款。

违反本条例规定，冒用其他企业名称或者标识从事燃气经营、服务活动，依照有关反不正当竞争的法律规定进行处罚。

第四十八条 违反本条例规定，燃气经营者未按照国家有关工程建设标准和安全生产管理的规定，设置燃气设施防腐、绝缘、防雷、降压、隔离等保护装置和安全警示标志的，或者未定期进行巡查、检测、维修和维护的，或者未采取措施及时消除燃气安全事故隐患的，由燃气管理部门责令限期改正，处 1 万元以上 10 万元以下罚款。

第四十九条 违反本条例规定，燃气用户及相关单位和个人有下列行为之一的，由燃气管理部门责令限期改正；逾期不改正的，对单位可以处 10 万元以下罚款，对个人可以处 1000 元以下罚款；造成损失的，依法承担赔偿责任；构成犯罪的，依法追究刑事责任：

（一）擅自操作公用燃气阀门的；

（二）将燃气管道作为负重支架或者接地引线的；

（三）安装、使用不符合气源要求的燃气燃烧器具的；

（四）擅自安装、改装、拆除户内燃气设施和燃气计量装置的；

（五）在不具备安全条件的场所使用、储存燃气的；

（六）改变燃气用途或者转供燃气的；

（七）未设立售后服务站点或者未配备经考核合格的燃气燃烧器具安装、维修人员的；

（八）燃气燃烧器具的安装、维修不符合国家有关标准的。

盗用燃气的，依照有关治安管理处罚的法律规定进行处罚。

第五十条 违反本条例规定，在燃气设施保护范围内从事下列活动之一的，由燃气管理部门责令停止违法行为，限期恢复原状或者采取其他补救措施，对单位处 5 万元以上 10 万元以下罚款，对个人处 5000 元以上 5 万元以下罚款；造成损失的，依法承担赔偿责任；构成犯罪的，依法追究刑事责任：

（一）进行爆破、取土等作业或者动用明火的；

（二）倾倒、排放腐蚀性物质的；

（三）放置易燃易爆物品或者种植深根植物的；

(四)未与燃气经营者共同制定燃气设施保护方案,采取相应的安全保护措施,从事敷设管道、打桩、顶进、挖掘、钻探等可能影响燃气设施安全活动的。

违反本条例规定,在燃气设施保护范围内建设占压地下燃气管线的建筑物、构筑物或者其他设施的,依照有关城乡规划的法律、行政法规的规定进行处罚。

第五十一条 违反本条例规定,侵占、毁损、擅自拆除、移动燃气设施或者擅自改动市政燃气设施的,由燃气管理部门责令限期改正,恢复原状或者采取其他补救措施,对单位处 5 万元以上 10 万元以下罚款,对个人处 5000 元以上 5 万元以下罚款;造成损失的,依法承担赔偿责任;构成犯罪的,依法追究刑事责任。

违反本条例规定,毁损、覆盖、涂改、擅自拆除或者移动燃气设施安全警示标志的,由燃气管理部门责令限期改正,恢复原状,可以处 5000 元以下罚款。

第五十二条 违反本条例规定,建设工程施工范围内有地下燃气管线等重要燃气设施,建设单位未会同施工单位与管道燃气经营者共同制定燃气设施保护方案,或者建设单位、施工单位未采取相应的安全保护措施的,由燃气管理部门责令改正,处 1 万元以上 10 万元以下罚款;造成损失的,依法承担赔偿责任;构成犯罪的,依法追究刑事责任。

第八章　附　则

第五十三条 本条例下列用语的含义:

(一)燃气设施,是指人工煤气生产厂、燃气储配站、门站、气化站、混气站、加气站、灌装站、供应站、调压站、市政燃气管网等的总称,包括市政燃气设施、建筑区划内业主专有部分以外的燃气设施以及户内燃气设施等。

(二)燃气燃烧器具,是指以燃气为燃料的燃烧器具,包括居民家庭和商业用户所使用的燃气灶、热水器、沸水器、采暖器、空调器等器具。

第五十四条 农村的燃气管理参照本条例的规定执行。

第五十五条 本条例自 2011 年 3 月 1 日起施行。

住房城乡建设部关于印发《燃气经营许可管理办法》
和《燃气经营企业从业人员专业培训考核管理办法》的通知

建城〔2014〕167号

各省、自治区住房城乡建设厅,北京市市政市容委,天津市、上海市建委,重庆市市政管委、经信委、商委,新疆生产建设兵团建设局:

根据《城镇燃气管理条例》的有关规定,我部制定了《燃气经营许可管理办法》和《燃气经营企业从业人员专业培训考核管理办法》。现印发你们,请认真组织实施。

中华人民共和国住房和城乡建设部

2014 年 11 月 19 日

燃气经营许可管理办法

第一条 为规范燃气经营许可行为,加强燃气经营许可管理,根据《城镇燃气管理条例》,制定本办法。

第二条 从事燃气经营活动的,应当依法取得燃气经营许可,并在许可事项规定的范围内经营。

燃气经营许可的申请、受理、审查批准、证件核发以及相关的监督管理等行为,适用本办法。

第三条 住房城乡建设部指导全国燃气经营许可管理工作。县级以上地方人民政府燃气管理部门负责本行政区域内的燃气经营许可管理工作。

第四条 燃气经营许可证由县级以上地方人民政府燃气管理部门核发,具体发证部门根据省级地方性法规、省级人民政府规章或决定确定。

第五条 申请燃气经营许可的,应当具备下列条件:

(一)符合燃气发展规划要求。

燃气经营区域、燃气种类、供应方式和规模、燃气设施布局和建设时序等符合依法批准并备案的燃气发展规划。

(二)有符合国家标准的燃气气源。

1.应与气源生产供应企业签订供用气合同或供用气意向书。

2.燃气气源应符合国家城镇燃气气质有关标准。

(三)有符合国家标准的燃气设施。

1.有符合国家标准的燃气生产、储气、输配、供应、计量、安全等设施设备。

— 329 —

2.燃气设施工程建设符合法定程序,竣工验收合格并依法备案。

(四)有固定的经营场所。

有固定办公场所、经营和服务站点等。

(五)有完善的安全管理制度和健全的经营方案。

安全管理制度主要包括:安全生产责任制度,设施设备(含用户设施)安全巡检、检测制度,燃气质量检测制度,岗位操作规程,燃气突发事件应急预案,燃气安全宣传制度等。

经营方案主要包括:企业章程、发展规划、工程建设计划,用户发展业务流程、故障报修、投诉处置、安全用气等服务制度。

(六)企业的主要负责人、安全生产管理人员以及运行、维护和抢修人员经专业培训并经燃气管理部门考核合格。专业培训考核具体办法另行制定。

经专业培训并考核合格的人员及数量,应与企业经营规模相适应,最低人数应符合以下要求:

1.企业主要负责人。是指企业法人代表(董事长)、企业总经理(总裁),每个岗位1人。

2.安全生产管理人员。是指企业负责安全运行的副总经理(副总裁),企业生产、安全管理部门负责人,企业生产和销售分支机构的负责人以及企业专职安全员,每个岗位不少于1人。

3.运行、维护和抢修人员。是指负责燃气设施设备运行、维护和事故抢险抢修的操作人员,包括但不仅限于燃气输配场站工、液化石油气库站工、压缩天然气场站工、液化天然气储运工、汽车加气站操作工、燃气管网工、燃气用户检修工。最低人数应满足:

管道燃气经营企业,燃气用户10万户以下的,每2500户不少于1人;10万户以上的,每增加2500户增加1人;

瓶装燃气经营企业,燃气用户1000户及以下的不少于3人;1000户以上不到1万户的,每800户1人;1—5万户,每增加1万户增加10人;5—10万户,每增加1万户增加8人;10万户以上每增加1万户增加5人;

燃气汽车加气站等其他类型燃气经营企业人员及数量配备以及其他运行、维护和抢修类人员,由省级人民政府燃气管理部门根据具体情况确定。

(七)法律、法规规定的其他条件。

第六条 申请燃气经营许可的,应当向发证部门提交下列申请材料,并对其真实性、合法性、有效性负责:

(一)燃气经营许可申请书;

(二)企业章程和企业资本结构说明;

(三)企业的主要负责人、安全生产管理人员以及运行、维护和抢修等人员的身份证明、所取得的有效期内的燃气从业人员专业培训考核合格证书;

(四)固定的经营场所(包括办公场所、经营和服务站点等)的产权证明或租赁协议;

(五)燃气设施建设工程竣工验收报告及备案文件;

(六)申请的燃气经营类别和经营区域,企业实施燃气发展规划的具体方案;

（七）气源证明。燃气气质检测报告；与气源供应企业签订的供用气合同书或供用气意向书；

（八）本办法第五条第（五）项要求的完善的安全管理制度和健全的经营方案材料；

（九）法律、法规和规章规定的其他材料。

第七条 发证部门通过材料审查和现场核查的方式对申请人的申请材料进行审查。

第八条 发证部门应当自受理申请之日起二十个工作日内作出是否准予许可的决定。二十日内不能作出许可决定的，经发证部门负责人批准，可以延长十个工作日，并应当将延长期限的理由告知申请人。发证部门作出准予许可决定的，应向申请人出具《准予许可通知书》，告知申请人领取燃气经营许可证。

发证部门作出不予许可决定的，应当出具《不予许可决定书》，说明不予许可的理由，并告知申请人依法享有申请行政复议或者提起行政诉讼的权利。

第九条 发证部门作出的准予许可决定的，应当予以公开，公众有权查询。

公开的内容包括：准予许可的燃气经营企业名称、燃气经营许可证编号、企业注册登记地址、企业法定代表人、经营类别、经营区域、发证部门名称、发证日期和许可证有效期限等。

第十条 燃气经营许可证的格式、内容、有效期限、编号方式等按照住房城乡建设部《关于印发〈燃气经营许可证〉格式的通知》（建城〔2011〕174号）执行。

第十一条 已取得燃气经营许可证的燃气经营企业需要变更企业名称、登记注册地址、法定代表人的，应向原发证部门申请变更燃气经营许可，其中变更法定代表人的，新法定代表人应具有燃气从业人员专业培训考核合格证书。未经许可，不得擅自改变许可事项。

第十二条 已取得燃气经营许可证的燃气经营企业，有下列情形的，应重新申请经营许可。

（一）燃气经营企业的经营类别、经营区域、供应方式等发生变化的；

（二）燃气经营企业发生分立、合并的。

第十三条 有下列情形之一的，出具《准予许可通知书》的发证部门或者其上级行政机关，可以撤销已作出的燃气经营许可：

（一）许可机关工作人员滥用职权，玩忽职守，给不符合条件的申请人发放燃气经营许可证的；

（二）许可机关工作人员超越法定权限发放燃气经营许可证的；

（三）许可机关工作人员违反法定程序发放燃气经营许可证的；

（四）对不具备申请资格或者不符合法定条件的申请人出具《准予许可通知书》；

（五）依法可以撤销燃气经营许可证的其他情形。

燃气经营企业以欺骗、贿赂等不正当手段取得燃气经营许可，应当予以撤销。

第十四条 有下列情形之一的，发证部门应当依法办理燃气经营许可的注销手续：

（一）燃气经营许可证有效期届满且燃气经营企业未申请延续的；

（二）燃气经营企业没有在法定期限内取得合法主体资格或者主体资格依法终止的；

（三）燃气经营许可依法被撤销、撤回，或者燃气经营许可证被依法吊销的；

（四）因不可抗力导致燃气经营许可事项无法实施的；

（五）依法应当注销燃气经营许可的其他情形。

第十五条 燃气经营企业申请注销燃气经营许可的,应当向原许可机关提交下列申请材料：

（一）燃气经营许可注销申请书；

（二）燃气经营企业对原有用户安置和设施处置等相关方案；

（三）燃气经营许可证正、副本；

（四）与注销燃气经营许可证相关的证明文件。

发证部门受理注销申请后,经审核依法注销燃气经营许可证。

第十六条 燃气经营企业遗失燃气经营许可证的,应当在国家认可的报刊上公开声明,并持相关证明向发证部门申请补办,发证部门应在二十个工作日内核实补办燃气经营许可证。

燃气经营许可证表面发生脏污、破损或其他原因造成燃气经营许可证内容无法辨识的,燃气经营企业应向发证部门申请补办,发证部门应收回原经营许可证正、副本,并在二十个工作日内核实补办燃气经营许可证。

第十七条 已取得燃气经营许可证的燃气经营企业,应当于每年1月1日至3月31日,向发证部门报送上一年度企业年度报告。当年设立登记的企业,自下一年起报送企业年度报告。

燃气经营企业的出资比例、股权结构等重大事项发生变化的,应当在事项变化结束后十五个工作日内,向发证部门报告并提供相关材料,由发证部门记载在燃气经营许可证副本中。

第十八条 企业年度报告内容主要包括：

（一）企业章程和企业资本结构及其变化情况；

（二）企业的主要负责人、安全生产管理人员以及运行、维护和抢修等人员变更和培训情况；

（三）企业建设改造燃气设施具体情况；

（四）企业运行情况（包括供应规模、用户发展、安全运行等）；

（五）其他需要报告的内容。

具体报告内容和要求由省级人民政府燃气管理部门确定。

第十九条 发证部门应当按照国家统一要求建立本行政区域燃气经营许可管理信息系统,内容包括燃气许可证发证、变更、撤回、撤销、注销、吊销等,燃气经营企业从业人员信息、燃气经营出资比例和股权结构、燃气事故统计、处罚情况、诚信记录、年度报告等事项。

省级人民政府燃气管理部门应当建立本行政区域燃气经营许可管理信息系统,对本行政区域内发证部门的燃气经营许可管理信息系统监督指导。

第二十条 省级人民政府燃气管理部门可以根据本地实际情况,制定具体实施办法,报住房城乡建设部备案。

燃气经营企业从业人员专业培训考核管理办法

第一条 为规范燃气经营许可行为,做好燃气经营企业从业人员(以下简称"燃气从业人员")的专业培训考核工作,根据《城镇燃气管理条例》的有关规定,制定本办法。

第二条 本办法所指燃气从业人员是指:

(一)企业主要负责人。是指企业法人代表(董事长)、企业总经理(总裁);

(二)安全生产管理人员。是指企业负责安全运行的副总经理(副总裁),企业生产、安全管理部门负责人,企业生产和销售分支机构的负责人以及企业专职安全员;

(三)运行、维护和抢修人员。是指负责燃气设施设备运行、维护和事故险抢修的操作人员,包括但不仅限于燃气输配场站工、液化石油气库站工、压缩天然气场站工、液化天然气储运工、汽车加气站操作工、燃气管网工、燃气用户检修工,其他人员由各省级人民政府燃气管理部门根据具体情况确定。

第三条 住房城乡建设部指导全国燃气从业人员专业培训考核工作。负责组织编制全国燃气经营企业主要负责人,安全生产管理人员以及燃气输配场站工、液化石油气库站工、压缩天然气场站工、液化天然气储运工、汽车加气站操作工、燃气管网工、燃气用户检修工等运行、维护和抢修人员的职业标准、专业培训大纲和教材;建立全国统一的专业考核题库。

省级人民政府燃气管理部门负责本行政区域燃气从业人员专业培训考核工作。负责编制本行政区域燃气从业人员继续教育教材,编制本行政区域其他运行、维护和抢修人员专业培训大纲和教材,建立本行政区域其他运行、维护和抢修人员专业考核题库,并报住房城乡建设部备案。

县级以上地方人民政府燃气管理部门负责监督管理本行政区域燃气从业人员继续教育工作。

城市燃气行业协会协助同级燃气管理部门,做好燃气从业人员专业培训考核和继续教育工作,加强行业燃气从业人员自律管理。

第四条 从事燃气经营活动的企业,应组织本企业燃气从业人员参加有关燃气知识的专业培训考核和继续教育。

燃气从业人员由所从业的燃气经营企业组织参加燃气知识的专业培训,并经专业考核合格;在从业期间,应参加相应岗位的燃气知识继续教育,以提高从业能力和水平。

企业主要负责人、安全生产管理人员和运行、维护和抢修人员在专业培训考核合格证书复检日期前,应参加不少于三十学时的继续教育。

第五条 燃气从业人员专业培训和继续教育由具备必要的燃气专业培训能力的燃气经营企业或社会培训机构(单位)承担,从事燃气从业人员专业培训和继续教育的企业或社会培训机构(单位)应主动报省级人民政府燃气管理部门备案,接受省级人民政府燃气管理部门指导监督。

从事燃气从业人员专业培训和继续教育的企业或社会培训机构(单位),要保证培训质量,应采用统一的燃气从业人员专业培训大纲开展专业培训工作。

第六条 从事燃气从业人员专业培训的企业或社会培训机构(单位),在专业培训结束后,应向省级人民政府燃气管理部门提出专业考核申请。

省级人民政府燃气管理部门在接到专业考核申请后,应从燃气从业人员专业考核题库内抽取相应类别的专业考核题目,对不同类别燃气从业人员,分别进行专业考核。

经专业考核合格的人员,由省级人民政府燃气管理部门发放相应类别的燃气从业人员专业培训考核合格证书。

第七条 燃气从业人员专业培训考核合格证书样式由住房城乡建设部制订。燃气从业人员专业培训考核合格证书不得转让、涂改、伪造、冒用。

燃气从业人员专业培训考核合格证书(除各省级人民政府燃气管理部门确定的其他运行、维护和抢修人员以外),全国通用,统一编号;各省级人民政府燃气管理部门确定的运行、维护和抢修人员专业培训考核合格证书,在本省级行政区域内通用、统一编号。

省级人民政府燃气管理部门应按照国家统一要求建立本行政区域燃气从业人员专业培训考核合格人员信息库,统一管理专业培训考核合格人员信息。专业培训考核合格人员信息应向社会公告。

专业培训考核合格证书每五年由省级人民政府燃气管理部门开展一次复检,未经复检或复检不通过的,专业培训考核合格证书自动失效。

第八条 燃气从业人员应在专业培训考核合格证书复检日期前六十个工作日内,由燃气经营企业向所在地省级人民政府燃气管理部门提出复检申请,省级人民政府燃气管理部门应在收到复检申请三十个工作日内作出复检意见。

燃气从业人员专业培训考核合格证书复检,应包括持证人从业期间在岗履职情况、安全事故记录和继续教育等内容。具体复检标准由各省级人民政府燃气管理部门确定。

第九条 专业培训考核合格人员跨企业流动从业的,应由流入燃气经营企业向流入地省级人民政府燃气管理部门申请办理燃气从业人员专业培训考核合格证书变更。

专业培训考核合格人员流出企业应主动向本行政区省级人民政府燃气管理部门报告人员变更事项。

第十条 燃气从业人员专业培训考核和继续教育工作接受上级燃气管理部门和社会监督,燃气管理部门设立对外监督投诉电话,接受社会监督。

最高人民法院最高人民检察院关于办理盗窃油气、破坏油气设备等刑事案件具体应用法律若干问题的解释

最高人民法院　最高人民检察院公告

法释〔2007〕3 号

《最高人民法院、最高人民检察院关于办理盗窃油气、破坏油气设备等刑事案件具体应用法律若干问题的解释》已于 2006 年 11 月 20 日由最高人民法院审判委员会第 1406 次会议、2006 年 12 月 11 日由最高人民检察院第十届检察委员会第 66 次会议通过,现予公布,自 2007 年 1 月 19 日起施行。

最高人民法院　最高人民检察院

2007 年 1 月 15 日

最高人民法院最高人民检察院关于办理盗窃油气、破坏油气设备等刑事案件具体应用法律若干问题的解释

为维护油气的生产、运输安全,依法惩治盗窃油气、破坏油气设备等犯罪,根据刑法有关规定,现就办理这类刑事案件具体应用法律的若干问题解释如下:

第一条　在实施盗窃油气等行为过程中,采用切割、打孔、撬砸、拆卸、开关等手段破坏正在使用的油气设备的,属于刑法第一百一十八条规定的"破坏燃气或者其他易燃易爆设备"的行为;危害公共安全,尚未造成严重后果的,依照刑法第一百一十八条的规定定罪处罚。

第二条　实施本解释第一条规定的行为,具有下列情形之一的,属于刑法第一百一十九条第一款规定的"造成严重后果",依照刑法第一百一十九条第一款的规定定罪处罚:

（一）造成一人以上死亡、三人以上重伤或者十人以上轻伤的;

（二）造成井喷或者重大环境污染事故的;

（三）造成直接经济损失数额在五十万元以上的;

（四）造成其他严重后果的。

第三条　盗窃油气或者正在使用的油气设备,构成犯罪,但未危害公共安全的,依照刑法第二百六十四条的规定,以盗窃罪定罪处罚。

盗窃油气,数额巨大但尚未运离现场的,以盗窃未遂定罪处罚。

为他人盗窃油气而偷开油气井、油气管道等油气设备阀门排放油气或者提供其他帮助

的,以盗窃罪的共犯定罪处罚。

第四条 盗窃油气同时构成盗窃罪和破坏易燃易爆设备罪的,依照刑法处罚较重的规定定罪处罚。

第五条 明知是盗窃犯罪所得的油气或者油气设备,而予以窝藏、转移、收购、加工、代为销售或者以其他方法掩饰、隐瞒的,依照刑法第三百一十二条的规定定罪处罚。

实施前款规定的犯罪行为,事前通谋的,以盗窃犯罪的共犯定罪处罚。

第六条 违反矿产资源法的规定,非法开采或者破坏性开采石油、天然气资源的,依照刑法第三百四十三条以及《最高人民法院关于审理非法采矿、破坏性采矿刑事案件具体应用法律若干问题的解释》的规定追究刑事责任。

第七条 国家机关工作人员滥用职权或者玩忽职守,实施下列行为之一,致使公共财产、国家和人民利益遭受重大损失的,依照刑法第三百九十七条的规定,以滥用职权罪或者玩忽职守罪定罪处罚:

(一)超越职权范围,批准发放石油、天然气勘查、开采、加工、经营等许可证的;

(二)违反国家规定,给不符合法定条件的单位、个人发放石油、天然气勘查、开采、加工、经营等许可证的;

(三)违反《石油天然气管道保护条例》等国家规定,在油气设备安全保护范围内批准建设项目的;

(四)对发现或者经举报查实的未经依法批准、许可擅自从事石油、天然气勘查、开采、加工、经营等违法活动不予查封、取缔的。

第八条 本解释所称的"油气",是指石油、天然气。其中,石油包括原油、成品油;天然气包括煤层气。

本解释所称"油气设备",是指用于石油、天然气生产、储存、运输等易燃易爆设备。

最高人民法院最高人民检察院关于办理盗窃
刑事案件适用法律若干问题的解释

中华人民共和国最高人民法院
中华人民共和国最高人民检察院公告

法释〔2013〕8 号

《最高人民法院、最高人民检察院关于办理盗窃刑事案件适用法律若干问题的解释》已于 2013 年 3 月 8 日由最高人民法院审判委员会第 1571 次会议、2013 年 3 月 18 日由最高人民检察院第十二届检察委员会第 1 次会议通过,现予公布,自 2013 年 4 月 4 日起施行。

最高人民法院　最高人民检察院
2013 年 4 月 2 日

最高人民法院最高人民检察院关于办理盗窃刑事案件
适用法律若干问题的解释(节选)

为依法惩治盗窃犯罪活动,保护公私财产,根据《中华人民共和国刑法》《中华人民共和国刑事诉讼法》的有关规定,现就办理盗窃刑事案件适用法律的若干问题解释如下:

第一条 盗窃公私财物价值一千元至三千元以上、三万元至十万元以上、三十万元至五十万元以上的,应当分别认定为刑法第二百六十四条规定的"数额较大""数额巨大""数额特别巨大"。

各省、自治区、直辖市高级人民法院、人民检察院可以根据本地区经济发展状况,并考虑社会治安状况,在前款规定的数额幅度内,确定本地区执行的具体数额标准,报最高人民法院、最高人民检察院批准。

在跨地区运行的公共交通工具上盗窃,盗窃地点无法查证的,盗窃数额是否达到"数额较大""数额巨大""数额特别巨大",应当根据受理案件所在地省、自治区、直辖市高级人民法院、人民检察院确定的有关数额标准认定。

盗窃毒品等违禁品,应当按照盗窃罪处理的,根据情节轻重量刑。

第二条 盗窃公私财物,具有下列情形之一的,"数额较大"的标准可以按照前条规定标准的百分之五十确定:

(一)曾因盗窃受过刑事处罚的;

(二)一年内曾因盗窃受过行政处罚的;

(三)组织、控制未成年人盗窃的;

(四)自然灾害、事故灾害、社会安全事件等突发事件期间,在事件发生地盗窃的;

（五）盗窃残疾人、孤寡老人、丧失劳动能力人的财物的；

（六）在医院盗窃病人或者其亲友财物的；

（七）盗窃救灾、抢险、防汛、优抚、扶贫、移民、救济款物的；

（八）因盗窃造成严重后果的。

······

第四条　盗窃的数额，按照下列方法认定：

（一）被盗财物有有效价格证明的，根据有效价格证明认定；无有效价格证明，或者根据价格证明认定盗窃数额明显不合理的，应当按照有关规定委托估价机构估价；

（二）盗窃外币的，按照盗窃时中国外汇交易中心或者中国人民银行授权机构公布的人民币对该货币的中间价折合成人民币计算；中国外汇交易中心或者中国人民银行授权机构未公布汇率中间价的外币，按照盗窃时境内银行人民币对该货币的中间价折算成人民币，或者该货币在境内银行、国际外汇市场对美元汇率，与人民币对美元汇率中间价进行套算；

（三）盗窃电力、燃气、自来水等财物，盗窃数量能够查实的，按照查实的数量计算盗窃数额；盗窃数量无法查实的，以盗窃前六个月月均正常用量减去盗窃后计量仪表显示的月均用量推算盗窃数额；盗窃前正常使用不足六个月的，按照正常使用期间的月均用量减去盗窃后计量仪表显示的月均用量推算盗窃数额；

（四）明知是盗接他人通信线路、复制他人电信码号的电信设备、设施而使用的，按照合法用户为其支付的费用认定盗窃数额；无法直接确认的，以合法用户的电信设备、设施被盗接、复制后的月缴费额减去被盗接、复制前六个月的月均电话费推算盗窃数额；合法用户使用电信设备、设施不足六个月的，按照实际使用的月均电话费推算盗窃数额；

（五）盗接他人通信线路、复制他人电信码号出售的，按照销赃数额认定盗窃数额。

盗窃行为给失主造成的损失大于盗窃数额的，损失数额可以作为量刑情节考虑。

······

第十二条　盗窃未遂，具有下列情形之一的，应当依法追究刑事责任：

（一）以数额巨大的财物为盗窃目标的；

（二）以珍贵文物为盗窃目标的；

（三）其他情节严重的情形。

盗窃既有既遂，又有未遂，分别达到不同量刑幅度的，依照处罚较重的规定处罚；达到同一量刑幅度的，以盗窃罪既遂处罚。

第十三条　单位组织、指使盗窃，符合刑法第二百六十四条及本解释有关规定的，以盗窃罪追究组织者、指使者、直接实施者的刑事责任。

第十四条　因犯盗窃罪，依法判处罚金刑的，应当在一千元以上盗窃数额的二倍以下判处罚金；没有盗窃数额或者盗窃数额无法计算的，应当在一千元以上十万元以下判处罚金。

第十五条　本解释发布实施后，《最高人民法院关于审理盗窃案件具体应用法律若干问题的解释》（法释〔1998〕4号）同时废止；之前发布的司法解释和规范性文件与本解释不一致的，以本解释为准。

(三)行业法律法规政策目录索引

1. 法律篇

中华人民共和国行政许可法

中华人民共和国行政处罚法

中华人民共和国环境保护法

中华人民共和国大气污染防治法

中华人民共和国节约能源法

中华人民共和国价格法

中华人民共和国计量法

中华人民共和国反垄断法

中华人民共和国安全生产法

中华人民共和国特种设备安全法

中华人民共和国建筑法

中华人民共和国消防法

中华人民共和国矿产资源法

中华人民共和国石油天然气管道保护法

2. 行政法规篇

对外合作开采陆上石油资源条例

对外合作开采海洋石油资源条例

海洋石油勘探开发环境保护管理条例

城镇燃气管理条例

中华人民共和国价格管理条例

价格违法行为行政处罚规定

中华人民共和国计量法实施细则

安全生产许可证条例

建设工程安全生产管理条例

建设工程质量管理条例

特种设备安全监察条例

危险化学品安全管理条例

危险化学品经营许可证管理办法

危险化学品输送管道安全管理规定

生产安全事故报告和调查处理条例

中华人民共和国消防条例

3. 地方法规——燃气管理篇

(1)省、直辖市、自治区燃气管理条例

黑龙江省燃气管理条例

吉林省燃气管理条例

北京市燃气管理条例

河北省燃气管理办法

内蒙古自治区燃气管理条例

山西省燃气管理条例

天津市燃气管理条例

安徽省燃气管理条例

福建省燃气管理条例

江苏省燃气管理条例

江西省燃气管理办法

山东省燃气管理条例

上海市燃气管理条例

浙江省燃气管理条例

广东省燃气管理条例

广西壮族自治区燃气管理办法

海南省燃气管理条例

河南省城镇燃气管理办法

湖北省燃气管理条例

湖南省燃气管理条例

宁夏回族自治区燃气管理条例

贵州省燃气管理条例

四川省燃气管理条例

云南省燃气管理办法

（2）部分省会城市、地级市燃气管理条例

石家庄市燃气管理办法

邯郸市城市燃气管理条例

合肥市燃气管理条例

蚌埠市燃气管理办法

安庆市燃气管理实施细则

福州市燃气管理办法

东莞市燃气管理办法

广州市燃气管理办法

汕头市市区城市燃气管道供气管理办法

湛江市燃气管理实施办法

桂林市燃气管理办法

海口市管道燃气管理办法

焦作市燃气管理办法

洛阳市燃气管理条例

郑州市燃气管理条例

长沙市燃气管理条例

杭州市燃气管理条例

苏州市燃气管理办法

无锡市燃气管理办法

扬州市燃气管理办法

葫芦岛市燃气管理办法

盘锦市城镇燃气管理办法

鞍山市燃气管理条例

济南市燃气管理条例

青岛市燃气管理条例

威海市城市燃气管理办法

潍坊市城市燃气管理办法

烟台市燃气管理办法

昆明市燃气管理条例

宁波市燃气管理条例

衢州市区管道燃气管理暂行办法

台州市城市燃气管理规定

洛阳市燃气管理条例

4. 地方法规与部门规章——特许经营管理篇

（1）部分省、直辖市特许经营管理办法

基础设施和公用事业特许经营管理办法

市政公用事业特许经营管理办法

燃气经营许可管理办法

吉林省城镇管道燃气特许经营管理办法

辽宁省燃气经营许可管理办法

北京市城市基础设施特许经营条例

河北省市政公用事业特许经营管理办法

山西省市政公用事业特许经营管理办法

天津市市政公用事业特许经营管理办法

江苏省管道燃气特许经营管理办法

山东省城市市政公用事业经营许可管理办法

上海市管道燃气特许经营授权和监督管理程序

河南省市政公用行业特许经营管理实施办法

湖南省市政公用事业特许经营条例

青海省市政公用事业特许经营管理条例

贵州省市政公用事业特许经营管理条例

云南省城市市政公用事业特许经营管理办法（试行）

（2）部分省会城市、地级市特许经营管理办法

邯郸市市政公用事业特许经营管理办法

合肥市市政公用事业特许经营实施办法

东莞市市政公用事业特许经营办法

深圳市公用事业特许经营条例

武汉市市政公用事业特许经营管理办法

杭州市市政公用事业特许经营条例

青岛市市政公用基础设施特许经营管理暂行规定

潍坊市市政公用事业特许经营管理办法

5. 地方法规与部门规章——价格管理篇

（1）中共中央及国务院部委关于价格的规定

中共中央国务院关于推进价格机制改革的若干意见

国家发展改革委关于建立健全居民生活用气阶梯价格制度的指导意见（2014）

国家发展改革委关于调整天然气价格的通知（2013）

国家发展改革委关于调整非居民用存量天然气价格的通知（2014）

国家发展改革委关于理顺非居民用天然气价格的通知（2015.2）

国家发展改革委关于降低非居民用天然气门站价格并进一步推进价格市场化改革的
通知（2015.11）

政府制定价格听证办法

政府制定价格行为规则

政府制定价格成本监审办法

价格违法行为举报处理规定

价格违法行为行政处罚实施办法

价格违法案件陈述、申辩暂行办法

反价格垄断规定

关于禁止滥用知识产权排除、限制竞争行为的规定

工商行政管理机关查处垄断协议、滥用市场支配地位案件程序规定

工商行政管理机关禁止滥用市场支配地位行为的规定

工商行政管理机关制止滥用行政权力排除、限制竞争行为的规定

(2) 部分省燃气价格管理办法

河北省天然气价格管理办法(试行)

安徽省天然气价格管理暂行办法

福建省天然气价格管理试行办法

江苏省管道天然气价格管理暂行办法

江西省发展改革委关于管道天然气价格管理有关事项的通知

山东省天然气价格管理办法(试行)

浙江省天然气价格管理办法(试行)

广东省物价局关于管道燃气价格的管理办法(试行)

湖南省管道燃气价格管理办法

6. 部门规章——管道建设与运营管理篇

天然气基础设施建设与运营管理办法

城镇燃气设施运行、维护和抢修安全技术规程

城镇燃气输配工程施工及验收规范

城市地下管线工程档案管理办法

城市建设档案管理规定

油气管网设施公平开放监管办法(试行)

城市管网专项资金管理暂行办法

压力管道安全管理与监察规定

压力管道安装安全质量监督检验规则

压力管道使用登记管理规则

锅炉压力容器使用登记管理办法

特种作业人员安全技术培训考核管理规定

关于加快推进储气设施建设的指导意见

特种设备事故报告和调查处理规定

7. 国家政策——能源发展规划篇

能源发展战略行动计划(2014—2020 年)

中国的能源政策(2012)

天然气利用政策

关于建立保障天然气稳定供应长效机制的若干意见

全国城镇燃气发展"十二五"规划

能源发展"十二五"规划

天然气发展"十二五"规划

关于规范煤制油、煤制天然气产业科学有序发展的通知

大气污染防治行动计划

能源行业加强大气污染防治工作方案

8. 国家政策——分布式能源篇

关于发展天然气分布式能源的指导意见

关于推进新能源微电网示范项目建设的指导意见

关于下达首批国家天然气分布式能源示范项目的通知

关于天然气分布式能源项目是否列入《建设项目环境影响评价分类管理名录》的复函

燃气电站天然气系统安全管理规定

9. 司法解释——偷盗气篇

最高人民法院最高人民检察院关于办理盗窃油气、破坏油气设备等刑事案件具体应用法律若干问题的解释

最高人民法院最高人民检察院关于办理盗窃刑事案件适用法律若干问题的解释

上海市关于办理盗窃燃气及相关案件法律适用的若干规定

黑龙江省关于办理盗窃燃气违法犯罪案件适用法律问题的若干规定

天津市关于办理盗窃燃气违法犯罪案件适用法律问题的若干规定

郑州市打击破坏燃气设施及盗窃燃气违法犯罪行为的若干规定

平顶山市打击破坏燃气设施及盗窃燃气违法犯罪行为的若干规定

10. 其他规范性文件

上海市燃气管道设施保护办法

江西省石油天然气管道建设和保护办法

厦门经济特区燃气安全监督若干规定

水上液化天然气加注站安全监督管理暂行规定

燃气经营企业从业人员专业培训考核管理办法

清洁发展机制项目运行管理办法

国务院办公厅关于加快新能源汽车推广应用的指导意见

中华人民共和国计量法条文解释

燃气燃烧器具安装维修管理规定

火灾事故调查规定

致　谢

感谢以下单位对本书出版提供的大力支持和热心资助！

上海燃气(集团)有限公司
山东思达特测控设备有限公司
福建省安然燃气投资有限公司
茂臣实业(上海)有限公司
杭州麦安集网络科技有限公司
成都宝力能源投资有限公司
蓝天威力控股有限公司
深圳市中瑞智管理策划有限公司
山东汉顿律师事务所
浙江诸暨市应店街煤气站

图书在版编目（ＣＩＰ）数据

天然气行业法律实务 / 陈新松主编 . — 北京：九州出版社，2016.8（2024.8重印）

ISBN 978-7-5108-4582-6

Ⅰ . ①天… Ⅱ . ①陈… Ⅲ . ①天然气工业—法律—研究—中国 Ⅳ . ① D922.292.4

中国版本图书馆 CIP 数据核字 (2016) 第 182198 号

天然气行业法律实务

作　　者	陈新松　主编
出版发行	九州出版社
地　　址	北京市西城区阜外大街甲 35 号（100037）
发行电话	（010）68992190/3/5/6
网　　址	www.jiuzhoupress.com
电子邮箱	jiuzhou@jiuzhoupress.com
印　　刷	三河市宏顺兴印刷有限公司
开　　本	700 毫米 ×1000 毫米　　16 开
印　　张	22.5
字　　数	245 千字
版　　次	2016 年 10 月第 1 版
印　　次	2024 年 8 月第 3 次印刷
书　　号	ISBN 978-7-5108-4582-6
定　　价	68.00 元